丁邦新语言学论文集

丁邦新 著

商务印书馆
2008年·北京

图书在版编目(CIP)数据

丁邦新语言学论文集/丁邦新著—北京:商务印书馆,1997
ISBN 978-7-100-02239-2

Ⅰ.丁… Ⅱ.丁… Ⅲ.汉语-语言学-文集 Ⅳ.H1-53

中国版本图书馆 CIP 数据核字(96)第 16812 号

所有权利保留。
未经许可，不得以任何方式使用。

DĪNG BĀNGXĪN YǓYÁNXUÉ LÙNWÉNJÍ
丁邦新语言学论文集
丁邦新 著

商 务 印 书 馆 出 版
(北京王府井大街36号 邮政编码 100710)
商 务 印 书 馆 发 行
北京瑞古冠中印刷厂印刷
ISBN 978-7-100-02239-2

1998年1月第1版　　开本 850×1168 1/32
2008年1月北京第2次印刷　印张 9½
定价：20.00元

目 录

自序 ··· 1
一、上古汉语的音节结构 ······················· 2
二、上古阴声字具辅音韵尾说补证 ··············· 33
三、汉语上古音的元音问题 ······················· 42
四、平仄新考 ····································· 64
五、汉语声调源于韵尾说之检讨 ··············· 83
六、汉语声调的演变 ···························· 106
七、与《中原音韵》相关的几种方言现象 ········ 127
八、汉语方言区分的条件 ························ 166
九、汉语方言史和方言区域史的研究 ············ 188
十、论官话方言研究中的几个问题 ·············· 209
十一、吴语中的闽语成分 ························ 246
十二、吴语声调之研究 ·························· 257

自　　序

有机会出版以往论文的选集是一件愉快的事,好像让自己的孩子换换衣服站在更多的客人面前;能在北京商务印书馆出版尤其令我感到欣慰,因为海峡两岸隔绝日久,我的文章大部分在台湾的学报上刊登,内地的学者不一定都能看到,藉此机会可以增加学术上的交流。如果能从年长的同行那里得到指教,能给年轻的朋友一点影响,那就是我最大的心愿。

这本论文选集里所收的文章是我近二十年来所写的一部分中文论文,英文的不在内。文章可以大分为两个部分:前七篇是有关音韵学的,后五篇是有关方言学的。但是学术的范围不能画地自限,在谈音韵的文章里自有方言问题,而方言的研究更离不开音韵。正如汉语的研究有时候跟非汉语也有密不可分的关系一样,中国语言学本来就是一门广阔而有包容性的学问。

最早提起要我结集出版的是南京大学的鲁国尧教授,直接帮我联络的是南开大学的石锋教授,协助商谈细节的是语言研究所的侯精一教授,支持鼓励的是北京大学的蒋绍愚教授。在此向他们敬致诚挚的谢意。

丁　邦　新
一九九五年十一月十一日
于美国柏克莱加州大学

上古汉语的音节结构*

一、音节结构对拟测古音的影响
二、现代汉语的音节结构及其来源
三、中古汉语的音节结构及其来源
四、上古汉语的音节结构及阴声韵尾问题
五、同族系语言的证据
六、结论

一、音节结构对拟测古音的影响

讨论非单音节性的语言时,无论一般性的描写或拟测古音,通常都要谈到该语言的语位结构或字根结构,因为这种结构基本上涵盖许多现象并决定拟音的方向。汉语大致是单音节性的语言,尤其上古汉语单音节性的特征更为明显,也许因为这个缘故,以前讨论上古音拟测的人很少特别注意音节结构的问题[①]。我觉得虽然是单音节语,在拟测古音时,还是要同时检讨音节的结构。

Bloomfield(1933:243)指出一个语言的字根在结构上通常是相当一致的。英语字根有单音节的独用语,如 man, cut, red, 也有

---

* 本文承李壬癸、龚煌城、张以仁三兄提供修正意见,复蒙李方桂先生审阅,谨致谢忱。

① 最近李方桂先生在尚未发表的文章 Archaic Chinese 里指出上古汉语的音节是 $C_1(M)VC_2$。讨论中古音拟测注意音节结构的有 Martin(1953:44),周法高(1954:5;又 1968:267),Hsueh(1975:26—27)。

连用语,如 spider 中的[spajd-], hammer 中的[hem-]。在古印欧语里字根有几种不同的形式,有单音节的也有双音节的。马来语的字根则是双音节的,马来语是南岛语的一种,双音节性可说是南岛语一般的现象,Dempwolff(1934:26—27;英译本 1971:15—17)讨论古南岛语时共用三种主要的语言:Tagalog, Toba-Batak 和 Javanese,这三种语言共同的字根结构是 CVCVC 和 CVCCVC。到 Tsuchida(1976:211)更清楚地指出古南岛语的语位结构拟测为(C)V(C)(C)V(C)。在汉语中问题比较简单,因为语位和字根大致没有分别。但是汉语单音节性的语位究竟结构如何呢?换句话说,汉语的音节结构是怎么样的呢?像南岛语的语位结构中根据 Tsuchida 只有两个 V 没有加括弧,汉语中不加括弧的最主要的成分是什么?现代汉语的音节结构和古汉语是否相同?这些问题都要进一步加以讨论,而这些讨论都跟拟测古音有很重要的关系。

二、现代汉语的音节结构及其来源

在现代汉语的各方言之中,只有闽语从古汉语分支歧出的时间至少在汉代之前,跟汉语周秦时代上古音的关系还不清楚,因此在我们的讨论中暂时不加以观察。就其他各方言来说,共同的音节结构是(参 Cheng 1973:11):

声	声　调		
	韵　母		
	介音	韵	
母		主要元音	韵尾

其中主要元音是必不可少的成分。如果以 T 代表声调,C 代表辅音,V 代表元音,S 代表半元音,那么音节结构就可以改写为:

$$\frac{T}{(C)(S)V(\{{C \atop S}\})}$$

。我个人认为从上古音到中古音都是有四个声调的,现代方言更是都有声调,因此声调暂时也可以不管,那么现代汉语的音节结构就是 (C)(S)V($\{{C \atop S}\}$) 了。凡是加圆括弧的都可以不要;($\{{C \atop S}\}$)表示韵尾可以没有,如果有的话半元音或辅音都可以出现,但是不能并存。以下就官话(国语)、吴语(苏州)、湘语(长沙)、赣语(南昌)、客家话(梅县)和粤语(广州)分别举例说明各种可能的组合:

音节结构	国语	苏州	长沙	南昌	梅县	广州①
V	鹅 γ	鱼 y	饿 o	雾 u	儿 i	亚 a
CV	女 ny	舞 vu	杂 tsa	歌 ko	丝 sๅ	指 tʃi
CSV	花 xua	靴 ɕio	抓 tɤya	挂 kua	寡 kua	瓜 kwa
CVS	好 xau	可 kʻəu	爪 tsau	矮 ŋai	狗 kɛu	模 mou
CVC	蓝 lan	门 mən	吞 tʻən	脱 tʻot	腊 lap	合 həp
CSVS	灰 xuei	球 dziɤγ	乖 kuai	钩 kiɛu	皆 kiai	怪 kwai
CSVC	年 nian	黄 ɦuaŋ	娘 niaŋ	香 ɕioŋ	念 niam	光 kwɔŋ
SV	月 ye	雅 ɐi	若 io	瓦 ua	夜 ja	耳 ji
VS	哀 ai	乌 əu	——	——	爱 ɔi	袄 ou
SVS	胃 uei	有 iɤγ	歪 uai	要 iɛu	柔 jiu	毁 wai
SVC	阳 iaŋ	挖 uaʔ	羊 ian	药 iok	噎 jit	厌 jim
VC	影 iŋ	恶 oʔ	尹 yn	阴 in	恩 ɛn	屋 uk

① 各方言资料引自《汉语方音字汇》。半元音的写法不大一致,有 i, u, y, j, w, Y 等,但并无大影响。另参考杨时逢 1969, 1974。对于南昌方言的记音《字汇》和杨氏所记略有差异,主要的不同是《字汇》记为 -k 的韵母,杨氏都记为 -ʔ,可能有小方言或个人因素的不同。

除去长沙、南昌两地没有元音加半元音以零声母起首的字以外,(这类字在两地都有 ŋ-声母,)其他各方言都具有相同的音节结构。因此在拟测中古音的时候,就按照这种情形配合《切韵》、《广韵》的系统,订立了中古音的音节结构,各家的中古音拟测大致不超出这种音节结构以外。可是从《广韵》、《切韵》等代表中古音的韵书看来,中古音和现代汉语的音节结构并不全同。最大的异点就是现代各方言无声母的字并不全是从无声母来的,其中从微母、日母和疑母来的,比较各方言的语音可以看出不同,可以推测来源;而从影母、喻母来的就无法从方言看出来源了。高本汉(Karlgren 1954:228)看出中古影母字现在读阴调,因而拟测为喉塞音声母 ʔ-;喻母无论三四等现在都读阳调,因而拟定为真正的无声母以元音或介音起头的字,这是杰出的贡献。虽然有的学者对喻母的看法略有不同,但是对影母却是完全一致的①。这样一来,在音节结构上发生变化。由于喻母字出现在三等韵,一定有三等介音,所以在中古音中就不可能有纯元音起首的字,不是有辅音声母,就是有介音。音节结构就要改为:

$$\begin{Bmatrix} C \\ S \end{Bmatrix} V (\begin{Bmatrix} C \\ S \end{Bmatrix})$$

$\begin{Bmatrix} C \\ S \end{Bmatrix}$ 表示两者必须有一,不能都没有,最小的可能配合是 CV 或 SV。换句话说,中古音中绝对没有 ɤ, y, o, u, i, a, 这样单独的音节,至少也要有 ʔ-或 j-。中古音中连一个简单的读 a, i, u 的字都没有,不经过这一层分析,实在令人难以置信。

---

① 只有 E.R. Hope 表示怀疑,见所著 Karlgren's Glottal Stop Initial in Ancient Chinese, 1953。

另一个中古音和现代方言的不同点是中古音三四等韵有合口字,可以容许有两个介音,因此音节结构还要进一步改为:

$$\begin{Bmatrix} C(S) \\ S \end{Bmatrix} (S) V (\begin{Bmatrix} C \\ S \end{Bmatrix})$$

把这一个音节结构的内容分辨一下,我们知道第一个 C 是辅音,也就是中古音里的声母;位于第一的 S 以及 C 之后加括弧的(S)是指三四等韵的介音;其次的 S 是合口介音;不加括弧的 V 是主要元音;最后的 S 只有 i, u(或 j, w)两个可能;而最后的 C 则是中古音中的韵尾,可分为两类,就是 m, n, ŋ 和 p, t, k。现在跟现代方言音节内容来对照一下,除去第二个 S 没有之外,都有声母、介音、主要元音和韵尾。其中最大的不同在韵尾部分。我们知道梅县和广东话都具有-m, n, ŋ 和-p, t, k 六种韵尾;南昌话有-n, ŋ 和-t, k (或-ʔ)四种;苏州话有-n, ŋ 和-ʔ 三种,长沙话和国语一样都只有-n, ŋ 两种了。换句话说,入声韵尾在这两处方言完全消失,长沙话还有入声调,而国语里入声字都变入其他声调了。由此可见韵尾演变的情形相当剧烈,显示中古的韵尾正在逐步消失之中,而塞音尾的步调比鼻音尾更快。

关于中古入声字变入国语的情形,已经有许多学者讨论过,最近的两篇论文(Chen 1976,薛 1978)都分别写出若干规则来解释塞音韵尾变化的路向,我个人觉得从中古音到现在有一千三百年的距离,如果不把中间阶段研究清楚,用少数几条规则很不容易把握语音演变的真相[①]。这里我们不深入讨论入声字演变的细则,但是为了要讨论音节结构的问题,不能不大致作一个观察。因为

---

① 从中古音到《中原音韵》(1324 A.D.)也有七百年,把《中原音韵》作为从中古到现代的跳板,还是显得稍长了一点。

国语里完全没有塞音尾,所以用来作为观察的例证更有代表性。中古有塞音尾的入声字演变为国语里以下各种韵母:

国语	中	古	音
	-p	-t	-k
-ɿ	蛰	质	石
-i	立	栗	历
-u		骨	禄
-y		橘	育
-a	答	察	
-ia	甲	瞎	
-ua		刷	
-ɤ	合	葛	格
-ie	接	结	
-uo		说	郭
-ye		月	略
-ai			白
-uai		率	
-ei			贼
-au			雹
-iau			药
-ou			粥

在国语的阴声韵母中,除去-ɿ, -ɚ, -uei, -iou没有入声的来源以外,其余十七个韵母都有入声的来源。如果没有中古韵书、也没有保留-p, t, k的方言,就北方话本身根本无法拟出三种入声尾来;即使有侧面的材料,可以推测这些韵母似乎有-p, t, k的来源,也很不容

易取信于人。现在我们知道有直接可靠的证据,就没有人怀疑上列这些国语韵母中有若干字来自收-p, t, k 的入声字。从目前各方言中入声演变的情形看来,大致都有入声渐趋消失的现象,可能因为文化的发展,语言就跟着有双音节性及多音性的趋向,因而在连读之中,不在词汇最后的入声字就容易丢失其塞音尾,增加词汇的接合度和流利性。这在许多有入声的方言中都可以得到证明。因此我们可以说汉语的-p, t, k 尾有趋于消失的倾向。

入声字经过什么样的过程变为国语中的韵母现在不拟具论,学者们并无一致的看法,可是有一点大家都无异议的,就是国语中半元音性的-i, u 韵尾正是早先韵尾的遗迹。Stimson(1962:381)曾经指出在他发现的 91 个有两读的入声字中,有 42 个都有收-i, u 尾的读法,而且都是原来有-k 尾的字。可见-p, t, k 尾开始消失之后极可能留下一个半元音尾的痕迹。

三、中古汉语的音节结构及其来源

上文指出中古汉语的音节结构是 $\begin{Bmatrix} C(S) \\ S \end{Bmatrix} (S)V(\begin{Bmatrix} C \\ S \end{Bmatrix})$,最后括弧中的 S 是指中古的韵尾-i 和-u。当然中古音是经过拟测而来的,我们要讨论的韵母跟国语中实际的韵母略有差别,可是代表中古音的韵书具在,各方言的演变情形也很清楚,因此各家对于中古音系的拟测只有微细的不同,没有悬殊的差异。我们根据拟音讨论音节结构的内容应该没有太大的问题。关于中古的元音尾-i, -u 两者究竟出现于多少韵母中呢?我们可以从下表中来检看(参看周法高 1968):

上古汉语的音节结构

中古韵	高本汉	董同龢	李荣	王力	陆志韦	Martin	Pulleyblank	周法高	Hashimoto①
果摄 一等歌	â, uâ	ɑ, uɑ	â, uâ	ɑ, uɑ	ɑ, wɑ	ɑ, uɑ	ɑ	ɑ, uɑ	a, ŭa
(假摄) 二等麻	a, wa	a, ua	a, ua	a, wa	a, wa	ɛ, uɛ	a	a, ua	a, uã
三等麻		ia	ia	ia	ia	iɛ	ia̯	ia	iã
遇摄 一等模	uo	uo	o	u	wo	u*	ə̯	uo	o
三等鱼、虞	iwo, iu	jo, juo	iâ, io	io, iu	io, iwo	i*, iu*	iə̯	io, iuo	y, io
蟹摄 一等咍、灰	âi, wâi	ai, uai	âi, uâi	ɑi, uɑi	ɒi, wɒi	ai, uai	əi	ai, uai	ai, uai
二等佳	ai, wai	ai, uai	ɐi, uɐi	ɒi, uɒi	ɐi, wɐi	əi, uəi	əi	əi, uəi	əi, uəi
皆	ãi, wãi	æi, uæi	ă, uă	ɐi, wɐi	æi, wæi	æi, uæi	ae	æi, uæi	ɛ, ŭɛ
夬	ai, wai	ai, uai	ăi, uăi	ai, wai	ɐi, wɐi	ai, uai	aəi	ai, uai	ɛi, ŭɛi
三等祭	iäi, jwäi	jæi, juæi	iäi, iuäi	iɛi, wɛi	iɛi, iwɛi	ɛi, uɛi	ai	iæi, iuæi	ai, uai
废	iäi, jwäi	jæi, juæi	iäi, iuai	iɐi, iwɐi	iɐi, iwɐi	iɛi, iuɛi	iei	iai, iuai	iai, ɣai
四等齐	iei, iwei	iei, iuei	ei, uei	iei, iwei	ɛi, wɛi	iei, iuei	ei	iei, iuei	ei, ŭei

续表

中古韵	高本汉	董同龢	李荣	王力	陆志韦	Martin	Pulley-blank	周法高	Hashi-moto
止摄三等支	(j)ie̯, wie̯	je, jue	ie, iue	ĭe, ĭwe	iei, iwei	ia, iua	i̯e	ii, iu	ie̯, y̯e
支	(j)ie̯, wie̯	je̯, jue̯	ie, iue	ĭe, ĭwe	iei, iwei	ia, eua	ye	ie, iue	
脂	(j)i, wi	jei, juei	i, ui	i, wi	iĕi, iwĕi	i*i, iu*i	ii	iii, iui	ieĭ, y̯eĭ
脂	(j)i, wi	je̯i, jue̯i	i, ui	i, wi	iei, iwei	i*i, iu*i	yi	iei, iuei	
之	(j)i	(j)i	ie	ə̆	i(ə̆)i	i*i̯*i	i̯ə	i	ie
微	(j)ie̯i, we̯i	jəi, juəi	iei, iuei	ĭəi, ĭwəi	iəi, iwəi	iə̯i, iuəi	iei	iei, iuei	ieĭ, y̯eĭ
效摄一等豪	âu	au	âu	au	au	au	au	au	aŭ
二等肴	au	au	au	au	au	əa	au	au	iaŭ
三等宵	i̯äu	jæu	iau	ĭau	iau	iai	i̯ɛu	iɑu	
宵	i̯äu	j æu	iau	ĭau	iau	iai	ie̯u	iau	
四等萧	ieu	ieu	eu	ieu	eu	iei	yeu	iɛu	
流摄一等侯	ə̆u	u	u	əu	əu	ou	u	əu	eŭ
三等尤	i̯ə̆u	jəu	iəu	ĭəu	iəu	(ĭ*u) i̯*u	iiu	iiu	u
幽	i̯ə̆u	jə̆u	iəu	iəu	iəu		yiu	ieu	
尤	ne̯u	ju	iu	ieu	ieu	ieu	i̯u	nei	iu

见 Hashimoto 1978, 271—272 页。

收-i, u 韵尾之韵母在全部韵母中所占比例	$\frac{25}{40}$	$\frac{31}{47}$	$\frac{25}{40}$	$\frac{26}{40}$	$\frac{38}{48}$	$\frac{28}{40}$	$\frac{16}{29}$	$\frac{33}{48}$	$\frac{23}{40}$

由于各家对重纽的看法不大相同,因此在计算韵母时略有差别,但是共同的现象是:收-i, u 韵尾的韵母在全部阴声韵母中所占的比例特别高,至少都在一半以上。如果以现代方言来作比较,更可以看出其特点来。以下用同样的方法计算现代方言阴声韵母中收-i, u 尾的韵母所占的比例:

国语$\frac{8}{21}$ 苏州$\frac{1}{20}$ 长沙$\frac{10}{25}$ 南昌$\frac{10}{21}$ 梅县$\frac{9}{17}$ 广州$\frac{9}{17}$[①]

我们可以清楚地看出中古音的情形相当特别,其中最高的比例如陆志韦所拟的到达$\frac{38}{48}$;最少的是 Pulleyblank 所拟的,但是因为他没有把合口韵母拟测出来,$\frac{16}{29}$的比例不足为凭,如果加上合口韵母,大致也在$\frac{28}{40}$左右。其余最少的也有$\frac{23}{40}$。这一种收-i, u 韵尾的韵母特别多的情形代表什么意义?是不是显示早期有一个特别的来源?中古音离上古音还比较近,也许跟上文所说入声尾变到国语的情形类似,这些韵母中的-i, -u 正是上古音某种韵尾的遗迹。现代方言中梅县、广州两地比例也高,到达$\frac{9}{17}$,正好这两处保持-m, n, ŋ, -p, t, k 尾,也许表示这两处方言保存的古音痕迹就是比其他方言多一点。如果这种推测不错,那么中古音的-i, -u 尾是从上古音的什么韵尾变来的呢?这个问题清朝人已经给我们提供解答的方向了。

清朝的学者没有现代语音学的知识,也没有拟音的观念,他们所做的音韵学研究是实际观察现象的工作,因此他们的发现特别

[①] 各方言的韵母类别根据《汉语方音字汇》。

值得重视。其中有一个发现是顾炎武的"卓然远识"。从《唐韵》以来,通常入声韵都是配阳声的,例如《广韵》屋韵配东、董、送。到了顾炎武忽然发现在上古音中跟入声韵相配的该是阴声韵,不是阳声韵。顾氏的根据以《诗经》押韵为主,其他古籍韵语为辅。这个发现是了不起的贡献,因此江有诰在《入声表》凡例中说顾氏"卓然远识"。所谓"配",就中古音而言,只是阳声韵和入声韵相当,表示主要元音相同,阳声字和入声字并不在一起押韵;但就上古而言,阴声韵和入声韵的字却实际上在一起押韵,在主要元音相同之外,应该还表示别的意义。到段玉裁发现谐声字也有助于古韵分类,就更加肯定入声配阴声韵的问题。江有诰的《入声表》就把古韵分部中入声韵的地位完全肯定了。他的方法是"以《说文》谐声证诸三百篇合用之字,一部中必有十数字与三声合用者,又必有十数字与平上去两三收者,然后定为此部之入。盖必破除《唐韵》部分之谬,乃能得古音之正也。"(《入声表·凡例》)。入声是有-p, t, k 尾的,既然跟阴声韵相配,自然阴声字也可能有某种相近的韵尾,这就是现代许多学者给上古的阴声字拟测浊塞音或浊擦音尾的根据,除去小的差异,大致可说是-b, d, g[①]。

回到音节结构的本题来,中古音有那么多收-i, u 尾的韵母,又正是跟上古音的入声字相配,那么这不是一个清楚的证据显示中古的-i, -u 来自上古的辅音韵尾吗?如果这一推论不错,那么中古音节结构中最后的 S 就是原来上古的 C。整个的音节结构推上去就要写成:

$$\begin{Bmatrix} C(S) \\ S \end{Bmatrix} (S)V(C)$$

[①] 关于上古浊塞音尾的不同,参见周法高 1969,李方桂 1971。李先生所拟的浊塞音尾共有 b, d, g, g^w 四种,另有韵尾-r。

而把原来最后括弧中的 S 取消了。这里立刻牵涉到中古音中没有 -i, u 尾的韵母，在清代学者的研究中也是跟入声相配的，他们发现的现象是独立的，因此有理由相信这些韵母原来也是有辅音韵尾的，只是没有留下显著的痕迹。这样一来，音节结构中的主要元音不加括弧的 V 就是从 VC 来的，那么整个结构就要改成：

$$\begin{Bmatrix} C(S) \\ S \end{Bmatrix} (S)VC$$

表示上古音中韵尾一定要有 -m, n, ŋ, 或 -p, t, k, 或 -b, d, g 及其他阴声韵尾。(关于阴声韵尾的问题详见下文第四节。)

现在再说第一个 S，原是表示中古音三四等的介音，因为现代的方言无声母的字来自中古许多不同的声母，除去喻母以外，都是辅音声母，而喻母是有三等介音的。根据高本汉以后几位学者的研究，喻母字的来源无论三等四等都来自辅音，这样一来 $\begin{Bmatrix} C \\ S \end{Bmatrix}$ 就变成相同的 C，这个 C 是指单声母。由于谐声字的显示，学者都承认上古有复声母的存在，因此完整的上古汉语的音节结构是：

$$(C)C(C)(S)(S)VC$$

省略当中加括弧的部分，就可以简写为 CVC。

这个音节结构当中最有争议的部分仍然是阴声韵浊塞音尾的问题，还需要加强证据。

四、上古汉语的音节结构及阴声韵尾问题

上文以现代汉语方言的音节结构为基本，配合文献上韵书的记载，推测中古汉语的音节。再从中古入声字到国语的演变，指出半元音性的韵尾 -i, u 有一部分是从中古韵尾 -p, t, k 来的。而中古音中收 -i, u 尾的韵母更是多得出乎常情，各家的拟音趋向一致，显

示这些-i, u 尾很可能也有辅音的来源。再对证清人改正《切韵》以来阳入相配的办法,把入声字跟阴声字相配,合为阴声韵部。入声字既有-p, t, k 尾,阴声字很可能有对应的辅音韵尾,因此推定上古汉语的音节结构是 CVC。

这个音节结构中最有争论的还是阴声韵尾的问题,一定要检看各家的上古拟音,才能加以评断。现在引录各家对阴声韵部的拟音,为清楚起见,只标明开口韵母的主要元音和韵尾,合口韵母只在必要时再加说明。

上古韵部	Karlgren	董同龢	陆志韦	王力	Pulleyblank	周法高	李方桂
之	əg, ək ɛg, ɛk	əg, ək əg, ək	əg, ək (ɐg)	ə, ək	əɣ, ək	əɣ, ək	əg, ək
幽	ôg, ôk ôg, ôk	ôg, ôk og, ok	ɯg, ɯk	əu, əuk	əw, əkw	əw(ɣ), əwk	əg^w, ək^w
宵	og, ok ŏg, ŏk	ɔg, ɔk	ʌg, ʌk əg	au, auk	ah, a?	aw(ɣ), awk	ag^w, ak^w
侯	{ ug, uk u	ûg, ûk	og, ok	o, ok	aw, ak^w	ew(ɣ), ewk	ug, uk

鱼	{ ŭg, uk
	  âg, âk
	  o
		(ug), uk
		ag, ak
			əg, ək
			ag, ak
				ɑ, ɑk	a ï, ak	aɣ, ak	ag, ak

佳	{ ăg, ăk
	  å
		{ ag, ak
		  (ag, ak)
			ag, ak
			ɐk				

歌	ĕg, ĕk âr â âr a	eg, ek ɑ a	æg, æk ɑ$_d$ ɑ$_d$	e, ek a, ăt	aj, ak^j al	eɣ, ek a	ig, ik ar
祭	âd, ât	ɑd, at	ɑd, at	āt	ats, at	ar, at	ad, at

续表

上古韵部	Karlgren	董同龢	陆志韦	王 力	Pulleyblank	周法高	李方桂
脂	ad, at ăd, ăt êd, êt	ad, at æd, æt ed, et	ad, at ɛd, ɛt	ei, et	əj, ək^j	er, et	id, it
微	əd, ət ər	ə̂d, ə̂t ə̂r	əd, ət	əi, ət	əl, ət	ər, ət	əd, ət ər
	ɛd, t ɛr	əd, ət					
缉	əp ɛp	ə̂p əp	əp	əp	əp	əp	əb, əp
叶	âp	ɑp Ap	ɑp	ap	ap	ap	ab, ap
	ap	ap ɐp	ap ɐp				

在以上拟音之中，除去王力以外，诸家都给阴声字拟测了塞音尾，只是多少各有不同。现在一一加以检讨①：

高本汉接受清人阴入相配的观念，阴声韵各部都有辅音尾，只有"侯、鱼、歌"三部的一部分字是开尾韵-u，-o，à和-â，a。好几位学者（董1948，陆1947）早已指出高氏未能完全把握资料，因为在谐声字和《诗经》韵中，侯鱼两部高氏所谓开尾韵的字都有和其他有塞音尾的字谐声押韵的例子。例如：

侯部：（这里暂用高氏上古拟音。）

---

① 对各家上古音的完整检讨，参看拙作《魏晋音韵研究》（Ting 1975）第二章。这里的检讨有一部分重复，但为行文方便，不得不加以说明。

谐声字：娄 gli̯u：数 suk

蔟 kuː 斛 kŭk：講 kŭng

㔬 tsi̯u：鬻 dzʼŭk

《诗经》韵：《角弓》六章：木 muk：附 bʼi̯u：属 d̑i̯uk

《桑柔》十二章：谷 kuk：穀 kuk：垢 ku

鱼部：

谐声字：固 ko：涸 ɣak

尃 pʼi̯wo：博 pâk：傅 pi̯wo：缚 bʼi̯wak

者 t̑i̯ä：著 t̑i̯o：斱 t̑i̯ak

《诗经》韵：《六月》四章：茹 ńi̯o：获 gʼwâk

《烝民》二章：若 ńi̯ak：赋 pi̯wo

另外还有许多别的例子，详见董同龢先师的批评（董 1948：45—50，60—62）。

在董氏的拟音里，因为上述理由，所以把侯部订为 ûg，鱼部订为 ɑg。只有歌部仍然保留开尾韵-ɑ，a。但是董氏（1948：57）又指出：

> 既然说他（按指歌部）没有任何的韵尾，他里面的一些字又跟-n 尾字对转而不跟-m 或-ng 尾的字对转，却不能不使人不再三考虑，确切的解答恐怕现时很不容易做到。

歌部字跟收-n 尾的元部字对转的例子相当不少，例如：

瘅：单；傩：难；果：裸；播：番；嫸：前

《诗经》里也有例外押韵的例子：

《东门之枌》二章：差：原；麻：娑

《隰桑》一章：阿；难：何

除非故意忽视这些现象,否则没有理由不考虑给歌部字拟测韵尾,如果没有某一种韵尾,何以歌部字总是跟收-n 尾的字有例外关系呢?

陆志韦很了解这种情形,因此他的歌部拟音是-$α_d$, -a_d,认为早先也是从-αd, -ad 变来的[①]。他的上古音完全没有开尾韵。他说:

> 我们断不能从诗韵、谐声划出一部分来,把他们跟入声割裂,绝对证明他们是上古的开音缀。我们的结论尽管是不近情的,然而这样的材料只可以教人得到这样的结论。

王力的系统最特别,阴声字全部是开尾韵。他认为(1958:63):"同类的韵部由于主要元音相同,可以互相通转。"这一句话是他最重要的论点,我认为有三个反面的理由使人无法接受这一种观念。第一,什么是同类的韵部? 在 ə, ək, ət, əp 之中有什么语音上的根据,可以证明 ə 跟 ək 同类? 而不跟 ət, əp 同类? 第二,即使承认 ə 跟 ək 同类,主要元音相同是否能通转是一个问题;能通转是否就能押韵又是另一个问题。第三,纯从语音上来说,如果 ə 真可以跟 ək 押韵,实在找不出任何理由说 ə 不可以跟 ət, əp 押韵[②]。

Pulleyblank 的上古拟音中只有 a, ə 两个元音,通常一个自然语言中最基本而不可少的三个元音是 i, u, a[③],因此他的系统不合一般语言学的现象。韵尾方面非常复杂,入声清塞音尾就有 p, t, k^j, k, k^w, ʔ 六种,相配的阴声韵也有五种:1, j, ɨ, w, h。一方面令人怀疑这种拟音是否合于自然语言;另一方面 əj 可以跟 $ək^j$ 押韵,何以不能跟 ət 押韵? 另外祭部的 ats 跟 at 押韵也不是很自然的。

---

① 陆氏歌祭两部的阴声字除声调以外,韵母完全相同,而去声有两种。
② 参见 Pulleyblank 1962:86,周法高 1969:125。
③ 参见 Jakobson and Halle 1971:53。

如果他的拟音属实,就得认为上古说汉语的人在《诗经》里押韵的习惯非常奇异。

周法高先生的系统原来(1969,1970)只有歌部是开尾韵 a,他认为(1969:131)a 实际上是 aʳ,跟微部的 wəʳ,脂部的 ieʳ 一样,元音都是卷舌化的,也可以说都是开音节,写的时候-ʳ 可以省去。问题是在周先生的系统里,脂微两部同时还有真正收-r 尾的韵,如 wər 和 ier,在语音上 wəʳ 和 wər、ieʳ 和 ier 有什么差别呢? 语音性的-ʳ 可以省去,究竟在音位上算有还是没有? 如果算有,那歌部还是闭音节;如果算没有,就表示根本可以去掉。那歌部字如上文所说常跟受-n 尾的字谐声押韵的现象又不好解释了。卷舌化的韵在语音上跟-n 尾的字相差得相当大,因此歌部也许还是维持 ar 比较容易解释。

另外,周先生后来把 əwɣ, awɣ, ewɣ 的 ɣ 省去,认为 ɣ 没有辨义作用。(见张日昇、林洁明 1973 周序。)在他的系统中固然可以把 ɣ 去掉,不致引起矛盾;但是 əɣ 也没有冲突,是否也能说这个 ɣ 也可以去掉呢? 同时是否有辨义作用是很难界定的,韵母中有 əwɣ, əwk, əwng 三种,我们能否说-k 或-ng 没有辨义作用,就把它省去? 何以只认为-ɣ 没有辨义作用呢? 进一层说,把-ɣ 去掉之后,əw 跟 əwk 押韵也是不易令人接受的。因此以周先生的新旧两种拟音来说,我还是倾向于原来的系统。

李方桂先生的拟音非常自然,四个元音中有三个是 i, a, u,合于一般的自然语言,韵尾的拟测也完全配合谐声字和《诗经》韵的现象。五种阴声尾-b, d, r, g, gʷ 之中最令人怀疑的是-gʷ,我想如果用为声母的塞音 b, d, g 同时都可以作为韵尾,那么同样情形的 gʷ,用作韵尾自然也有可能。这一点下面还要提出别的证明。

总之,在各家系统之中,我觉得李先生的系统最自然合理,能涵盖的现象最广,因此我接受他的系统,而他的系统中所有的音节都是有辅音韵尾的。换句话说,他拟测的上古汉语的音节就是CVC。这个结论是严格地遵从汉语本身的材料分析的结果,以下再从别的角度提出证据。

五、同族系语言的证据

早在1945年,李方桂先生(Li 1945)发表一篇有名的文章:Some Old Chinese Loan Words in the Tai Languages,指出中国的地支借入傣语之中,有好几种现象都很有启发性,尤其"未"字在三种傣语中仍然保有一个舌尖塞音尾-t,显示原来汉语就有一个塞音尾。现在我们回头再看李先生所收集的材料,竟然发现还有新的意义。首先把材料重列如下(Li 1945:336)[①]:

地支	上古音	中古音	Ahom	Lü	Dioi
子	tsljəg	tsï	cheu	tɕai^3	chaeu^3[ʃaə]
丑	hnrjəg^w	thjəu	plāo	pau^3	piaou^3[piau]
寅	rin	jiĕn	ngi	ji^2	gnien^2[ɲien]
卯	mrag^w	mau	māo	mau^3	maou^3[mau]
辰	djiən	źjĕn	shi	si^1	chi^2[ʃi]
巳	rjəg	zï	sheu	sai^3	seu^3[sə]
午	ngɑg	nguo	shi-ngā	sa-ŋa^4	sa^3[sa]

[①] 上古音一栏改用李方桂1971的新系统;李先生原文所用者为高本汉的拟音。中古音也用李方桂改正高本汉的系统。(见李1971:5—7。)Ahom、Dioi 两种材料原文引自字典,后者所用音标为法文式,故原加方括弧表示国际音标,今亦照引。Lü 的材料为李先生自己的记音。又为清楚起见,上古音未标调号。Lü 及 Dioi 的声调用数目字表示。

未	mjəd	mjwěi	mut	met[6]	fat[1][fɑt]
申	sthjin	śjěn	shan	san[1]	san[4][san]
酉	rəgʷ	jiəu	rāo	hrau[4]	thou[2][ðu]
戌	sjət	sjuět	mit	set[5]	seut[1][sət]
亥	gəg	ɣài	keu	kai[4]	kaeu[3][kaə]

第一，在十二个地支之中，阴声字有八个，借到傣语之中，其中六个阴声字有元音尾，一个有塞音尾，为了醒目起见，重新排列一次：

	上古音	中古音	Ahom	Lü	Dioi
子	-g	ï	-u	-i	-eu[-ə]
丑	-gʷ	-u	-o	-u	-ou[-u]
卯	-gʷ	-u	-o	-u	-ou[-u]
巳	-g	ï	-u	-i	eu[ə]
午	-g	uo	(-ɑ)	(-ɑ)	(-ɑ)
未	-d	-i	-t	-t	-t
酉	-gʷ	-u	-o	-u	ou[u]
亥	-g	-i	-u	-i	-eu[-ə]

"午"字情形比较特殊，从傣语借字的音看来似乎有 s 起头的复辅音。而谐声字"卸"从"午"声，也有 ŋ-跟 s-来往的迹象，可惜现在无法详究。（参董 1948：43）

"子、巳"两字在中古音变为单元音，而在傣语却有-u 尾或-i 尾，加上"丑卯酉亥"四字也都有-i，-u 尾，可见早期材料所显示的-i，u 尾比汉语的中古音更多。如果我们说傣语中的元音尾正显示汉语上古音的某种韵尾遗迹，应该可以承认是相当可信的事。

第二，李先生早年用高本汉的上古音系统，近年来他有自己的新系统，这个系统完全是根据汉语本身的资料拟定的。现在再跟三种傣语借字作一比较,发现-g,-gʷ和-d在借字中正有三种不同的对应,而且在三种方言都有一致的现象。我们推测很可能有下列的变化:

$$
\begin{array}{rl}
汉语\text{-}g \rightarrow & \text{-}ɯ \diagup\!\!\!\begin{array}{l}\text{-ə(Dioi)}\\ \text{-u(Ahom)}\\ \text{-i(Lü)}\end{array}\\[2ex]
\text{-}g^w \rightarrow & \text{-}u \diagup\!\!\!\begin{array}{l}\text{-u(Dioi)}\\ \text{-o(Ahom)}\\ \text{-u(Lü)}\end{array}\\[2ex]
\text{-}d \rightarrow & \text{-t}
\end{array}
$$

李先生(Li 1945:341)早年的推测就是-g→-ɣ→-ɯ。后来在另一篇文章中(Li 1971:198—199)又加强这一个说法,认为-ɯ(或-i)是从-g变-i的过渡阶段。这里值得注意的是-g和-gʷ的不同演变。如按王力的说法,之部阴声字只是ə,那么"子巳亥"三字分别变为傣语的eu,ai,就难以解释了。

"未"字的-d在傣语变-t,有两种可能。第一,阴声韵尾的演变步调可能不同。在汉语史中,各部阴声字和入声字押韵的现象在上古差不多都有,(只有歌部无入声是例外,)到汉代渐渐减少,但是脂、微、祭三部的阴声字直到南北朝还有跟入声字押韵的现象。而这三部在李先生的拟音中正是有-d或-r尾的。第二,地支中共有八个阴声字,其余都是上声,只有"未"是去声,也可能声调使阴声韵尾的演变先后有所不同[①]。

总之,以傣语借字的现象跟中古音-i,u尾特别多的现象比照,再加上国语中-i,u尾可以来自入声的塞音尾-p,t,k作为旁证,我

---

① 这一个分化的条件承龚煌城兄赐告,在此致谢。

们相信借字里的-u, o; -i, u; -eu, ou 正是上古汉语辅音韵尾的遗迹。而李先生的拟音正可以完满地解释这些现象。当然在李先生拟测上古音时也许他也考虑到这些傣语借字的现象，但是他的立论根据完全在于汉语本身，我现在以借字作为拟测阴声韵尾的证明，自无循环论证的嫌疑。

关于傣语（原作台语）是否和汉语有亲属关系的问题，最近李方桂先生（1976:39）也有比较明确的言论，从材料中指出汉傣的关系相当密切，不只是表面类型或声调的接近而已。现在从李先生的材料中摘引以下与阴声韵尾相关的一部分：

汉字	上古音	暹罗语	意义
肚	dag(上)	thɔɔŋ C2	胃
孥	nag(平)	nɔɔŋ C2	弟妹
补	pag(上)	pɔɔŋ C1	保护
肤	pljag(平)	pliak DIL	树皮,稻谷
颅	blag(平)①	phaak DIL	额
雾	mjug(去)	mɔɔk DIL	雾
帽	məg^w(去)	muak DIL	帽子
保	pəg^w(上)	pok DIS	包,书套
倒	tɑg^w(上)	tok DIS	倒下来
肺	phjad(去)	pɔɔt DIL	肺
米	mid(上)	mɑlet D2S	种子

---

① blag 这个音根据我的办法（丁 1978:606, 612）拟成 lag, 但是仍有可能是 blag。

这些例子显示汉语上古阴声字的塞音尾在暹罗语也有相对当的韵尾,只是情形并不一致,可能受元音的影响。与上文傣语借字的对应关系也不同,也许正是借字和同源字的差异。

除去上述的对当以外,也有汉语阴声尾跟元音对当的情形,例如:

汉字	上古音	暹罗语	意义
渡	dag(去)	thaa B2	码头,河
涂	dag(平)	thaa A2	涂抹,漆
余	rag(平)	raa A2	我们
赌	tag(上)	thaa C2	挑战
五	ngag(上)	haa C1	五
稼	krag(去)	klaa C1	秧
贾	kag(上)	khaa C2	买卖

这种对当很一致,汉语的 ag 对暹罗语的 aa,借字的可能非常小。上文地支借字中的"午"字上古音是 ngag,三种傣语也都没有韵尾,可见汉语的-ag 在傣语的演变可能是-g 先消失,元音有抵补音长,因而变成长的 aa。或-g 尾经过某种过程变为-a。目前还无法完全了解。

傣语之外,大家都承认汉语和藏缅语的亲属关系。最近龚煌城(1978)讨论汉藏缅三种语言的元音系统,得到可靠的结论,列举许多同源字。他的目的在于探讨元音的对当关系,正好可以用来观察韵尾对当的情形,现在各举一部分例子为证:

汉字	上古音	古藏语	古缅语	意义
语	ngjag	ngag, dngags		藏语指语言,谈话
苦	khag	khag-po	khak	困苦、困难
肤	pljag	pags, lpags		皮肤
候	gug	sgug		等候
叩	khug	khauk < *khuk		敲击
雾	mjug	rmugs, rmu	mru	藏语 rmugs 指浓雾
手	sthjəgʷ	sug		
收	hrjəgʷ	sgrug, rug		意指收集
揉	niəgʷ	nyug		揉
二	njid	gnyis		二
尔	njid	nyid		你、自己
何	gar	rgal		浅滩
荷	gar	sgal, khal	ka	藏语 sgal 指牛马驮载之物；khal 为负荷,缅语 ka 为上马具,上轭。
盖	kab	ģebs, bkab		遮盖

这些对当的字相当整齐。我们知道古藏语是有辅音韵尾的,这种对当正可用作旁证。跟傣语一样,汉语阴声字尾也有跟藏缅语元音对当的例子:

汉字	上古音	古藏语	古缅语	意义
五	ngag	lnga	nga	五

续表

汉字	上古音	古藏语	古缅语	意义
吾	ngag	nga	nga	我
鱼	ngjag	nya	nga	鱼
無	mjag	ma	ma	不
渡	dag	'da		过
父	bjag	pha	a-pha	父亲
死	sjid	'chi＜*'syi	se＜siy	死亡
至	tjid	mchi＜*mtshyi	ce＜*tsiy	来、到
细	sid		se＜*siy	小、瘦
躯	khjug	sku	kuwy	身体。缅语指动物之身
乳	njug	nu-ma	nuw	女胸、奶
寇	khug	rku	khuw	偷
耳	njəg	rna	na	耳朵
母	məg	ma	ma	母亲,缅语指姊妹

这些例子很有意思,尤其第一栏的 ag 跟藏缅语的 a 相当,跟前面与 ag 相当的例子并存。上文讨论傣语时也有类似的现象。我认为从汉语本身可以推定阴声字有辅音尾,比较语言的证据至少可以证明一部分阴声字的确如此。而汉语材料中的韵部是无法割裂的,因此另一部分跟藏缅开尾韵对当的例子一定是藏缅语的演变,例如缅语中就有好些字有-y, w 尾,很可能就是早期韵尾的遗迹。同时,说古汉藏语阴声字都有辅音字尾,在一部分字中失去,很容易解释;要说本来都没有,忽然有的字加-g,有的字加-d,就很费解了。

六、结论

从以上的讨论,我们推定上古音的音节结构是 CVC。第一个 C 指声母,第二个 C 指韵尾,加上当中的元音,都是上古汉语音节中不可或缺的成分。有些学者对阴声字尾抱存疑的态度,如王力(1958)、陈新雄(1972)、Bodman(1978)、龙宇纯①。本文不详细批评反面的看法(详下),以免陷于冗长的争论。只从种种现象推测上古汉语的音节结构,认为上古汉语中阴声字一定有韵尾。主要的新证据是中古音中有半元音性-i, u 尾的韵母特别多,推测这种韵尾的来源可能就是塞音韵尾。在李方桂先生的系统中,-d, g, g^w 后来变-i, u;像歌麻韵中古属 a 类韵母的字在上古是从-r 来的。其次是傣语中的地支借字,令人倾向于相信上古汉语中阴声字有辅音尾的说法。当然传统的证据还是很有力,《诗经》韵中有不少阴入相押的例子,因此清人才分别归入一部。对于这些可以押韵的阴入声字,我们无法相信 a 可以和 ak 押韵,əi 可以和 ət 押韵,əw 可以和 əwk 押韵,其他语言的文学中恐怕也找不出这样的例子。倒是清浊两种塞音尾的距离极近,如闽南语中连音变化的例子:

小雨 hɔ˩ sap˧ aˇ → hɔ˩ sab˧ aˇ

一个 tsit˩ eˇ → tsil˩ eˇ

竹子 tik˧ aˇ → tig˧ aˇ

闽南语中没有 d,所以-t 变-l。在当地人根本不觉得-p、t、k 到

---

① 龙宇纯先生前年在史语所讲论会主讲"上古音阴声字有无辅音韵尾之检讨",表示存疑的看法。

-b、l、g 的变化。

对于 CVC 这样的结构,最容易受到的批评是:(一)世界上还有别的语言有这样的音节结构吗?(二)上古汉语连 a 这种单独的音节都没有吗?对第一个问题,Pulleyblank 曾经指出老 Mon 语就跟汉语一样,没有开尾音节(1963:211—212),但是有人怀疑。现在我们增加一条证据,根据李方桂先生和李壬癸分别的调查,台湾南岛语中的邵语在语音上说来也就是没有开尾音节,元音之后总有一个喉塞音,只是在音位上可以不必辨认而已①。

对第二个问题,上文已经提到在中古音中元音之前一定要有一个声母,没有声母就一定要有介音 j-;到上古音,根本一定有辅音声母,所以不谈韵尾的问题,已经可以证明上古音没有 a 这样单独的音节。

阴声韵尾的问题有好些学者提出反面的意见,虽然不详加讨论,也要大致加以说明。陈新雄(1972:984—987)指出:如果阴声字有韵尾,平上去跟入的关系应当平衡发展,何以平上跟入的关系比较疏远?阴声尾-b、d、g 与入声尾-p、t、k 同为塞音,与阳声尾-m、n、ŋ 又同为浊音,阴阳的关系在韵部相配时何以反较阳入为远?阴声韵尾失落,声调应起变化。阴声调既未变,可见阴声尾之有无难以说定。这三个理由都可以解释。第一,董同龢先师有四声三调说,去入关系密切,可能因为韵尾相近之外,调值又相同;而平上声的调值和入声不同,只有韵尾相近,因此也只有少数的谐声或通押。第二,上古音阴入同部,跟阳声韵的关系不容易看出区别,但是歌部字没有入声,却与阳声的元部字有谐声、押韵的现象。

---

① 李方桂等(1956:24)指出:"邵语没有用元音起首的字,总有一个喉塞音在前面;也没有用元音收尾的字,也总有一个喉塞音在后面。"李壬癸(1976:225)看法相同。但是字尾的喉塞音与下字连读时就自然消失,因此没有音位性。

汉代以后,阴声韵尾发生变化,到中古已完全消失,自然保持韵尾的阳入关系显得密切。第三,阴声韵尾消失,声调的调类也许不变,而调值却可能有大不同,不敢说"阴声调未变"。同时,有的韵尾消失未必影响声调,现代方言中入声尾失落,而声调仍旧独立的有许多地方,如湘语、四川话的一部分,都是入声调独立,既无韵尾,也不短促。入声消失并入他调的情形,有很多证据显示因为原来调值就相近的缘故。

龙宇纯先生在史语所讨论会中指出,古语中有两字合音的现象,如"弗为不之、勿为毋之、诸为之于、旃为之焉、那为奈何",如果阴声字有塞音尾,夹在两个音节之中,就很难连读合为一音。我们知道现代方言中,吴语入声字是有喉塞音尾的,而苏州话的"勿要"可以连读合音,造一个新字"嫑";"勿曾"也可以合音,也造一个新字"朆"。"勿"字的喉塞音尾自然消失,并不造成合音上的阻碍。其他两字相连,虽不造成合音,但前字喉塞音也消失的例子很多。如:

热天　ȵiəʔ + tʰie→ȵiətʰie

学堂　ɦoʔ + daŋ→ɦodaŋ(参袁 1960:62,董 1968:37—40)

闽南语中也有类似的喉塞音尾连读消失的现象①:

铁钉　tʰiʔ + tiŋ→tʰitiŋ

插花　tsʰaʔ + hue→tsʰahue

还有更有意思的现象:

跟我　ka + gua→kaua(袁 1960:247)

出去　tsʰut + kʰi→tsʰuli

---

① 以下各例未注出处的,都是我个人的观察。

入去　dzip + kʻi→dzibi

两字连读时,虽然不造成合音,下字的塞音声母也消失了。可见在上古汉语中两字合音,前字的阴声尾很可能自然消失,并不造成合音的阻碍。同时,材料本身也许有目前还不知道的方言现象。

另外,在域外借字中还有一个旁证,突厥语碑文中有Čigši一词,就是汉语的"刺史","刺"在上古正是 tshjig。中国的刺史始置于西汉武帝元封五年(见《汉书·百官公卿表》),可能在那之后就借入并保存在突厥语中,可惜突厥的碑文不能肯定时代,大概最早不会超过唐代,但是在突厥语中已经由专门的职官变为一般性的人名,自然已有相当长的历史了[①]。问题是"史"字何以没有保存阴声尾,可能因为在词尾消失了。同时,在突厥语中通常 -g 尾消失后,前面的元音有抵补音长的现象,cigši 中 š 正是长音[②]。

总之,根据上文的讨论,我们可以说:上古汉语的音节结构是(C)C(C)(S)(S)VC,简写就是 CVC,因此上古汉语是一个没有开音节的语言。

引 用 书 目

丁邦新　1975　《论语、孟子及诗经中并列语成分之间的声调关系》,《历史语言研究所集刊》第四十七本第一分,页 17—52。

　　　　1978　《论上古音中带 ɿ 的复声母》,《屈万里先生七秩荣庆论文集》,页 601—617。

王　力　1958《汉语史稿》(上册)。

[①] 关于突厥文中"刺史"一词的出处,见 V. Thomsen 1912。复承陈庆隆先生查示,见于 Orkun 1940 书中,并检校用例,如:Čigši beger"刺史大人",Kutlug Čigši ben"我是 Kutlug Čigši"。在此致谢。

[②] 此点亦承陈庆隆先生赐告。

1931 《切韵 â 的来源》,《历史语言研究所集刊》第三本第一分,页 1—38。

李方桂 1971 《上古音研究》,《清华学报》新九卷一、二期合刊,页 1—61。

李方桂等 1956 《邵语记略》,(台大)《考古人类学刊》第七期,页 23—51。

周法高 1954 《论古代汉语的音位》,《历史语言研究所集刊》第二十五本,页 1—19。又见《中国语言学论文集》,页 263—281。

1968 《论切韵音》,《香港中文大学中国文化研究所学报》第一卷,页 89—112。

1969 《论上古音》,《香港中文大学中国文化研究所学报》第二卷第一期,页 109—178。

陆志韦 1947 《古音说略》,《燕京学报》专号之二十。

陈新雄 1972 《古音学发微》,嘉新水泥公司文化基金会研究论文第 187 种。

张日昇、林洁明 1973 《周法高上古音韵表》,三民书局。

杨时逢 1969 《南昌音系》,《历史语言研究所集刊》三十九本,《庆祝李方桂先生六十五岁论文集》,页 125—204。

1974 《湖南方言调查报告》,《历史语言研究所专刊》之六十六。

董同龢 1944,1948 《上古音韵表稿》。

1954 《中国语音史》,中华文化出版事业委员会。

北京大学中国语言文学系 1962 《汉语方音字汇》。

薛凤生 1978 《论入声字之演化规律》,《屈万里先生七秩荣庆论文集》,页 407—433。

Baxter III, William 1977 *Old Chinese Origins of the Middle Chinese Chongniu Doublets: A Study using Multiple Character Readings*, Ph. D. Thesis, Cornell University.

Bodman, Nicholas C. 1978 Old Chinese reflexes of Sino-Tibetan *-ʔ, -k and related problems, Paper presented to 11th International Conference on Sino-Tibetan Languages and Linguistics.

Bloomfield, Leonard 1933 *Language*, Holt, Rinehart and Winston.

Chang, Kun and Betty Chang 1972 *The Proto-Chinese Final System and the Ch'ieh-yün*, The Institute of History and Philology Monographs, Series A, No. 26.

Chen, Matthew Y.   1973 Cross-dialectal comparison: a case study and some theoretical considerations. *Journal of Chinese Linguistics* Vol.1.38—63.
    1976 From Middle Chinese to Modern Peking, *JCL* 4.2/3, 113—277.
Cheng, Chin-chuan   1973 *A Synchronic Phonology of Mandarin Chinese*, Mouton.
Dempwolff, Otto 1934 *Vergleichende Lautlehre des austronesischen Wortschatzes*: 1, Induktive Aufbau einer indonesischen Ursprache, Zeitschrift für Eingeborenen Sprachen 15. English translation 1971, *Comparative phonology of Austronesian word lists*, Ateneo de Manila University.
Gong, Hwang-cherng   1978 A comparative study of the Chinese, Tibetan, and Burmese vowel systems, Paper presented to 11th International Conference on Sino-Tibetan Languages and Linguistics.
Hashimoto, Mantaro J.   1978 *Phonology of Ancient Chinese*, Study of Languages & Cultures of Asia & Africa Monograph Series No.10.
Hsueh, F. S.   1975 *Phonology of Old Mandarin*, Mouton.
Jakobson, Roman and Morris Halle   1971 *Fundamentals of Language*. Mouton.
Karlgren, Bernhard   1954 Compendium of phonetics in Ancient and Archaic Chinese, *Bulletin of the Museum of Far Eastern Antiquities* 26, 211—367.
Li, Fang Kuei   1945 Some Old Chinese loan words in the Tai languages, *Harvard-Yenching Journal of Asiatic Studies*, 8, 333—342.
    1971 The final stops in Tushan, *Bulletin of the Institute of History and Philology*, Academia Sinica 43, 195—200.
    1976 Sino-Tai, *Computational Analyses of Asian & Africal Languages* 3, 39—48.
Li, Paul Jen-kuei   1976 Thao phonology, *Bulletin of the Institute of History and Philology*, Academia Sinica 47, 219—244.
Martin, Samuel E.   1953 *The phonemes of Ancient Chinese*, Supplement to the Journal of the American Oriental Society, No.16.
Orkun, H. N.   1940 Eshi Türk Yazïtlarï.
Pulleyblank, E. G.   1962—3 The Consonantal system of Old Chinese, Pt. I, *Asia Major* 9, 59—144; Pt. II, *Asia Major* 9, 206—265.
Thomsen, V.   1912 M. A. Stein's Manuscript in Turkish "Runic" Script from Miran and Tung-huang, *Journal and Proceedings of the Royal Asiatic Society of Great Britain and Ireland*, London.
Ting, Pang-hsin   1975 *Chinese Phonology of the Wei-Chin Period: Reconstruc-*

tion of the Finals as Reflected in Poetry, Institute of History and Philology Special Publications, No. 65.

Tsuchida, Shigeru 1976 *Reconstruction of Proto-Tsouic phonology*, Study of Languages & Cultures of Asia & Africa Monograph Series No. 5.

原载《历史语言研究所集刊》50.4:717—739,1979。

上古阴声字具辅音韵尾说补证

1. 前言
2. 异调字押韵现象之演变
3. 结语

一、前言

"阴声字"在上古音中和"阳声字"、"入声字"鼎足而三,代表三种不同的音节。阳声字有鼻音韵尾,入声字有清塞音韵尾,这是大家都承认的;阴声字就是剩下来的其余的部分了。这些阴声字究竟包含什么样的音节呢？都是开尾音节,或者都是闭尾音节？如果是闭尾音节,韵尾和入声韵尾是否相同？又或者兼具两种音节？这个问题历经许多学者的讨论[1],到现在还没有完全的定论。我(丁1979)曾经指出中古音收-i,-u尾的韵母多得出乎常情,显示这些-i,-u尾很可能源自上古的辅音尾,并以同族系的语言作为旁证,对于主张阴声字无辅音韵尾的学说也曾略加讨论,结论认为上古汉语是一个没有开尾音节的语言,阴声字都具有辅音韵尾,跟入声字的韵尾有清浊之异。在这篇文章里,想增加一点资料作为补充,来证明阴声字具有辅音韵尾说在解释这一项资料时较占优势,

---

[1] 这里不一一说明以往的讨论,只把较有代表性的作者和论文列举如下：Karlgren 1923、1928, Simon 1927—1928, 李方桂 1971, Kun Chang 1972, 陈新雄 1972, 龙宇纯 1979, 丁邦新 1979, 王力 1958、1985, 李壬癸 1984。

如果认为阴声字没有辅音韵尾，恐怕就很难解释了。

二、异调字押韵现象之演变

以上古之、微两部字为例，辅音韵尾之有无大体上成为下列对比的情形：

		平声	上声	去声	入声
之部	有辅音韵尾	əg	əg	əg	ək
	无辅音韵尾	ə	ə	ə	ək
微部	有辅音韵尾	əd[①]	əd	əd	ət
	无辅音韵尾	əi	əi	əi	ət

按一般押韵的角度来推想，我们会认为平上去之间应有较多的接触，因为三者韵母全同，只有声调之异。歌谣对于声调的一致性并不绝对严格，不同调而韵母相同的字尽可押韵，元曲就是最显著的例子。怀着这样一种期待，让我们来检看《诗经》里不同调的阴声字押韵的情形。下表中的统计据张日昇(1968)的资料重新计算，以一个韵组为一个单位，所谓韵组就是一首诗中连续押韵的一组韵脚。

	上	去	入				
平	70	56	5	平上去	16	平上入	1
上		34	11	平去入	4	上去入	5
去			49	平上去入	4		

各调自韵的数目字没有计算，以往学者的研究已经肯定基本上平

[①] 据李方桂先生的系统，微部还有-ər韵母，这里只是举例。

自韵平、上自韵上等等。异调字押韵的情形大体符合我们的想像，尤其平上去三调合韵的例子有十六条①，很能显示舒声三调的关系。惟一须要解释的是去入来往较为密切的现象，这也是学者熟知的事实。无论是否为阴声字拟测韵尾，都要面对这个问题。两派都采用了董同龢先师(1954:189)去入调值相近的看法，说明何以这两个调的押韵相当频繁。从这一点说来，两者的看法无分轩轾。

如果上古阴声字没有辅音韵尾，那么从上古到中古尽管可能有语音上的变迁，但音节结构不至有巨大的变化。原来的元音可以变得高低不同、前后有异，或由单元音变复元音等，而开尾音节的特征总是保留不会改变的。同时，韵母的演变大体上跟声调没有脱离的现象，换句话说，无论之部的 ə 或微部的 əi 如何变化，同韵母平上去声的拟音都是一致的。"之、止、志"或"哈、海、代"不至于因声调不同而产生不同的韵母。因此我们有理由相信，《诗经》以后两汉、魏晋、南北朝诗人用韵的情形也应该显示跟《诗经》接近的现象。以下先看两汉的情形，资料根据罗常培、周祖谟的研究，各调自韵的数字也不计算，阴声韵舒声字异调押韵的部分原书未列，亦不易查考②，只有跟入声通押的可以说明。

	西汉:入	东汉:入
平	1	1
上	2	2

---

① 以往我曾经作过一次分析，见丁 1981:278—280。
② 罗、周两位的办法是完全根据韵文来定声调，认为一字两押可能是古人不同的读法，只从例证的多少来判断（见罗、周 1958:120—121）。其中无合调谱，因此难以查考。如一一考究，等于把两汉阴声韵韵谱重做一遍，费时太多。

去	26①	33

大体说来,两汉异调押韵的情形跟上古音接近。平上声字跟入声的接触虽然比较少,仍旧存在;去入还是比较频繁。

魏晋的资料较为齐备(据 Ting1975),阴声韵异调押韵的情形约如下表:

	上	去	入
平	11	8	0
上		24	0
去			86

这个时代的情形比较特别,平上声跟入声已全无来往,而去入声通押的仍有八十六次之多。并且发现接触的入声韵部只限于质、月、曷三部,正好都是具有舌尖音-t尾的,令人引起一个怀疑,何以收-k尾的入声字不跟去声字押韵了呢?魏晋以前是不是也不押韵呢?因此我们必须回头把《诗经》以来去入声通押的韵部作一次检查,以中古入声韵尾为标准,暂不考虑上古-k,-kw 的区别。检查的结果如下:

《诗经》时代去入通押情形:

1. 入声收-k尾的共二十七次:

   之职11,宵沃4,侯屋3,鱼铎4,支锡5。

2. 入声收-t尾的共二十二次:

   祭月15,脂质7。

---

① 只统计两部通押的次数,三部以上牵涉入声的押韵情形也有,但次数很少,西汉一共七次,东汉一共四次,此处不加讨论。

西汉：
  1. 入声收-k尾的共十五次：
     之职2,幽职1,宵药1,鱼铎7,鱼屋3,支锡1。
  2. 入声收-t尾的共十次：
     祭月6,祭质3,脂质1。
  3. 入声收-p尾的一次：
     祭缉1。

东汉：
  1. 入声收-k尾的共七次：
     之职1,宵药1,鱼屋1,支锡2,歌铎1,祭铎1。
  2. 入声收-t尾的共二十六次：
     祭月13,祭质2,脂质10,脂月1。

魏晋：
  1. 入声收-k尾的零次。
  2. 入声收-t尾的八十六次：
     祭月54,祭质2,脂质22,皆质1,泰曷6,泰月1。

除去零碎例外的现象不计,在大的趋势上,《诗经》时代去声字跟入声字收-k尾和-t尾押韵的数目相当,两汉韵文跟《诗经》的情形很接近。到东汉时,跟-k尾字押韵的去声字显著减少,跟-t尾押韵的显著增多。魏晋则成为奇怪的现象,去声字跟-k尾入声字押韵的例连一个也没有。这种趋势一定有一个道理,我们应该如何解释？

　　假设阴声字没有辅音韵尾,我们无法了解何以韵母一直保持元音的去声字和入声字押韵的情形前后会有不同,因为,据龙宇纯(1979:683—688)的分析,一直到中古,阴声和入声仍然是可以相配的,如：质配脂、职配之、唐铎配歌戈、庚陌配麻、屋配侯、烛配虞等等,但在魏晋的时候,除脂质有大量的来往外,其余相配各韵连一次通押的情形都没有。可见中古阴、入相配的关系和上古阴、入可以押韵的关系迥不相同。

假设阴声字具有辅音韵尾,那么就可以说到东汉的时候,跟-k尾相当的阴声字-g尾开始失落,到魏晋时代已全无痕迹,因此去声字变成开尾的元音音节,就无法再和收-k尾的入声字押韵了。而有-d尾的阴声字因为失落的步调较慢,所以到魏晋时代仍跟-t尾的入声字有相当频繁的押韵现象。

我们再回头检查一下魏晋异调字押韵的情形:

	上	去	入
平	11	8	0
上		24	0
去			86

现在的问题是何以魏晋平、上声字绝不跟入声字押韵呢?如果平上声字仍有-d尾,即使调值不同,至少也该有一、两处跟入声押韵的现象吧?惟一可能的解释是当时平、上声的-d尾已先失落,只有去声还保存,去声的调值成为-d尾未失落的条件。我们细查魏晋时代去入互押八十六次的脂祭两部,祭部仍没有平上声字,可以不论;脂部的平上声字跟同部去声字押韵的确是一个例也没有。如果平上声和去声只有调值的不同,这种不能押韵的现象是反常的,上文曾经提到《诗经》时代有许多平去、上去、平上去通押的例,可见这个时候脂部的平上声已无韵尾,而去声有韵尾,因此不仅平上声字不跟入声字押韵,跟去声字也不押韵。上表里平去押韵的8例是之部1,宵部3,豪部2,鱼部1,支部1;上去押韵的24例是

幽部5,宵部5,豪部5,鱼部7,支部1,皆部1。除去惟一的例外皆部,其余全是-g尾已失落的字。

魏晋既已如此,南北朝的情形又如何呢? 据何大安(1981)的研究,阴入声韵通押的情形也可以列表如下:

	上	去	入
平	14	6	0
上		30	0
去			79[①]

平上声字也不跟入声押韵,去入声押韵的有七十九个例子,其中只有一例跟-p尾入声字有关,四例跟-k尾入声字有关,其余七十四例都是跟-t尾入声字有关的,现在不一一列举。可见大的趋势仍然很明显,到南北朝时代还有一部分去声字,主要是祭霁韵的,跟t尾入声字有相当密切的押韵关系,如果阴声字没有辅音韵尾,所有去声字都是元音或复元音韵母,很难想像何以别的去声字几乎都不跟入声来往,只有这一部分字常跟-t尾的入声来往。

三、结语

以上用《诗经》时代到南北朝时代异调押韵字的趋势,来讨论阴声字是否具有辅音韵尾的问题。从种种迹象判断,只有承认上古的阴声字具有辅音尾才好解释。这些辅音尾的消失有先有后,

---

① 表上的统计主要根据何大安(1981)的资料,只减除两处辨韵的差异。何文将南北朝分成三期:一、宋北魏前期,二、北魏后期北齐,三、齐梁陈北周隋。本文只作笼统的观察。

最晚的是部分去声字的-d尾,到南北朝时代还跟-t尾入声字押韵。

此外,Coblin(1981:140)指出对音资料也有一些相当可靠的旁证,-d尾字在汉代译经的资料中可以对译梵文的-s、-s̱、-ś、-t、-th,他认为去声字尾一定存在,只是在语音上-d尾也许是[θ]。我的看法仍旧维持-d尾,因为译经中也有这样的例子:

  Brhadratha:毗梨害罗他

用"害"字对译"had",正显示"害"字当时有-d尾。(参考丁1981)

最后说明王力(1985)对阴声字尾的看法,可说是一种中间路线,以之、微两部字来说,四声情形如下:

	平	上	去	入
之部	ə	ə̄	ə̄k	ək
微部	ie	īe	īt	et

他承认去声有辅音尾,和入声一样,都是清塞音,但元音有长短不同。这个说法的好处是照顾到去入通押的例子,但不能解释何以去声又跟平上声往来,尤其《诗经》时代平去、上去、平上去通押的韵组总数达到一〇六条,不能忽视[①]。我想还是要承认阴声字都具有辅音韵尾才较为妥善。

引 用 书 目

丁邦新 1979 《上古汉语的音节结构》,《历史语言研究所集刊》(以下简称《史语所集刊》)50.4:717—739。

   1981 《汉语声调源于韵尾说之检讨》,《汉学会议论文集》语言文字组,267—280。

王 力 1958 《汉语史稿》,科学出版社。

[①] 我另有一文专评王力(1985)的先秦音系,尚未刊出。

1985 《汉语语音史》,中国社会科学出版社。

何大安 1981 《南北朝韵部演变研究》,台湾大学博士论文。

李方桂 1971 《上古音研究》,《清华学报》新九卷第一、二期合刊:1—61。

李壬癸 1984 《关于*-b尾的构拟及其演变》,《史语所集刊》55.4:789—795。

张日昇 1968 《试论上古四声》,《香港中文大学中国文化研究所学报》1:113—170。

陈新雄 1972 《古音学发微》,台北。

董同龢 1954 《中国语音史》,中华文化出版事业委员会,台北。

龙宇纯 1979 《上古阴声字具辅音韵尾说检讨》,《史语所集刊》50.4:679—716。

罗常培、周祖谟 1958 《汉魏晋南北朝韵部演变研究》,第一分册。

Chang, Kun and Betty Shefts Chang 1972 *The Proto-Chinese Final System and the Ch'ieh-yün*, Monogrpahs, Series A, No. 26, Institute of History and Philology, Academia Sinica.

Coblin, South 1981 Notes on the Dialect of the Han Buddhist Transcriptions, *Proceedings of the International Conference on Sinology*, 121—183.

Karlgren, Bernhard 1923 *Analytic Dictionary of Chinese and Japanese*, Paris. 1928 Problems in Archaic Chinese, *Journal of the Royal Asiatic Society*, 769—813.

Simon, Walter 1927—28 Zur Rekonstrucktion der altchinesischen Endkonsonanten, *Mitteilungen des Seminars für Orientalische Sprache* 30:147—167;31:157—204.

Ting, Pang-hsin 1975 *Chinese Phonology of the Wei-Chin Period: Reconstruction of the Finals as Reflected in Poetry*, Special Publications 65, Institute of History and Philology, Academia Sinica.

原载《师大国文学报》16:59—66,1987。

汉语上古音的元音问题

一、略说上古音系中的介音及韵尾
二、从韵部结构的特点论上古元音的拟测
三、从音节结合的特征论上古元音的拟测
四、从语音对比论上古元音的拟测
五、从汉代语音的演变论上古元音的拟测
六、结语

一、略说上古音系中的介音及韵尾

汉语上古音的系统经过许多学者多年来的研究,在声母方面除去少数纠葛,已经有渐趋一致的结论,而韵母问题则仍然各说各话,未能得到大家认同的具体意见。声调的起源虽然看法接近,但是时代的早晚也还有争论。在这篇文章之中,我想从不同的角度检讨元音拟测的问题,但在进入主题之前先要大致说明一下个人对介音及韵尾的看法。

李方桂先生(1971:16—18)在他的上古音系之中,一方面把Yakhontov(1960)的二等介音-l-改成-r-,另一方面保留高本汉的三等介音-j-。前者的改动有重要的意义,使得我们对中古二等韵的元音来源以及知系、照二系声母的演变得到妥善的解释;后者的-j-基本上是从中古推上去的。最近郑张尚芳(1987:80)提出三等介音-j-可能后起的说法,他引用李荣(1956:150)的统计,指出《切韵》

中各等的韵数以三等为最多。《切韵》共有五十七个韵类,东、歌、麻、庚四韵各有分属不同等第的两个韵母,故总数为六十一,其分配情形如下:

等	一等	二等	三等	四等	总计
韵数	14	12	30	5	61
百分比	23%	20%	49%	8%	100%

汉语的-j-介音在藏语同源字中多半没有,同时广州话中有长短元音的对立,大体上短元音都是三等字,因此他认为上古有长短元音,而-j-介音正是从短元音增生而来。

这个说法非常新颖,但还须要进一步的研究,例如澎湖湖西方言里"布路姑虎雨"等字都读-iɔ韵母,跟别的闽南方言稍一比较,即可发现其中的-i-是后起的①。但也有反面的例子,例如英语有下列现象:

例字	一读	又读
new	[nju]	[nu]
lieu	[lju]	[lu]
due	[dju]	[du]

这些字里的-j-在某些美国英语的方言里失落了,环境是舌尖音声母及元音u之间。也许我们可以反过来想,古汉藏语本来有-j-,汉语还能保存,而藏语都消失了。

为了避免讨论许多枝节问题,我们现在仍旧接受李方桂先生

---

① 这些字其他方言大致都是-ɔ韵母,也有读-uɔ的,如揭阳。详见顾百里(Kubler1978);揭阳的读法见董同龢(1960)。

的看法,承认上古有-r-,-j-两个介音。

韵尾中-m,-n,-ŋ,-p,-t,-k六种一般都没有异议,只有俞敏(1984:284)、郑张尚芳(1987:84)提议把-p,-t,-k改成-b,-d,-g,这样一来跟藏语的情形就更为接近。目前这个问题还无法说定,而我个人又相信阴声字有浊塞音尾,暂时还是认为入声字具有-p,-t,-k尾。李先生另外尚有-ŋʷ和-kʷ两种韵尾,如果采用周法高(1969,1970)或张琨(1972)的办法,把合口成分w移到韵母上,例如幽部的-əkʷ写成-əwk或-əuk;中部的-əŋʷ写成-əwŋ或-əuŋ;那么阳声和入声的韵尾就只有上述六种了。但是-ŋʷ和-kʷ仍有存在的理由,详见下文。

关于阴声字尾的问题,我(1987)曾经根据《诗经》时代到南北朝时代异调字押韵的趋势作过一些观察。发现从《诗经》时代到东汉,阴声字跟-k尾和-t尾的入声字一直都有押韵的关系,但魏晋以后跟-k尾入声字押韵的现象完全消失,只有"脂祭皆泰"各部的去声字还跟-t尾入声字有相当密切的来往,如果阴声字没有辅音韵尾,所有去声字都是元音或复元音韵母,很难想像何以别的去声字几乎都不跟入声来往,只有这一部分字常跟收-t尾的入声字押韵,所以我认为上古阴声字都具有辅音韵尾①。在李先生的系统里有-b,-d,-r,-g,-gw等五种。

声调的起源问题也牵涉韵尾,我(1981)曾指出,声调如果起源于韵尾,应该是《诗经》时代以前的现象,到《诗经》时代已经看不出痕迹。例如《诗经·周南·汉广》三章之中重复歌咏三次的一段话:

---

① 认为去声字有-s尾的人也许可以说-ks尾先行失落,-ts尾仍然存在。但是对于-ks或-ts如何能跟平声及上声字押韵就难以解释了。(参见下文)。关于阴声字具有浊塞音尾的其他理由,见丁1979。

汉之广矣,不可泳思;江之永矣,不可方思。

如果认为押韵的四个字是 kwangʔ, gwjiangs, gwjiangʔ, pjang, 对我而言是难以相信的。远不如 kwang, gwjiang, gwjiang, pjang 带有不同的音高更为可信。

最近郑张尚芳(1987:87)提出下列的看法,跟 Baxter(1992)的看法很接近:

	平 声	上 声	去 声	入 声
后置尾	-o	-ʔ	-s→-h	
鼻 尾	-m -n -ŋ	-mʔ -nʔ -ŋʔ	-ms -ns -ŋs	
塞 尾			-bs -ds -gs	-b -d -g

这样的韵尾系统至少要放在谐声时代①,如果认为在《诗经》时代也存在的话,那么像下列的《诗经》韵字就要拟成不可解的情况:

《郑风·清人》:清人在轴,驷介陶陶。左旋右抽,中军作好。

按照郑张尚芳的拟音,"轴、陶、抽、好"四字的韵母可能是:-ug, -ū, -u, -ū/ūs,不仅韵尾不同,元音还有长短。按照 Baxter 的拟音,韵母可能是-iwk, u, -iw, -uʔ/us,也不容易令人信从。回到李先生的拟音-jəkw, -əgw, -jəgw, -əgw②,或者改写为-jəuk, -əug, -jəug, -əug, 看起来像是一组可以令人相信的韵字。

假如把谐声时代跟《诗经》时代分开,认为在较早的谐声时代具有不同的韵尾,到《诗经》时代已经形成以音高表现的声调系统,

---

① 我采取李方桂先生的名词,把谐声时代订在《诗经》之前,所有谐声字系统跟《诗经》韵字不合的地方,大体可以看作早期的语音现象。余迺永(1985)即已采用李先生的名词。

② "好"字的声调不敢说定,在李先生的系统里虽把上声写作-x,去声写作-h,但那只是表示声调的一个符号,并不代表韵尾,在这里略去并无问题。

那是很有可能的一种假设。如果要把这些韵尾设计在《诗经》时代或者更晚的两汉、魏晋,恐怕没有充分的证据。

二、从韵部结构的特点论上古元音的拟测

我(1975)曾经讨论过 Karlgren、董同龢先师、陆志韦、王力、周法高、Pulleyblank 以及李方桂先生等七家的元音系统,有的部分不再重复,现在把有代表性的几家元音系统列表如后[①]:

李方桂(1971):	i	u	ə	a		
周法高(1970):			ə	a	e	
张琨(1972):	i	u	ə	a		
Pulleyblank(1977—78):			ə	a		
余迺永(1985):	i	u	ə	a	e	o
王力(1957—58):	(-i)	u	ə	a	e	o ɔ
郑张尚芳(1987):	i	u		a	e	o ɯ
Bodman, Baxter(1992):	i	u		a	e	o ɨ

这样列举的办法只能提供概略的情况,不易作深入的观察。还是要从传统的韵部出发,构拟韵母的情形才容易把握。以下为免繁琐,只列最基本的形式,其他韵母在下文讨论时再依需要列举。

---

① 各家的次序大体按照时代排列,但有两点须要说明。第一,周法高(1970)的文章是根据李方桂先生讲演的内容发展而来,发表的时间虽然略早,基本上是以李先生的系统为根据的。第二,王力早在 1957—1958 出版的《汉语史稿》里就提出他的上古音系,1987 只略加改定,但因本文引用他的改订系统,所以排得较后。

	李	周	张	P.	余	王	郑张	B.B.
之部	əg	əɣ	əg	əɣ	ofi, ufi	ə	ɯ	ɨ
	ək	ək	ək	ək	ok	ək	ɯg	ik
蒸部	əng	əng	əŋ	əŋ	ong	əŋ	ɯŋ	ing
幽部	əgw	əwɣ	əug	əw	ofiw, ifiw	u	u, iu, ɯu	u, iw
	əkw	əwk	əuk	əkw	okw, ikw	uk	ug, iug, ɯug	uk, iwk
中部	əngw	əwng	əuŋ	əŋw	ongw	uŋ	ɯŋ	ung
宵部	agw	awɣ	aug	aʁ	afiw, efiw	o	eu, au, ou	ew, aw
	akw	awk	aṵk	aq	akw, ekw	ok	eug, aug, oug	ewk, awk
侯部	ug	ewɣ	ug	aw	ufi	ɔ	o	o
	uk	ewk	uk	akw	uk	ək	og	ok
东部	ung	ewng	uŋ	aŋw	ung	ɔŋ	oŋ	ong
鱼部	ag	aɣ	ag	aɣ	afi, efi	a	a	a
	ak	ak	ak	ak	ak, ek	ak	ag	ak
阳部	ang	ang	aŋ	aŋ	ang, eng	aŋ	aŋ	ang
支部	ig	eɣ	ig	aj	ifi	e	e	e
	ik	ek	ik	ac	ik	ek	eg	ek
耕部	ing	eng	iŋ	aŋ	iŋ	eŋ	eŋ	eng
歌部	ar	a	a	al	ar, ur	ai	ei, ai, oi	(ej?)aj, oj
祭部	ad	ar	ad	ats	el, al, ul	a:t	eds, ads, ods	ets, ats, ots
	at	at	at	at	et, at, ut	at	ed, ad, od	et, at, ot
元部	an	an	an	an	en, an, un	an	en, an, on	en, an, on
脂部	id	er	id	əj	il, ir	ei	i	ij

续表

	李	周	张	P.	余	王	郑张	B.B.
	it	et	it	əc	it	et	ig, id	it
真部	in	en	in	əŋ	in	en	iŋ, in	in
微部	əd, ər	ər	əd	əl	ol	əi	ɯi, ui	ij, uj
	ət	ət	ət	ət	ot	ət	ɯd, ud	it, ut
文部	ən	ən	ən	ən	on	ən	ɯn, un	in, un
缉部	əp	əp	əp	əp	ov, iv op, ip	əp	ib, ɯb, ub	ip, ip, up
侵部	əm	əm	əm	əm	om, im	əm	im, ɯm, um	im, im, um
叶部	ap	ap	ap	ap	ev, av ep, ap	ap	eb, ab, ob	ep, ap, op
谈部	am	am	am	am	em, am	am	em, am, om	em, am, om

如果逐部检讨，容易陷入琐碎的细节，我想简易的办法是讨论个别的元音。但是拟音牵涉整体的音韵结构，在讨论元音之前还要先作一些一般性的观察。

以上八家的拟音可以分作三类：一类以李先生的音系为标准，阴声字具有韵尾。各家在元音的拟测上稍作增减，个别韵部的韵母略有不同，大的间架并没有显著的差异，这一类包括李、周、张、余四家。一类以王力的音系为标准，阴声字都没有韵尾。郑张和 Baxter 各自研究的结果有许多相同的地方，尤其在离析韵部方面，看法非常一致，而两人的论据却不相同，很值得重视。另一类只有 Pulleyblank 一家，他的元音只有 ə, a 两种，韵尾却有许多种类。我

(1975:32)曾经指出,一般语言的基本元音是 i, u, a 三个,如果一个语言没有 i, u,是很不容易取信于人的。他(1989:2)提到 i, u 在许多语言中跟 j, w 有密切关系,可以把 i, u 分析为辅音成分成音节的现象;同时把一个语言分析为两个元音,一个元音甚至没有元音,并不否认 i, a, u 基本元音三角的重要性。我觉得把一个现存的语言中的 i, u 分析为 j, w 是一回事,推测一个古语完全没有 i, u 是另一回事。在他的系统中也看不出来把 j, w 解释为 i, u 的可能。至少我认为别的有 i, u 的系统更为可信。

现在我们从大家都同意的元音开始:

第一,元音 a。各家都有元音 a,包括鱼、阳、歌、祭、元、叶、谈等部。

第二,元音 ə。大部分都是元音 ə,郑张写作 ɯ,Baxter 写作 ɨ,他们都承认只有一个央元音,另外并没有跟 ɯ 或 ɨ 对立的 ə。如果我们设立一个央元音应无问题,音值的高低以下再检讨,共包括之、蒸、微、文、缉、侵等部。只有余廼永拟成 o, i 等元音,颇有不同,但仍承认《诗经》时代都是 ə。

这两个元音大家所以如此拟构,自然有许多理由,中古音、现代方言、域外译音、音韵结构大体上都能支持,因此这里的判断并不是采取简单的多数决,而是肯定各家拟音的正确,没有必要就不再词费,但有问题时就要再检讨,例如之部的拟音就有商量的余地,详见下文。

除去这两个元音之外,其他的元音就难有一致的看法,我们只能从 a, ə 两个元音未能涵盖的其余未构拟的韵部说起。同时还有些韵部郑张和 Baxter 两位构拟一个以上的韵母,也要加以考虑。

第三,元音 i。先看脂真支(佳)耕四部的情形,他们跟中古各韵的关系如下:

中古韵类 上古韵部	一等	二等	三等	四等
脂　阴声 部　入声	○ ○	皆 黠	脂(支)① 栉、质、术	齐 屑
真部	○	山	臻、真	先
支　阴声 部　入声	○ ○	佳 麦	支 昔	齐 锡
耕部	○	耕	清	青

这四部共同的特点是变到中古音没有一等韵②，如果我们相信中古一等韵应该是一个偏后的低元音，再参考这些韵在现代方言的读法，认为这几部具有一个前高元音 i，正如李先生拟测的一样，大概是极可能的结论。

如果要给这几部拟测 e 之类的前元音，亦无不可，但是脂真和支耕平行的现象不能忽略。假使分别拟成不同的元音可能不符合韵部的结构，例如 Pulleyblank 拟成 əj(脂)和 aj(支)，郑张和 Baxter 都拟成 i(脂)跟 e(支)的对比，恐怕未必合适。同时脂真支耕假设是 e 元音，那么别的韵部就不能再拟 e 元音，因为其他各韵部都有变入中古一等韵的韵母，主要元音如也是 e，就难以解释彼此演变上的差异。

另外，郑张提出许多脂部入声中古变入职韵的字，认为上古另

---

① 脂部阴声字中有少数后来变到中古支韵的字，如"尔、迩、玺"等字，基本上都是从"尔"得声的字，汉代都入支部，李先生没有拟音，是有待解决的一个小问题。
② 这一个分配上的特点早就有人注意到，见董同（1948:107）及李先生（1971:23）的讨论，但是颇有人忽略这一点，这里其实只是重申师说而已，下文侯东两部的情形亦复如此。

有-ik的来源,例如质屑韵的"节,血,必"跟后来职韵的"即,洫,弋"分别谐声,又提出别的谐声证据、又读现象,推断上面这一类的字本来都是-ik,另外真韵有些字本来该是-iŋ。这当然是一种见解,但我想谐声诗韵时代的-it, -in在某些方言里后来变成-ik, -iŋ也是可能的演变。正如闽语龙溪话有下列的读法:笔 pik, 鬓 piŋ, 蜜 bik, 阵 tiŋ 等等,显然都是从-it, -in变来的。

总之,在一般语言中,i远较e元音更为常见,我相信李先生为这四部拟测的i元音,还是最有说服力的系统。

第四,元音u。跟上面同样的理由,再以侯东两部来说:

上古韵部 \ 中古韵类	一等	二等	三等	四等
侯部 阴声	侯		虞	○
侯部 入声	屋	觉	烛	○
东部	东	江	钟	○

这两部的字变到中古都没有四等韵,李先生据中古音上推为高元音u,我觉得理由非常充分,因为后来三等韵的字在上古是-juk, -juŋ,自然就没有-iuk, -iuŋ这一类的韵母。如果要把这两部改拟为元音o,就会产生一些不可解的问题,何以i不能跟o配合?何以u元音的韵部后来可以产生四等韵,反而o元音的韵部不能产生?例如郑张和Baxter的幽部都有u,到中古有四等韵萧和锡。王力拟成-ɔ, -ɔk,问题一样存在。

第五,元音ɨ。上古音还有两部跟侯东的现象一致,似乎没有人特别注意,就是之蒸两部一向拟测为ə元音的,也没有四等韵的字。

中古韵类 上古韵部	一等	二等	三等	四等
之部　阴声	哈、灰、侯	皆	之、脂、尤	○
入声	德	麦	职、屋	○
蒸部	登	耕	蒸、东	○

这一个现象李先生没有解释,大概因为之部长久以来已经拟为 ə 元音,没有什么争论。现在看到这样的组织,我们要说明当文部的 -ən 可以配 i,具有-iən 韵母,变成后来的四等先韵;侵部也可以有-iəm韵母,变成后来的添韵,那么何以只有-əŋ 不能配 i 呢? 我想比较可能的解释是这一部具有一个跟 u 类似的央高元音 ɨ,正如郑张和 Baxter 的拟音一样,同是高元音,有了 jɨŋ, jɨk, 就没有 iɨŋ, iɨk, 就像侯东两部没有 iuŋ、iuk 一样的道理,因此不会产生中古的四等韵。

元音 ɨ 只出现在-g, -k, -ŋ 的前面,环境既有限制,跟 ə 元音出现的环境又互补,在《诗经》时代可以说只有一个 ə。那么分布上的缺漏可以归之于更早的来源。我们可以认为 ɨ 是之蒸部谐声时代的元音,到《诗经》时代已经变成 ə 了。

剩下未讨论的韵部只有幽、中、宵三部,正好是李先生拟为-gw, -kw, -ŋw 的韵部,到现代方言大部分都还保存-u 韵尾。在结构上幽、中两部没有特别的地方,中部没有四等字可能只是偶然的现象,因为幽部是有四等韵的。至于宵部没有阳声韵是很特殊的分配,大概也是从谐声时代演变到《诗经》时代的结果,早期原来可能有-auŋ 韵,到了《诗经》时代已经变入其他的阳声韵了[①]。

---

① 李先生(1971:46)认为宵部的阳声字可能老早并入阳部了。

对于这几部的拟音,本来我倾向于采用张琨的系统,认为幽部是-əug, -əuk,中部是-əuŋ,而宵部则是-aug, -auk。一方面免除为上古音拟测三种合口韵尾的困扰,一方面也因为这样的韵母在福州话中可以找到类似的实例。但是,如果观察 əu 和 au 出现的环境,就有一些不好解释的现象:

	-g-k-ng	-d-t-n	(-b)-p-m
əu	x	o	o
au	x	o	o

何以 əu, au 只出现在舌根韵尾之前?ə, a 既可以跟 u 配成复元音,何以不能跟 i 也配成复元音,如 əi, ai?这样看来,李先生原来拟测的-əgw, -əkw, -əŋw 和-agw, -akw, -aŋw,还是有他的优点。

到这里为止,我们只从韵部的结构上作了一些讨论,还须要从别的角度再加以观察。

三、从音节结合的特征论上古元音的拟测

根据上文的讨论,真正肯定的元音只有四个:i, u, ə, a,其中 ə 的一部分可能来自早期谐声时代的 ɨ。这四个元音正是李方桂先生的系统。现在要讨论音节组合必须要有一个出发点,我们就把四个元音配合的情形列成一表(参见下页)。声母按照发音部位及方法分为五组:唇音(P)、舌尖音(T)、舌尖塞擦音及擦音(Ts)、舌根音(K)、圆唇舌根音(Kw);介音分成五种:无介音 ø、二等介音-r-、三等介音-rj-, -j-, -ji-。四等的-i-李先生归之于元音,现在仍旧照办。除去-iə, -ia 之外,李先生的系统里还有-ua-,现在把它放在相关的地方。韵尾按照部位分成舌根、圆唇舌根、舌尖、双唇等

四类,-r 单独列出,作为舌尖音看待。

这张表上对 ia、iə 这一类的音采取了两种排列法。一种像-jiang,我把-ji-看成介音;另一种像-rian,我把-r-看成介音,ia 作为复元音。因此凡是-ji-接元音时,就不可能再有-j-接 iə、ia 复元音的情形出现。例如有-ji 接-an,就不会有-j-接-ian。现在讨论下列两个问题:

第一,复元音-iə 和-ia。Pulleyblank(1962),郑再发(1983),Baxter(1992)从不同的角度讨论-rj-的问题。郑和 Baxter 都认为李先生的-ji-的一部分应该改拟为-rj-。这样一来就减少了很多拟成 iə、ia 等复元音的韵母。

声母	介音	-g -k -ng				-gw -kw -ngw				-r			-d -t -n						(-b) -p -m			
		i	u	ə	a	ə	iə	a	ia	ə	a	ua	i	ə	iə	a	ia	ua	ə	iə	a	ia
P	ø	×	×	×	×	×		×		×			×	×		×	×		×		×	
	r	×	×	×	×	×		×		×			×	×		×	×		×		×	
	rj																					
	j	×	×	×									×	×		×			×		×	
	ji			×	×									×					×			
T	ø	×	×	×	×	×		×		×			×	×		×	×	×	×	×	×	×
	r	×	×	×	×			×		×			×			×			×		×	
	rj	×	×	×	×			×		×		×	×			×	×		×	×	×	×
	j	×	×	×	×	×				×			×	×					×			×
	ji				×					×			×						×			

续表

声母	介音	-g -k -ng				-gw -kw -ngw				-r			-d -t -n						(-b) -p -m			
		i	u	ə	a	ə	iə	a	ia	ə	a	ua	i	ə	iə	a	ia	ua	ə	iə	a	ia
Ts	ø	×	×	×	×	×		×	×		×	×	×	×	×	×	×				×	×
	r	×	×		×			×				×		×	×	×	×					×	
	rj	×	×	×	×								×	×		×							
	j	×	×	×	×								×	×		×							×
	ji			×									×			×							×
K	ø	×	×	×	×	×		×	×		×	×	×	×	×	×	×		×			×	×
	r	×		×	×			×					×			×	×						
	rj	×		×	×								×			×						×	
	j			×				×					×	×		×(×)①	×					×	
	ji			×			×						×			×							
Kw	ø	×		×	×						×	×		×	×		×	×					
	r	×		×	×								×			×	×						
Kw	rj																						
	j	×		×	×						×	×		×	×		×	×					
	ji	×		×										×									

现在检看表上 P 和 Kw 之后的 -rj-，根本不配任何韵母。郑再发指出，-ji-跟-rj-一样，都有使后面的元音前移的作用。最有意思的一点，是李先生的系统中有些中古的重纽无法分别，如弁＝便，都是 bjian，如把部分的-rj-跟-ji-合并，就多出一个可能的地位来分

---

① 这里由于李先生把群母和喻三都拟作 g-的关系，产生一些例外，因此有蹶 gjuat, 蕨 kjuat, 以及圈 gjuan 等拟音。

辨重纽,因为重组只出现在唇牙喉音之后。郑和 Baxter 都注意到这个问题,Baxter 的说明尤其清楚。

在 T, Ts, K 等部位之后仍有 -rj-, -ji- 的对立,换句话说,还有 iə, ia 的存在。有的为分辨重韵,也有的为分辨重纽,不必更动,详细的拟音还须要仔细检讨。

第二,复元音 -ua。在李先生的系统里,ua 只出现在歌祭元三部,而且只在舌尖音声母之后才有 a 和 ua 的对立。要是把 ua 改拟为合口的元音如 u 或 o 似乎都言之成理。但是我们必须要注意拟测为 u 或 o 的时代问题,李先生(1971:54)自己就曾推测 uan 和 uat 有来自早期 un 和 ut 的可能。如果认为《诗经》时代歌祭元三部都各有三种韵母,如元部有 en, an, on 等三种,那么就要费许多力量来解释《诗经》押韵的现象,未必与事实相合。

四、从语音对比论上古元音的拟测

一个语言里最需要的元音应该可以从语音对比之中看出来,例如英语的 beat, bit, bet 等等。对古语而言,有了对比之后,再看拟测几个元音最为合适。

根据上一节的表格观察,在同一类韵尾之前出现的单元音及复元音最多只有六种,例如在舌尖音和 -d, -t, -n 之间可以有 i, ə, iə, a, ia, ua 等六种。例字如下:

洒 sin:孙 sən:先 siən:姗 san:霰(去)sian:酸 suan

如果把其中的 iə, ia, ua 三种复元音改拟为单元音的话,在理论上就可以得到六个元音的系统。只要稍加变化,就可以写成下面的情况:

洒 sin:孙 sun:先 sɨn:姗 san:霰(去)sen:酸 son

郑张和 Baxter 的系统可能就是如此。这样一来,在音节结构上确实比李先生的系统简单,但是增加出来的元音必须设法也增加它出现的环境,除去改拟一些韵部的元音之外,他们两位都把缉侵,叶谈等部鼎分为三,因此分别有 ip, ɨp, up; im; ɨm, um; ep, ap, op; em, am, om 等韵母。在《诗经》中缉部字入韵的只有十个韵组,十五个不同的字。叶部字入韵的更少,只有五个韵组,六个不同的字[①]。要作这样细密的分别,恐怕有一点勉强,我总是不敢坦然接受这样的拟音。但是,我的态度并不能推翻理论上的可能性,因此下文还要提出别的反面的证据来辩驳。

至于加上介音之后的最小对比,自然数目大为增加,例如在上列例字之外,还有以下诸字:

删 sran:仙 sjan:莘 srjin:新 sjin。

因为各家大体上都承认几种介音,现在用不着再细说。

五、从汉代语音的演变论上古元音的拟测

研究上古音的人通常都注意语音演变到《切韵》的规则,但是注意跟汉代语音结构比较的就比较少。以往可能是受了材料的限制,现在有了罗常培、周祖谟(1958)的汉代韵部资料,以及 Coblin(1983)对于东汉声训、音义、译音的详细研究,我们就多了一个观察的角度。

罗周两位(1958:13—14)分析汉代韵字的结果跟上古音非常

---

① 详见张日昇(1968:126—7)。

接近，主要的不同只有以下几点：
1. 上古的阴声部脂微、其入声质术，以及相当的阳声韵部真文，到西汉分别合而为一，成为脂、质、真三部。
2. 上古侯鱼两部到西汉合而为一，成为新的鱼部。
3. 之部"牛丘龟"等字到西汉变入幽部。
4. 西汉鱼部"家华"等字转入东汉歌部，西汉歌部"奇为"等字转入东汉支部，西汉蒸部"雄弓"等字转入东汉冬部，西汉阳部"京明"等字转入东汉耕部。

以上前两条是韵部的合并，后两条是韵部之中部分韵字的转变，从上古到东汉的语音演变如此而已！因此罗周两位归纳出来的韵部，除将入声韵从阴声韵分列以外，间架跟上古音几无二致。我们既没有看到"歌、祭、元"各有三种元音不同的韵母，也没有看到"缉、侵、叶、谈"等部还可以再分小部的现象。

根据罗周的资料，我(1975)曾经试拟过汉代的元音系统；梅祖麟(1980)也曾研究西汉及东汉各方言之间去入通押的情形。如果要批评，当然可以说我的拟音是从李先生的系统出发，难免受到范围。但我们不能忘记我的拟音符合罗周两位单独研究的韵部间架，也曾考虑韵部与韵部之间的关系。如果说，上古的二十二部影响力量太大，大家不敢贸然再加细分，但以罗周两人的眼光，也不至于忽略汉代韵部重要的区别。同时我研究魏晋韵部的结果也显示一脉相承的关系，等于是自动证明。

再退一步，即使我们对韵字分部有意见，其他的资料又如何呢？Coblin(1983)的书中曾经有系统地分析过东汉佛经中梵汉译音的情形，我从梵文出发，可以列成下表：

梵　音	东汉译音中包含之韵部
i	支部；脂(微)部脂齐韵字、真(文)、质部
ī	支、耕部；脂(微)部脂齐韵字、质部
e ai(＝Pkt.e)①	支部；质部
a	1. 歌部＝鱼部麻韵字、铎部；祭、月、元部；盍、谈部 2. 之、职、蒸部；真(文)质部；侵部
ā	1. 宵部 2. 歌部；铎部；祭、月、元部；谈部 3. 脂微部哈灰韵字；缉侵部
o au(＝Pkt.o)	幽部12%，沃部；侯部39%；鱼部模虞韵字
u	幽部88%；侯部61%，屋部；真(文)、质部

表上梵文中没有的音就是未在佛经译音中出现的。东汉韵部据Coblin用罗周的名称。为对照方便，只把已经合并的上古韵部放在括号里，如真(文)部。

尽管这里译音代表的时代只有东汉，跟上古音也许还有方言的不同。但是我们看到一些有意义的现象，可以作一些推论：

第一，对译梵文的 i, ī 和 e，汉代基本上用支耕、脂(微)质真(文)等部的字，大体上正是上古的 i 元音韵部。支脂平行的现象还可以看得出来。我跟 Coblin 都认为东汉的元音支耕部是-ei-，脂真等部是 əi。

第二，真(文)质部的字有时对 a，有时对 u，有时对 i，方向不

---

① Pkt.是 Prakrit 的简称，指印度与文言梵文相对的白话语言。

明，Coblin(1983:117)拟测元音 ə，认为语音环境可能使-ə-有不同的表现。

第三，之职蒸部的字对译梵文的 a，缉侵部的字对译 a 或 ā。容易令人觉得这些部的上古音似乎都不该是高元音。

第四，幽侯两部的字对译 u 和 o，但跟 u 的关系远比 o 近。

第五，几乎所有李先生系统中具有 a 元音的韵部都对译梵文的 a 和 ā，例如鱼铎、宵、歌祭月元、盍谈，可以说无一例外。从反面来说，宵部只对译长 ā，不对译 e,i 或 o；歌祭元部也没有对译 e,i,o 的例子，因此我们相信上古的 a 元音在许多韵部中到东汉并没有大的改变。如果要给这些韵部拟测 a 以外的元音，解释起演变来就要大费周章。

总结东汉的佛经译音，对李先生的系统有很大的支持力。Coblin 对于汉代注经家的音义、声训有深入的研究，他的结论也显示从李先生的系统解释后来元音演变的情形似乎最有说服力。这里不再赘引。

六、结语

从以上几节的检讨，我们看到种种线索指向相当一致的结论，也就是《诗经》时代的元音系统还是李先生的四个元音 i, u, ə, a 最为可靠，在谐声时代目前看到的可能是五个元音 i, ɨ, u, ə, a，其中 ɨ, ə 两个央元音在出现的环境上是互补的。

作为本文的结语，还有两点要加以说明的：

1. 龚煌城(1980)曾从汉藏语的比较角度论证上古四元音系统的正确性，相当确凿可靠。本文先从汉语本身的证据建立元音系统，现在可以引用他的研究作为辅证，那就更为有力。

2. 黄季刚,董同龢先师(1948),陈新雄(1989),余迺永(1985)都曾从谐声字的角度讨论"谈添盍帖"应分四部的说法。对于早于《诗经》时代的谐声时代相信还有发展的余地。余迺永已经做了许多基本的工夫,我最近正在探讨甲骨文中的声韵现象,希望将来对谐声时代的系统能有进一步的看法。

引 用 书 目

丁邦新　1979　《上古汉语的音节结构》,《历史语言研究所集刊》(史语所集刊)50.4:717—739。

　　　　1981　《汉语声调源于韵尾说之检讨》,《汉学会议论文集》267—283。

　　　　1987　《上古阴声字具辅音韵尾说补证》,《台湾师范大学国文学报》16:59—66。

王　力　1957—58　《汉语史稿》,科学出版社。

　　　　1987　《汉语语音史》,《王力文集》第十卷。

李　荣　1956　《切韵音系》,科学出版社。

李方桂　1971　《上古音研究》,《清华学报》,新九卷第1、2期合刊,1—61。

　　　　1976　《几个上古声母问题》。

余迺永　1985　《上古音系研究》,中文大学出版社。

周法高　1969　《论上古音》,《香港中文大学中国文化研究所学报》2.1:109—178。

　　　　1970　《论上古音和切韵音》,《香港中文大学中国文化研究所学报》3.2:321—457。

俞　敏　1984　《中国语言学论文选》,光生馆,东京。

张日昇　1968　《试论上古四声》,《香港中文大学中国文化研究所学报》1:113—170。

梅祖麟　1980　《四声别义中的时间层次》,《中国语文》6:427—443。

陈新雄　1989　《论谈添盍帖分四部说》,《第二届国际汉学会议论文集》,语言文字组,53—66。

黄季刚　《谈添盍帖分四部说》,《黄侃论学杂著》290—298。

董同龢　1948　《上古音韵表稿》,《史语所集刊》18:1—249。

　　　　1960　《四个闽南方言》,《史语所集刊》30:729—1042。

郑张尚芳　1987　《上古韵母系统和四等、介音、声调的发源问题》,《温州师范学院学报》1987.4:67—90。

罗常培、周祖谟　1958　《汉魏晋南北朝韵部演变研究》,第一分册,北京。

顾百里　(Kubler, Cornelius)　1978　《澎湖群岛方言调查》,台大硕士论文。

Baxter, William H. Ⅲ　1980 Some Proposals on Old Chinese Phonology, *Contributions to Historical Linguistics*, Ed. by Frans Van Coetsem & Linda R. Waugh, 1—33.

　　　　1992 *A Handbook of Old Chinese Phonology*. Berlin: Mouton de Gruyter.

Bodman, Nicholas C.　1971 A Phonological Scheme for Old Chinese, Paper presented for the Chinese Linguistics Project, Princeton University.

Chàng, Kun and Betty Shefts Chang　1972 *The Proto-Chinese Final System and the Ch'ieh-yün*, Monographs Series A, No. 26, Institute of History and Philology.

Cheng, Tsai-fa 郑再发　1983 The Distribution of -r- and -j- in Archaic Chinese, *Bulletin of the Institute of History and Philology* (*BIHP*) 54.363—75.

Coblin, W. South　1983 *A Hand Book of Eastern Han Sound Glosses*, The Chinese University Press, Hong Kong.

Gong, Hwang-cherng 龚煌城　1980 A Comparative Study of the Chinese, Tibetan, and Burmese Vowel System, *BIHP* 51.3:455—490.

Karlgren, Bernhard　1954 Compendium of Phonetics in Ancient and Archaic Chinese, *Bulletin of the Museum of Far Eastern Antiquities* 26:211—367.

　　　　1957 *Grammata Serica Recensa*, BMFEA 29:1—332.

Pulleyblank, E. G.　1962—63 The Consonantal System of Old Chinese, *Asia Major* 9:58—265.

1977—79 The Final Consonants of Old Chinese, *Monumenta Serica* 33:180—206.

1989 Ablaut and Initial Voicing in Old Chinese Morphology: ɑ as an Infix and Prefix, *Proceedings of the Second International Conference on Sinology*, Academia Sinica.

Ting, Pang-Hsin 丁邦新 1975 *Chinese Phonology of the Wei-Chin Period——Reconstruction of the Finals as Reflected in Poetry*, Special Publications No. 65, Institute of History and Philology, 296pp.

Yakhontov, S. E. 1960a Consonant Combinations in Archaic Chinese, Paper presented to 25th International Congress of Orientalists.

1960b The Phonology of Chinese of the first millenium B. C. (Translated by Jerry Norman, *Unicorn* 6:52—75, 1970.)

原载《中国境内语言暨语言学(二)历史语言学》,21—36,1994。

平仄新考

一、旧说述评
二、平仄为平调及非平调说
三、结论和推论

一、旧说述评

关于中古隋唐时代平仄两声对立的意义已经有许多学者讨论过，其中周法高(1948)、王力(1958)及梅祖麟(1970)都提出过他们的看法[1]。周、梅两位都曾引用日本安然和尚所著《悉昙藏》的材料，可是所推论的结果却不相同。我最近检看《悉昙藏》的全部材料，发现他们所称引的零碎证据不足以支持他们的理论，同时发现这些材料可以另作解释，给平声与仄声的对立带来新的意义。在提出我的看法以前，为便于检讨整个的问题，先把旧的意见归纳为以下几类：

第一，平仄为轻重说

顾炎武《音论》卷中[2]：

---

[1] 周法高，《说平仄》，本所《集刊》第十三本，页153—162，1948；王力，《汉语诗律学》，(即王子武，《中国诗律研究》，文津出版社，1970)，1958；梅祖麟，Tones and Prosody in Middle Chinese and the Origin of the Rising Tone, *HJAS*, Vol.30, pp.86—110, 1970；黄宣范译作《中古汉语的声调与上声的起源》，《幼狮月刊》四十卷第六期，页69—76，1974。

[2] 见《音韵学丛书》，顾炎武《音学五书》第二册。

其重其疾则为上、为去、为入;其轻其迟则为平。迟之又迟则一字而为二字。

顾氏虽然没有提出"轻重律"这种理论,但这几句话的意思相当清楚:重疾为上、去、入,为仄;轻迟为平。"迟"的意义和"疾"相对,自然是缓慢的意思。换句话说,仄声重而快,平声轻而慢。如果慢之又慢,那么一个字听来像两个字。简单说来,顾氏的话可以称为"平轻仄重说"。

王光祈《中国诗词曲之轻重律》:

在量的方面,平声则长于仄声……在质的方面,平声则强于仄声。(按平声之字其发音之初既极宏壮;而继续延长之际,又能始终保持其固有之强度)。因此,余遂将中国平声之字比之于西洋语言之重音(accent),以及古代希腊文字之长音,而提出平仄二声为造成中国诗词曲的轻重律之说。

王氏的说法与顾氏的说法相反,可以说是"平重仄轻说"。值得注意的是他已经提出"长短"的问题。顾氏生当清代声韵学发展的初期,语音学尚未在中国发展,所以他的理论并没有提出任何语音上的根据,同时也没有文献上的根据。王氏是专门研究乐理的,他提到"发音之初"、"继续延长"这些话,可见他是基于实际语音立论的。讨论古代的平仄根据现在的语音,又没有经过比较研究或拟测等过程,自然犯了"以今律古"的毛病。而且,汉语方言有许多种,各方言平声的调值并不相同,实在无法讨论声调的长度及强度。所以,顾氏的平轻仄重、或王氏平重仄轻都是无法采信的。

第二,平仄为长短说

第一位提到平仄长短问题的也是顾炎武氏,前引文说"其轻其迟则为平",迟慢已经有"长"的意味,他在《音论》卷中又说:

平声最长,上去次之;入则戛然而止,无余音矣!

明白地指出四声中三种不同的长度。他的话也许有道理,但仍然没有证据,大概是从他自己的方言来推测的。顾氏之后,江永在《音学辨微》辨平仄一条中也说①:

> 平声音长、仄声音短;平声音空,仄声音实;平声如击钟鼓,仄声如击土木石。音之最易辨者也。

对于"实、空"这些形容词,我们实在无法说定它们的意义,击钟鼓与土木石之别也只能意会。江氏的说法继承顾氏而来,但仍旧是模糊之辞。

近人王力(1958)也提倡长短说,他说:

> 依中古声调的情形看来,上古的声调大约只有两大类,就是平声和入声……等到平入两声演化为平上去入四声这个过程完成了的时候,依我们的设想,平声是长的、不升不降的;上去入三声都是短的,或升或降的。这样,自然地分为平仄两类了。"平"字指的是不升不降,"仄"字指的是不平,也就是或升或降。("上"字应该指的是升,"去"字应该指的是降,"入"字应该指的是特别短促……)如果我们的设想不错,平仄递用也就是长短递用,平调与升降调或促调递用。
>
> 中国近体诗中的"仄仄平平"乃是一种短长律;"平平仄仄"乃是一种长短律②。

王氏的话很有意思,一方面说平仄是长短的不同,另一方面又说是平调与升降调及促调的不同。这段话中没有加以严格的区别,可是最后他选择了"长短律"。他两次用"设想"的字眼,可见并没有充分的证据。但我们不得不承认他的

---

① 见《音韵学丛书》。
② 王力前引书页6—7。

设想有一部分是很正确的,跟我们从证据里得出来的结论正相同,下文将要再讨论这一点。

真正提出文献及语音的根据来证明长短说的是周法高氏。他(1948)发现唐初的和尚在翻译梵文经典时用汉语的平声字对译梵文的长音,仄声字对译短音,因此认为平长仄短,并引用关中方言作为旁证。梅祖麟(1970)批评周氏的主要证据,提出上声是短调的意见[①]。但是同时也说:

> 虽然周法高所引用的证据不充分,他的论点仍然可信。因为对译长短对照,仄声不一定短,只要比平声调短就行。而平声的确最长,其次为去声,再次为上声及入声。(页74)

本文的看法与梅氏的意见也不同。我们觉得,周氏的证据既不充分,论点就值得怀疑。下文讨论对音的证据时再回头来批评他们的看法,这里先来看周氏的旁证。

因为唐代的国都在长安,周氏用关中方言来察看四声长短的痕迹,引白涤洲(1934)《关中声调实验录》的结论[②]:

> 平均阳平最长,阴平次之,上去均较短。(页483)

并指出关中三十九县四声长短的比例平均数为:

> 阴平 349σ 阳平 357σ 上声 316σ 去声 316σ

单位"σ"是一秒的一千分之一。这个结论是根据科学实验仪器分析得来的,自然没有问题。但是我们不能忘记,现在讨论汉梵对音的问题,如果说"平长仄短",那是指当时唐代和尚所能够分辨的声调长短而言。就以阳平调最长的357σ来与最短的上、去声316σ比较,相差41σ。换句话说,长短的不同是一秒钟的千分之四十

[①] 本文所引梅氏前引文内容均据黄氏译文,参本书第63页注[①]。
[②] 白文见本所《集刊》第四本第四分。

一。就于这样微细的不同相信不是普通人所能分辨的。当然周氏并不认为关中方言的调长就代表唐代的调长,我们觉得作为旁证也还是不充分。同时,白涤洲说:

> 区别四调,时间长短不关重要。(页482)

第三,平仄为高低说

梅祖麟(1970)由于探讨中古汉语上声的起源从而论证平仄的对立可能是高低的对立。他指出四种可能的型式使四声变为平仄两调,最可信的是:

> 四声调逐渐变为以高低对立的平仄调。经过一个过渡期是把平声认为低调,上去声为高调,而入声是独立的调类。后来(也许是约定成俗,也许是皇帝敕令)入声改归高调类。

梅氏的论证非常详密,他先肯定平声是平而低的长调,上声是平高的短调,后来浊上归去,可见去声也是高调。对于入声,他谨慎地说是短调,而调值与调形不详。

对于平声,我们没有异议;对于去声,梅氏是从上声推论而来,并引用梵呗的材料为证,但也不能说定,只好暂时存疑。对于上声,梅氏引据最详。从现代闽语证上声字可能古有喉塞音尾,引汉越借字的对当关系为旁证;从汉梵对译证中古上声为短调,有高平或高升的调形,再以缅甸语、傈傈语为旁证,指出从喉塞音尾演变为高声调的可能。

我们把他的论点分为两层,第一层,说上声字在上古有喉塞音尾,他的论据值得检讨。我们不在这里讨论,因为离本题稍远。第二层,说中古上声为高而短的调,底下我们就要检看梵汉对译的材料,再来细说。但是对于喉塞音尾的演变,我们在此提出两种方言的现象作为参考:

一、江苏如皋方言① 有六个调,其中阴入为44,阳入为35,都是短调有喉塞音尾。一部分阳入的字在连音变化时喉塞音尾消失,并从原来的高升调35变为低平调11的阴平。

例如: 十:səʔ³⁵　　十一:sə¹¹iəʔ⁴⁴

逆:niəʔ³⁵　　逆毛:niə¹¹mo³⁵(意谓与正常相反)

白:pʻɔʔ³⁵　　白面儿:pʻɔ¹¹mir¹¹(意指海洛英)

二、海南岛儋州方言② 也有六个调,其中阴入为22,阳入为55,都是短调,可接喉塞音尾及-p、-t。如依梅氏所说,声学实验报告显示一个音节如以清塞音为韵尾,则音节调值趋高而短促。如果词尾塞音消失,调值通常不变。那么,儋州方言可作反证,基本上同样以喉塞音收尾的就有高低两种音节,如喉塞音消失,则当仍有高低不同的两种调。

二、平仄为平调及非平调说

上文讨论各家的看法留下好几个论点要在这里讨论,在我们检看梵汉对译的材料以前,先提出本文的假设:

> 平仄的对立是平调与非平调的对立,非平调包括升调、降调及促调,从四声到平仄只是自然的分类,不见得有演变的过程。平声因为是平调,易于曼声延长,仄声则不易延长。

周法高用玄应、义净对译长短音的资料加上四对梵文长短音对比的字来证明唐代和尚以汉字平声代长音、仄声代短音。他的观察大致是对的,可惜受到材料的限制没有顾及全面性。

---

① 参拙作《如皋方言的音韵》,本所《集刊》第三十六本下册,页583,1966。
② 根据笔者调查记录,报告尚未发表。

现在利用《悉昙藏》中翻检所得的全部有关对译长短音的资料，参考罗常培氏(1931)[①]的资料列为三表，分类来叙述对音的情形。其中经典著成时代一栏凡可考的就加以说明，不可考的就空着，但至少见于《悉昙藏》。《悉昙藏》著成于880A.D.，所以其中所有资料最晚亦不得晚于这一年代。至于所引经典的内容不敢说一定是原文，但安然和尚一定见过原书，而且本文所用的资料只限于三对长短音，跟内容的关系没有太大的关联。备注一栏注明各经引文见于《大藏经》(大正新修)之册页数或其他来源。

第 一 表

	经　　　典	时　　代	a	ā	i	ī	u	ū	备注
1.	昙无忏大般涅槃经如来性品	414－421A.D.	噁短	阿	亿短	伊长	郁	忧	罗文
2.	玄应一切经音义大般涅槃经文字品	649A.D.	襄乌可反	阿	壹	伊	坞乌古反	乌	罗文
3.	义净南海寄归内法传	690－692A.D.	恶	痾	益	伊	屋	乌	罗文
4.	善无畏大毗卢遮那成佛神变加持经百字成就持诵品	724A.D.	阿		缢	伊	坞	乌	罗文
5.	大涅槃经文字品	880A.D.前	噁	阿	亿	伊	郁	优	84:407
6.	惠远涅槃疏	880A.D.前	噁	阿	亿	伊	侑	忧	84:408
7.	飞鸟寺信行涅槃经音义	880A.D.前	噁	阿	亿	伊	郁	优	84:411
8.	涅槃文字	880A.D.前	噁	阿	亿	伊	郁	优	84:412

---

① 罗常培,《梵文颚音五母之藏汉对音研究》,本所《集刊》第三本第二分,页263—276,1931。

续表

	经典	时代	a	ā	i	ī	u	ū	备注
9.	全雅阿阇黎手书悉昙	880A.D.前	阿	噁	益	翳	屋	污	84:414
10.	大日经字输品	880A.D.前	阿	阿引	伊	缢	坞	乌	84:407

这个表上各种经典分析长短音的办法,除少数以外,大致合于周法高氏的观察。通常以仄声字代梵文短音,平声字代长音。其中资料4"阿"字可能放错位置,原有对译短音 a 的字脱落了;资料9"阿、噁"两字可能位置颠倒。都有校勘的问题。资料10对周氏的理论不利,不仅用平声的"阿、伊"代短音,同时还用去声的"缢"字代长 i 音。值得注意的是绝大多数经典都用入声字代短音,可见平入相对是最清楚的长短对立。照我们的假设,平声是平调,易于曼声拉长,所以适合代替长音。调的本身虽不特别长,但比入声总是显明地长一点,各家对于入声是短促调的这一点无异说。其他用上、去声字跟平声对立的原因,主要在于上、去声非平调,无法自然地延长,所以适合用来代替短音。

第 二 表

	经典	时代	a	ā	i	ī	u	ū	备注
11.	法显大般泥洹经文字品	417A.D.	短阿	长阿	短伊	长伊	短忧	长忧	罗文
12.	慧严大般涅槃经文字品	424-432A.D.	短阿	长阿	短伊	长伊	短忧	长忧	罗文
13.	僧伽婆罗文殊师利问经字母品	518A.D.	阿	长阿	伊	长伊	忧	长忧	罗文
14.	阇那崛多佛本行集经卷十一	589-592A.D.	阿		伊		优		罗文

	经　　典	时　　代	a	ā	i	ī	u	ū	备注
15.	地婆诃罗方广大庄严经示书品	685A.D.	阿	长阿	伊	伊	乌上声	乌	罗文
16.	吉藏涅槃疏	880A.D.前	短阿	长阿	短伊	长伊	短忧	长忧	84:409
17.	玄应涅槃音义	649A.D.左右	短阿恶音、应乌可反	长阿平声	短伊亿音	长伊平声	短忧郁音	长忧平声	84:411
18.	智广悉昙字纪	780-804A.D.	短阿上声短呼音近恶	长阿依声长呼	短伊声上声近于翼反	长伊依字长呼	短瓯上声近屋	长瓯长呼	84:412

这个表上的资料有一个共同的特点,即用平声字代短音,足见平声调在当时未必特别长,只是由于平调易于拉长,所以用平声字加一"长"字来代替长音。反过来说,平声也不短,所以代短音时有人要加"短"字来限制。我们可以合理地推测:平声只是一个普通的平调,不特别长,也不短。只因为调形平,故易于拉长而近于梵文的长音。这些资料对周法高氏的理论可以说是反证。

资料16吉藏《涅槃疏》中有一段解释说得极为明白:

　　短阿长阿　经有两本,有作长短两阿者;有作恶阿者,将恶字代于短阿。然经中多作长短阿,此须依字而读不须刊治也。所以作长短两阿者,外国有长短两字形异,此间无有长短两阿形异,所以以长短阿来标之。

　　短伊长伊　然此中短伊复有经本不云短伊,直作亿字者,短阿直作恶字者,此是光宅法师所案也。

　　短忧长忧　短忧光宅法师治经作郁字也。

这段话显示以下两点:

1. 梵文有长短元音,当时汉语没有相同的长短音节。

2. 以"短阿"代梵文 a,只要"依字而读,不须刊治"。反之,以"恶"代梵文 a 则须作某种程度的"刊治"。

综合这两点,我们知道当时汉语的短音节只有入声字,而入声字又因为有塞音尾,并不适合于代替梵文无韵尾的短音。译经者曾经有过慎重的选字过程,回头看第一表中代短音的入声字几乎全是收-k 尾的,就可以知道个中消息,想来因为元音接-p 或接-t 在发音上更不适合。这样说来,至少在吉藏所知的语音里,上声和去声也不适合于代替梵文的短音,否则,上去声在当时并无塞音尾,如果有一个是短调的话,不是应该得到优先选择权吗?事实上并不如此。这就牵涉到另外一个和尚的记载:

义净《南海寄归内法传》:

> 脚、佉、伽、噱、俄……右五五二十五字名便缮。……此二十五字未将上韵来配时,但是半字,不堪呼召。野、啰、捋、婆、舍、洒、娑、诃……右"脚"等二十五字并下八字总有三十三字名初章,皆须上声读之,不可著其字而为平、去、入也①。

周法高氏说明义净"好像认为仄声中上声最适宜代表短音似的",梅祖麟则引用这一条资料作为证明上声为短调的根据之一。我们认为义净的意思别有所指,可能是想说明梵文短音发音时的高低,并非指长短而言。因为对译的汉字中明明有短调的入声字,义净说,"不可著其字而为平、去、入也",要把入声字读作上声,不可能是因为上声调短。如果说入声字因为有塞音尾不如无塞音尾的短调上声更为适合,那么为什么不设法用上声字呢?可见义净的意思一定着重在上声跟平、去、入都不同的一个特点上。下文我们将试着来寻找这一个特点究竟是什么。

---

① 见安然《悉昙藏》卷二所引,《大藏经》页 380。

梅氏除去这一个证据以外,还有另一个证据来推论上声是短调,我们把他的材料加上其他类似的材料列为下表。

第 三 表

	经典	时代	a	ā	i	ī	u	ū	备注
19.	不空瑜珈金刚顶经释字母品	771A.D.	阿上	阿引去	伊上	伊引去	坞		污引	84:407
20.	不空文殊问经字母品	771A.D.	阿上	阿引去	伊上	伊引去	坞上	污引去	84:407
21.	慧琳一切经音义释大般涅槃经	788—810A.D.	哀阿可反	啊阿个阿去声兼引	臀以伊伊反字声	缢伊异字伊去声兼引	坞乌古反或作邬亦通	污坞反固声引牙关不开	罗文
22.	空海悉昙字母释义	806—835A.D.	阿上声呼	阿去声长引呼	伊上声	伊去声长引呼	坞上声	污去声长引	84:361
23.	全真悉昙次第	880A.D.前	哀阿可反	阿引,个阿字去声兼引	伊以伊上声	缢印反伊去声兼引	坞乌古反或作邬亦通	污坞反固声引牙关不开	84:407
24.	惠均玄义记引宋国谢灵运云	880A.D.前	噁音鸥反短声	阿音歌乌反长声	亿音矣乌反短声	伊音尸乌反长声	郁音久乌反短声	优音鸠乌反长声	84:409
25.	梁武帝涅槃疏	880A.D.前	噁音鸥反短声	阿音歌乌反长声	亿音矣乌反短声	伊音尸乌反长声	郁音久乌反短声	优音鸠乌反长声	84:410
26.	大悉昙章	880A.D.前	阿上	阿去	伊上	翳伊	坞	污	84:414
27.	宝月三藏	880A.D.前	阿上声如正上之重	阿引声,如上之重,下同此,发音均前	伊上声	伊声准	乌上	污引	84:415

续表

经典	时代	a	ā	i	ī	u	ū	备注
28. 难陀三藏	880A.D.前	阿上,如正上之重音,终入,下同此	阿上,如上重下准此,发音均前聪之	伊上	伊引	于上	于上	84:415
29. 宗叡和上	880A.D.前	阿上声,如正上之重,下同此	阿引声,如重下准此,发音均前金之	伊上	伊引	字上	字引	84:415
30. 空海和上	880A.D.前	阿上声,上之重,表轻,下同此	阿声,去表长呼,下准同此	伊上	伊去	坞上	污去	84:415
31. 华严续刊定记	880A.D.前	阿入呼	阿去呼	缢入	缢去	乌入	乌去	84:408

这个表上的材料相当一致,凡是梵文的短音大致都说要读为上声,而长音都说要读为去声或平声。表面看来,似乎上声短,平、去声长,但在仔细勘察之后,我们发现下列几点现象:

1. 代替梵文长音的汉字有两种形容法:平声字说"长声",如资料24及25,去声字说"兼引",或"长引",或只用一个"引"字,特点是都有"引"字,如资料19,20,21,22,23,27,28,29。

2. 代替梵文短音的汉字有三种：上声字如哀、坞；入声字如噁①、亿、郁；最多的是平声字如阿、伊、乌。无论哪一种字都读上声，或加一个上声的反切。

根据这两点现象，我们相信梵文长短的区别主要已由普通调的字与加"引"或注明"长声、长呼"的字两两对立的情形表示清楚了。正如第二表上"短阿、长阿"或"阿、长阿"的情形一样。代短音的字未必短，只是代长音的字特别长就是了。如果这一层想法不错，那么短音字加注读上声的意义何在呢？我们认为这跟义净要把平、去、入的字都读成上声的意思是一样的，大概是指发音时的高低而言。

我们提出两条资料来证成此说：

智广《悉昙字纪》（资料18）：

　　短阿　上声短呼，音近恶……　短伊　上声，声近于翼反……　短瓯　上声，声近屋。

难陀《三藏》（资料28）：

　　阿　上，如正上之重音，终如入，下准同此。

智广的意思是说，短阿要照上声的读法，读得短一点，声音近乎入声的"恶"字；短伊、短瓯也是如此，照上声的读法，声音也要近乎入声。显然表明上声在当时不是短调，否则，何必再特别说明"短呼"近于入声呢？既然"短"的特色要加说明来指出，自然读上声的意义一定不在于指"短"。

难陀的意思也是如此，他认为短阿读上声，像惟正法师所读的上声的重音，声音结束的时候则像入声似的短促。

---

① "噁"字在《广韵》去声暮韵汙字下，乌路切，与梵文 a 音不合，此当是译经新字，取"恶"字入声一读加偏旁而成。

综合三个表上的现象，我们看到梵文的长音字有三种代替法：在与仄声字相对时用普通的平声字（表一）；在与平声或短读的平声相对时，用长读的平声字；在与上声字相对时，用长读的平声或引读的去声。我们认为平声字是平调，易于拉长以代替长音，那么去声呢？何以也可以用来代替长音？"引"字有什么意义？

现在，从梵文长 ā 的读音来设想，在中国人学习时有两种可能的发音法，一种是长的平调，另一种是长的降调。不可能读为长的升调。平声已经是平调，那么，去声会不会是一个降调？平声字只要长呼，何以去声要"引"？我们从字面看，"引"该是一种不同的拉长法，那么，可能的解释就是把原来的降调读得特别长，使得降的过程缓慢而幅度大。反过来说，译经的人从来不用上声字及入声字代替长音，入声是短促的调，自然不宜代替长音；上声何以也不宜？会不会因为上声是升调？上声又拿来形容代替短音的字，参照梅祖麟的看法[1]，我们相信上声是一个高升调，虽然它并不短，但由于高升的缘故无法拉长来代替长音。又由于高的缘故，可以用来形容读短音的字。

梅祖麟讨论中古声调时曾引用安然《悉昙藏》的一段话，其中有这样几句说明：

> 我日本国元传二音，表则平声直低，有轻有重；上声直昂，有轻无重；去声稍引，无重无轻；入声径止，无内无外。平中怒声与重无别；上中重音与去不分。

梅氏有详细的分析，他的结论是：

> 平声：长而低的平调，有轻有重。长是根据义净的说法。
> 上声：短而高的平调，其轻（"轻"应作"重"，疑译者手误）

---

[1] 梅氏认为上声字调高而短，高可能指高平调或高升调。见译文页72。

已与去声合并为一。

去声：稍长引的声调。

入声：短促。

安然原文中的"表"是指表信公①，他的语言里有五个调，轻平、重平、轻上、去(无重轻，但重上归之)和入。对于调类的问题这里不详细说，下文再来探讨。调值的问题基于上文的讨论，我们作一点修正：

平声：平调，大概比较低，长度普通。

上声：高升调，长度普通。

去声：降调，可能是中降调(稍引)，长度普通。

入声：促调，高低难说，长度短。

除梵音材料以外，尚有几项旁证，有的别人已经提过，有的是新发现，我们也归在一起看。

1. 平仄的名称早期作"平侧"②，顾名思义，平是平调，仄是侧调、倾斜的调。高本汉用平上去入的名称猜测四声为平调、升调、降调、促调。与本文的看法相合。

2. 元刻本《玉篇》神珙序引唐《元和韵谱》：

> 平声者哀而安，上声者厉而举，去声者清而远，入声者直而促。

明释真空《玉钥匙歌诀》：

> 平声平道莫低昂，上声高呼猛烈强，去声分明哀远道，入

---

① 日本净严《三密钞》有一段话与安然的记载相类，繁简不同，可以参看："我日本国元传吴汉二音，初金礼信来留对马国，传于吴音，举国学之，因名曰对马音；次表信公来筑博多，傅于汉音，是曰唐音。承和之末，正法师来，元庆之初，聪法师来。此二法师俱说吴汉两音。"故知安然所说之"表"即"表信公"。

② 参见周法高前引文页154—155。

声短促急收藏。

梅祖麟认为"平声是平调,上声是高调,而入声是短调殆无疑问"。我们完全同意他的看法。去声从"清而远、哀远道"的形容语看来,是降调的可能很大。

3. 现在提出两条新的资料:

日本了尊《悉昙轮略图抄》①:

> 平声者哀而安,上声励而举,去声清而远,入声直而促。谓春、天气平和,夏、温气上腾,秋、果叶落去,冬、草木归入,仍约春夏秋冬名平上去入也。

了尊的书作于"弘安满数之岁",按即日本弘安十年,相当于元世祖至元二十四年,即西元1287年。这一段话说明平上去入命名的另一个理由,无论正确与否,但是用"温气上腾"形容上声,"果叶落去"形容去声,可见上、去两声极可能是升调及降调。

另外一条资料比较晚,见于日本净严的《三密钞》②:

> 一、平声者,平谓不偏,哀而安之声。……二、上声者,上谓上升,励而举之声。……三、去声者,去谓去逝,清而远之声。……四、入声者,入谓收入,直而促之声。

净严的书作于"天和第二龙集玄默阉茂季夏初朔",玄默阉茂即壬戌年,又有贞享元年甲子岁泊如作的序,故当西元1682至1684之间。这一段话明白说出平、上、去、入的意义,并与《元和韵谱》的话相比照。净严的时代虽晚,我们相信他的话必定前有所承。他说"上谓上升",可以证明本文推论上声是"高升调"的正确性。可惜"去谓去逝",还是不能明白肯定去声的调形,但是说去声是降调,

---

① 见《大藏经悉昙部》第八十四册,页653—714。引文见页657。
② 同上书,页715—810。引文见页724。

大概虽不中亦不远矣!

三、结论和推论

本文的结论是:

中古平仄声的区别就是平调和非平调的区别。平调指平声,非平调包括上、去、入三声,其中上声是高升调,去声大约是中降调,入声是短促的调。

根据这个结论,我们可以进一步说,中国文学平仄声的对立就是平调和非平调的对立,"平平仄仄"不是"轻重律"、"长短律"或"高低律",而是"平仄律"。我认为"平仄律"是中国文学中"明律"的一种。而四声之中,由于平上去是普通长度的调,入声是特别短促的调,所以前三者与后者构成一种"长短律",这种律在中国文学中是"暗律"的一种,它的应用使文学作品富有韵律[1]。

从四声调类到平仄声的对立,是四声之中自然的分类,也就是把语音应用到文学作品中的分类,两者之间未必有演变的关系。至于四声后来如何演变为现代方言的各种不同的声调系统?在早期发生变化时调值如何?本文提出两条有意思的资料:

资料一,日本明觉《悉昙要诀》(作于西元1773年)[2]:

初昂后低为平声之轻,初后俱低为平声之重;初后俱昂为入声之轻,初后俱低为入声之重。当知重音者初低音也。初后俱昂名为上声,是六声之家义也。初低终昂之音可为上声

---

[1] 这里的长短律与前文讨论的不同,"长"指平、上、去三调,"短"指入声。请参看拙作《从声韵学看文学》,《中外文学月刊》第四卷第一期,页128—145。

[2] 见《大藏经悉昙部》第八十四册,页501—567。引文见页507。

之重,今每句第四字皆初低终昂呼之,故名为重音欤! ……故知去声者即今重音也,初后低昂之音,六声之家以为去声也。

根据这一段话,我们知道在明觉所知道的汉语方言中有一种六个声调的。试分析排列如下:

阴平(平声之轻):降调

阳平(平声之重):低平调

阴上(上声之轻):高平调

阳上与去不分:升调

阴入(入声之轻):高平调

阳入(入声之重):低平调

资料二,日本了尊《悉昙轮略图抄》(作于西元1287年):①

《私颂》云:平声重,初后俱低,平声初昂后低;(邦新按:"平声"之下疑脱轻字),上声重,初低后昂,上声轻,初后俱昂;去声重,初低后偃,去声轻,初昂后偃;入声重,初后俱低,入声轻,初后俱昂。

这段话明白指出八种声调的调值,我们可以肯定在西元1287年之前汉语中已经有一个方言从四声调类分化为八声调类了,它们的调形是:

阴平(平声轻):降调

阳平(平声重):低平调

阴上(上声轻):高平调

阳上(上声重):升调

阴去(去声轻):高降调

阳去(去声重):低降调(或中降调)

---

① 参本书第78页注①,引文见页657。

阴入(入声轻):高平调

阳入(入声重):低平调

跟上面六个调的方言来比,除去微细的不同外,六个调的调值完全符合。

这两段资料可能是文献上记载古调值最早的记录,如何与现代方言连上关系,有待以后进一步的研究。

附言:本文蒙李方桂先生赐正,谨此致谢。

引用书目

丁邦新　1966　《如皋方言的音韵》,《历史语言研究所集刊》36:573—633。
　　　　1975　《从声韵学看文学》,《中外文学》4.1:1—20。
王　力　1958　《汉语诗律学》,新知识出版社,上海。
白涤洲　1934　《关中声调实验录》,《历史语言研究所集刊》4.4:447—488。
江　永　《音学辨微》,见《音韵学丛书》。
周法高　1948　《说平仄》,《历史语言研究所集刊》13:153—162。
梅祖麟(Mei Tsu-lin)　1970　Tones and Prosody in Middle Chinese and the Origin of the Rising Tone. *Harvard Journal of Asiatic Studies* 30:86—110. 黄宣范 (1974) 译作《中古汉语的声调与上声的起源》,《幼狮月刊》40.6:69—76。
罗常培　1931　《梵文颚音五母之藏汉对音研究》,《历史语言研究所集刊》3.2:263—276。
顾炎武　《音论》,《音学五书》第二种,见《音韵学丛书》。

原载《历史语言研究所集刊》47.1:1—15,1975。

汉语声调源于韵尾说之检讨*

一、绪论
二、声调源于韵尾说的检讨
三、上古音中异调字押韵的现象
四、结论

一、绪论

关于汉语声调起源的探讨,可以分从两个层次来说。第一层,是研究汉语的声调从哪里来:是古已有之,还是另有来源?如果另有来源,是什么样的来源?从词头变来,还是从词尾变来?这些问题难以解决,因为汉语的历史不知道要比中国文字的历史早多少年。换句话说,汉语声调的起源可能比文字要早,从文字以前的史前史中,无法找出确切的资料来加以证明,只能有不同的学说。我们也难以辨明各种学说的可靠与否,因为实在拿不出证据来。第二层,暂时不管最早的起源如何,可以根据上古汉语的资料,分析后代不同声调的字在上古的情形,从种种迹象来推测,究竟在上古汉语中有声调还是没有声调。举例来说,如果我们能肯定在《诗经》时代已经有跟后代相同的声调,那么即使这些声调可能在更早的时候别有来源,那也是《诗经》时代以前的事。本文所作的正是

---

* 本文承李方桂先生审阅教正,复承周法高、龙宇纯、李壬癸、龚煌城、Jerry Norman、South Coblin 诸先生赐教,谨此致谢。

属于第二层次的工作。

明清两代音韵学家对声调的研究在于讨论周秦上古音有没有声调,如果有声调究竟有几类?例如陈第《读诗拙言》说"四声之辨古人未有";顾炎武《音论》认为"四声一贯";段玉裁《六书音均表》认为上古只有平上入三声;孔广森《诗声类》认为除闭口韵外,其余各部皆无入声,而去声有长言短言之分;最后江有诰《唐韵四声正》提出"古人实有四声,特古人所读之声与后人不同"的说法,并且得到王念孙的赞同,成为清人声调说的定论①。

近人对于上古汉语的声调也有种种学说,我以前曾经加以评述。(见 Ting Panghsin 1975 及丁邦新 1975 b。)认为承认上古有四个声调是比较妥当的办法,至于去入声的密切关连,可用先师董同龢先生的四声三调说来解释。

各家的说法之中,有一说可以称之为"声调源于韵尾说",我也曾经从上古汉语的一种构词型式立论反驳(1975 b),指出并列语成分排列的次序有百分之八十受声调的约制。如果当时的汉语没有声调,只有韵尾辅音,就难以解释这种构词上的现象。例如《论语》、《孟子》、《诗经》中,有"损益、沟洫、宾客、商贾、选择、琴瑟、饥渴、麻麦"等词,何以不说"益损、洫沟、客宾、贾商、择选、瑟琴、渴饥、麦麻"?尤其国名,有"陈蔡、鲁卫、秦楚、齐楚、韩魏",何以不说"蔡陈、卫鲁、楚秦、楚齐、魏韩"?我的规则是:

"在双音节并列语中,如有平声字,它总用为第一成分;如有入声字,它总用为第二成分;在没有平、入声字时,上声总用为第一成分。"(1975 b:35)

---

① 见《唐韵四声正》卷首《石臞先生复书》。关于明清各家声调说的检讨,见周祖谟《古音有无上去二声辨》页三二一四〇;董同龢 1954:182—185;王力 1957:451—455。

自然，这条规则是归纳性的结果，只能解释百分之八十的现象，例如国名就有"晋楚"一条不合规则。但我们不能忽略，这种构词型式只是语言中的一种自然趋势，并不是铁的规律。因此，有百分之二十的现象不能解释，本来是自然的事。材料部分容或有值得斟酌之处，例如"鲁卫"一条的形成，也可能因为孔子是鲁人，才把鲁放在前面。即使剔除一部分材料，我的分析仍然能解释大部分的现象。这种构词的型式在现代国语中也还有类似的倾向（丁邦新1969）。假如上古汉语没有声调，平声字具有-m、-n、-ŋ或-b、-d、-r、-g尾，上声字来自韵尾-ʔ，去声字来自韵尾-s，入声字有-p、-t、-k尾，我们有什么理由解释，一个有-n尾的音节通常都要出现在另一个有-ʔ或-s尾音节的前面？或者一个有-ʔ尾的音节何以总是出现在有-p、-t、-k尾的音节的前面？只有从声调音高不同的角度才能加以圆满的解释。

关于声调源于韵尾的问题，李方桂先生在《上古音研究》中说：

> 《诗经》的用韵究竟反映上古有声调，还是上古有不同的韵尾，这个问题不容易决定。如果《诗经》用韵严格到只有同调类的字相押，我们也许要疑心所谓同调的字是有同样的韵尾辅音，不同调的字有不同的韵尾辅音。但是《诗经》用韵并不如此严格，不同调类的字相押的例子，也有相当的数目。如果不同调的字是有不同的韵尾辅音，这类的韵似乎不易解释，不如把不同调类的字仍认为声调不同。

他的意见说得很清楚。有一点需要略加补充的，就是隋唐之后，韵书用四声分韵，诗人用韵非常严格，只有同调类的字相押，我们并不怀疑隋唐的四声有四种韵尾，主要有三点原因：第一，《诗经》的性质和隋唐诗歌的性质不同；第二，《切韵》序已有"秦陇则去声为入,梁益则平声似去"的话,可见当时的声调不会指韵尾辅音的不同;第三,根据现代方言的拟测,隋唐的入声其实具有-p、-t、-k三种韵尾,可见入声是涵盖三种不同韵尾的一种名称,很可能是指真正的声调而言。

十几年来,主张声调源于韵尾说的人陆续提出新的证据,并把这种韵尾存在的时代慢慢向下拉到唐代,我们不能不仔细注意这一种学说。以下先检讨这种学说的内容及证据,再从古代异调字押韵的现象提出反驳的意见。

二、声调源于韵尾说的检讨

中古汉语的"平上去入"四声推溯到上古,平声字无论有鼻音尾、元音尾或浊辅音尾,都可以和入声字的清塞音尾截然分开,声调可以是次要的问题。如果上声去声各有不同于上述韵尾的其他韵尾,自然就四声的区别而言,音高的问题更可以不必考虑了。例如:

平	上	去	入
-d	-dʔ	-ds(-ts)	-t
-n	-nʔ	-ns	

四声的区别只是韵尾的不同而已。这就是声调源于韵尾说的大致内容。由于平声入声一向争论较少,因此主要的重点就放在上声去声来源的讨论上。

一九五四年,Haudricourt(1954 a,马学进译文 1977)第一次提出汉语去声调源于韵尾-s 的说法,主要的证明是古汉越语的汉语借字。他发现汉语的去声相当于越语的"问声"(hỏi)和"跌声"(ngã)[①],根据马伯乐(Maspero 1916)的研究,早已证明越语的这两种声调源于韵尾-h,而-h又是从-s变来的。因此 Haudricourt 假设上古汉语的去声字也有一个类似的-s 尾。他举出下列五个例字(1954 a:364):

寄 gỏi　义 nghiã　露 lõ　诉 tỏ　墓 mã

其中"寄诉墓"三字是问声,"义露"二字是跌声,越语原来都有-s尾。这几个少数的例字自然不够证明,在他(1954 b)另一篇文章里列举二十一个汉语借字显示两者的关系。除去"寄义露"三字重复外,尚有:

卦 quẻ　芥 cải　嫁 gả　脍 goi　柜 củi　敨 thả
试 thử　岁 tuổi　兔 thỏ　带 dải　肺 phổi　慰 ủi
助 chũa　箸 dũa　袋 dãy　帽 mũ　易 dê　利 lãi

前十二字都是问声,后六字则是跌声。这一个假设后来由于 Pulleyblank 的引用与推衍,增加许多对音的证明。现在我们先来检讨 Haudricourt 的论点。

第一,对于古汉越语中汉语借字的时代无法肯定。例如他(1954 a:361)讨论韵母时,举出"库、苦、午、兔、渡、户、弩、诉、炉、露"等字相当于越语的-o,然后又举"墓、五、弩、午"四字,指出"墓"字读 mã,"弩"字读 ná,而"五、午"两字的共同泰语则为 hnga 及 sanga[②]。他说:

[①] "问声、跌声"两词是王力《汉越语研究》(1958:298)中的名称,其余四声是平声(bang)、弦声(huyèn)、锐声(sác)和重声(nang)。

[②] 参 Li Fang-Kuei 1977,"五"字古泰语为 *ha,"午"字未见。

汉藏语系的比较可以证明这个韵母来自古代的-a,因此可以想(见)从上古汉语一直到汉朝(弩大约是在汉朝时发明及传播的)都有-a。然后渐渐地合并起来,到了第七世纪是个开 o〔即 ɔ〕(越语借词),到了第九世纪是个合并起来的 o〔即 o〕(汉越语),而最后变为现代汉语的-u。

特别值得注意的是这些字都是中古模姥暮韵的字,其中"露、诉、墓"三字正是讨论去声尾时所举的例字。如果"墓"读 mả 是汉代的借字,而"露、诉"读 lỏ、tỏ 是七世纪的借字,时代上相差至少五百年,究竟从中国哪一个方言借到越南,实在难说。即使声调的对当表面上有一致性,放在一起来作为证明,仍然令人不能无疑。换句话说,借字的时代层次不分辨清楚,无法讨论对应的问题。

第二,同属寘韵的"寄、义"二字在上古同在歌部,而越语的读法 gởi 和 nghĩa 相差很远,也令人觉得不像是同一时代同一方言的借字,正好同一篇文章里又有支韵的"移、骑"二字,读 dòi 及 cõi(或 cũi),与"寄"字的读音类似,可见"义"字的读音可能代表另一时代。同时"移、骑"都是平声字,何以越语的声调不同?"移"字读弦声是正例,"骑"字读跌声就是例外了①。

第三,汉语同一种去声字,在什么条件之下分读问声及跌声两种声调呢?从 Haudricourt 所举的二十三个例字中,可以归纳出下列的条件,在于声母的不同:

---

① "骑"字原文有法文语义,是 cheaucher(动词)不是 cheaucheur(名词),所以不会读去声。

		问声	跌声
去声	清声母	14	
	浊声母		3
	次浊声母	1	5

如果这个条件不错,清声母字读问声,浊及次浊声母字读跌声,那么读问声的次浊声母字就是例外,这个字正好是"墓"mả。(Jerry Norman 先生指出"墓"字在闽南语的读法显示有清声母的来源,也许不是次浊声母。)

第四,在别人研究古汉越语的材料里有不一致的现象,以王力《汉越语研究》一文中所举的去声字为例,在越语分读各声的情形可以列表说明如下:

	平声	弦声	问声	跌声	锐声	重声
清声母	绣 theu 贩 buon 放 buong 豹 beo 惯 quen		芥 cải 嫁 gả 卦 quẻ	价 cã	信 tin	
浊声母		夏 hè		箸 dũa 画 vẽ		地 dia①
次浊声母	雁 ngan	雾 mù 味 mùi 未 mùi	墓 mả	义 nghĩa		御 ngya 命 mang

这些字跟 Haudricourt 所指出的声调对应颇有不合之处,读问

---

① Jerry Norman 先生指出此音可能为"地下"二字之合音。

声和跌声的八个字中,有六个字都见于 Haudricourt 的字表,可见王力的研究跟 Haudricourt 的看法相当接近。可是王氏所指出的其他各字,清声母相当于平声,浊和次浊声母相当于弦声的,以及相当于锐声、重声的"信、地、御、命"等字,Haudricourt 却一字未举。即使两人的看法不同,也不应该有如此大的差距,显示 Haudricourt 的材料本身可能有以偏概全的问题。

根据以上四点,我认为 Haudricourt 所说汉语借字去声相当于越语问声及跌声的证据不够坚强。例字的时代问题不易解决,究竟哪些字是古汉语借字,完全在于各人的认定,缺乏客观可靠的规则。借字的方言问题也不易解决,究竟是从汉语的哪一种方言借进越南?广东、广西,还是云南?值得注意的是广东的粤语和广西、云南的西南官话现在音系大不相同,在汉代前后的汉语中自然也有不可避免的方言问题。王力的借字研究显示声调的不一致性,很可能正表示这些借字来源的不同。因此要是认为越语的问声跌声来自于韵尾-s,进而推论古汉语的去声字也有-s 韵尾,实在不能令人信服。退一步说,即使 Haudricourt 的例字都没有问题,能不能肯定汉语和越语具有同样的演变,也不敢肯定,只能算是一种无证据的类比学说而已。

其次,我们来看 Pulleyblank(1963、1973、1979)在对音方面提出的论证。他的说法根据 Haudricourt 的看法而来,上文虽然已经怀疑 Haudricourt 的学说不可信,但是并不能就推翻 Pulleyblank 的论证,他尽可以从对音本身认定上古的去声有-s 尾。最近(1978),他说去声的-s 尾一直到六世纪还保存在某些韵里,在其他各韵,去声-s 已经变为-h 了。后来最后的一部分-s 也完全变为-h。到《切韵》时代,上声字有-ʔ,去声字有-h,所以平声和仄声的分别,是"平"属于开尾音节(unchecked),而"仄"属于闭尾音节

(checked)。其中仄声包括有-ʔ的上声,有-h的去声,以及有清塞音尾的入声。

我以前(Ting 1975)曾经指出对音的材料只能用为旁证,因为材料本身的时代和方言问题都无法解决。从性质上说,对音的材料有两类:一类是专名,主要的是地名。我们不知道一个见于史籍的地名究竟是哪一个地方,个人的认定未必可靠,常常需要缜密的考证才能确定。确定之后,我们又不知道某一个译名在史官著录之前已经沿用了多少年,也不知道原来音译为汉语的人说哪一种方言,更不知道原来的外语到现在我们所找到的读音之间有过什么样的变化,这样的材料实在不宜用为主要的材料。另一类是佛经中的大量译音。这些译音早期根据的可能不是梵文,而是印度中北部的方言 Prakrit(Karlgren 1954:226)。唐代前后,梵文已经成为远东的佛教语言(Pulleyblank 1973:369),那以后的译经工作才有清楚的系统,但是我们仍旧不知道译经者的方言背景。这一类材料比前一类可靠,可是用起来还是要谨慎。

Pulleyblank 的主要发现是中国人用去声字代替外国语言有-s尾的音节,例如"都赖"是 Talas,"罽宾"是 Kashmir,"贵霜"是 Kushan,"贰师"是 Nesef。最后两个字我曾经指出,外语的-s 及-sh 已经用第二个汉字的声母代替了,因此"贵、贰"两字未必有-s 尾(Ting 1975:43,丁邦新 1975 b:24)。前两个例子似乎很可靠,问题在于如果当时汉语根本没有带-s尾的字,也得要设法音译,那么最接近的音节是什么呢?这几个例证都见于《汉书》,以我所拟测的汉代音来说,"赖"是 lad,"罽"是 kjiad,正好都有-d 尾。这个发现有重要的意义。我们知道阴声字尾的拟定主要是由于同部的阴声字和入声字押韵的缘故,因此要假定去声来自韵尾的话,必须要拟测-ts、-ks、-ps 及-ds(-ðs)、-gs(-ɣs)、-ns、-ŋs、-ms 等韵尾,Pulleyblank(1963:219—224,231)原来就是这样拟定的。问题是对译外国语的-s，无论用汉语的哪一种去声，都多出一个不必要的成分-p、-t、-k、-d、-g(-ð、-ɦ)或-m、-n、-ŋ。自然最接近的可能是-ts或-ds，可是会不会偶尔有例外的情形出现一个-ks或-gs呢？我们就Pulleyblank认为可靠的例子作一次彻底的检讨：

外国语原名	汉语译音	去声字之中古韵及上古韵部	南北朝以前拟音韵尾
1. Skt. Vārāṇasī	波罗奈	泰＜祭	-d
2. Skt. Samādhi	三昧	队＜微	西汉-d＞东汉-i
3. Skt. Trapuṣa (Khot. ttrāväysa)	提谓	未＜微	-d
4. Skt. trāyastriṃśa (Khot. ttāvatriśa)	忉利	至＜脂	-d
5. Khot. aṃgusdä (或 Tokh. ankwas)	阿魏 或央匮	未＜微 至＜脂	-d -d
6. Skt. Śrāvasti	舍卫	祭＜祭	-d
7. Skt. Kapilavastu	迦维罗卫	祭＜祭	-d
8. Skt. Abhāsvara	阿会亘	泰＜祭	-d
9. Skt. Akaniṣṭha	阿迦贰吒	至＜脂	-d
10. Skt. Śuddhāvasa	首陀卫	祭＜祭	-d
11. Skt. Sudṛśa	须蹄	祭、泰＜祭	-d
12. Jap. Tusima	对马	队＜微	西汉-d＞东汉-i
13. Talas	都赖	泰＜祭	-d

| 14. | Kashmir | 罽宾 | 祭＜祭 | -d |
| 15. | Skt. gāthā | 偈 | 祭＜祭 | -d |

这十五个例子之中就有许多问题。第一，例 4 trāyastrimśa 和汉语对音"切利"距离很远，虽然对音中不乏省略音节的例子，这里省略的情形太特别了。即使从 Khotanese 的拼法 ttavātriśʹa 看来，还是不了解何以省去 va，而以"利"字对译 trī。何况我们对梵文和 Khotanese 之间的关系并无深入的了解。第二，例 8 Abhāsvara 的汉译是"阿会亘"，"亘"字中古音读 kəng，不可能对译 vara，《大藏经》卷 224 确实写作"亘"，用"阿会亘羞"译 Abhāsvara + śu(bha)，而 Pulleyblank(1963:218)的注音是 siwen，似乎他采取《集韵》荀缘切的读法，和"宣"字同音，如果真是如此，那么"亘"对译 svara，就是用"亘"字的声母表示-s-了。第三，例 12 的"对马"是对译日文的 Tusima，根据有坂秀世(1957)的研究，第二个音节 si 可能来自于早期日文的塞擦音 tʃ 或 ts。因此，"对"字是不是对译 tusi 还有问题。第四，例 14 的"罽宾"未必是 Kashmir 的对音，"宾"何以用来对译 mir？汉语中一直有 m-起头的字，为何偏要选用"宾"字？有人认为"罽宾"指的是 Kapisa，或 Kophes 或 Kophen，这个字对音的可靠性有问题。第五，例 2 的"三昧" Samādhi 和例 15 的"偈" gāthā，都是用去声字对译梵文 Samādhi 和 gāthā 的一部分 mādh 和 gāth，Pulleyblank 引用别人的说法，认为梵文的 dh 和 th 到 Prakrit 语在元音之间变为 ð，然后再变为 z。这是一种可能的解释，是否就是真象，也不敢说定。尤其"偈"字早有入声一读，《广韵》为渠列切，中古音是 giet，很可能是对译 gāth，未必读去声，以后又有"偈他"、"伽陀"等其他的译名。第六，例 5"阿魏"amgusdä，例 6"舍卫" Śrāvasti 和例 7"迦维罗卫"Kapilavastu，汉语译音和梵文相比，都把

梵文的最后一个音节省去,正好省去的这一个音节的声母都是舌尖音d或t,很可能译为汉语时把前后两个音节合在一起,gusdä缩减为gud,vasti成为vat,而vastu也成为vat,而"魏、卫"两字在南北朝以前正好都是收-d尾的。

以上在十五个例字中指出八个可能有问题,即使暂时不管枝节的问题,这些例字何以全部都属于南北朝以前收-d尾的韵部,也值得深入探讨。这个-d尾是我根据两汉、魏晋及南北朝诗文用韵的情形拟测的。(见 Ting 1975:240—241)。即使-ts或-ds最接近外国语的-s,难道连一个例外的-ks或-gs都没有?会不会根本就是收-d尾的字,因为舌尖音接近的关系用来代替外国语的-s?而入声的-t由于声调短促,比较不适合表现外国语带-s的不短促的音节①?

可能由于-ts或-ds在对音解释上不大合适,Pulleyblank(1973)改变早年(1963)的看法,直接把"贵"拟为kus,"罽"是kias,"赖"是las,"对"是tos,这样一来,对译外国语的带-s音节自然很合适,但是其他"之、幽、宵、侯、鱼、佳、歌"等韵部的去声字是否也直接把-s加在主要元音之后呢?如果确实如此,那么如何解释只有少数几部的字专用于对音?如果另外设想和入声相配的擦音给去声字,如-t:-s,-k:-h,-p:-f(或-v),一方面为去声字打破了上古音拟测的整个系统,因为和去声字来往的平上声难以解决;另一方面,我们不能忘记Haudricourt拟测-s尾的时候是为全体去声字设想的,原来举证的例字就有"寄、义、露、箸、帽"等字根本不跟舌尖音有任

---

① 请参阅 South Coblin, *Notes on the Dialect of the Han Buddhist Transcriptions* 3.2.2节,见于本论文集。Coblin 认为我所说的-d尾在语音上可能是一种擦音如〔θ〕,也许是-t尾的一个同位音。我想这个韵尾既可对应梵文的-s,-ṣ,-ś和-t,-th,仍然可能是-d。

何关连。因此,如果要拟测 kus, las 这样的音节,必须要注意这些音节在整个上古汉语中的地位,不能为部分的方便忽略系统的问题。现在从种种迹象判断,依我看来,只有采取收-d 尾的拟测法最容易解释。

　　Pulleyblank(1979)又讨论梁代僧伽婆罗所翻译的《孔雀王咒经》中对音的问题,指出到梁代"泰"韵的字还有-s,例如:

16. apasmāra　　　　　　阿贝摩罗,阿贝莎摩罗
17. apasmāranam　　　　 阿贝莎摩罗南
18. Vipasyi　　　　　　　毗贝尸
19. Dhrtarāstra　　　　　提头赖吒
20. Dhrtarāstrāya　　　　陀里多赖多罗耶
21. Sarasvati　　　　　　莎赖婆底
22. Purastya 或 Pulastya　富赖沙他
23. Asvalāyana　　　　　 蔼娑罗耶那("娑"可能为"婆"之误字)
24. Astamaka　　　　　　 蔼沙多哥摩
25. Brhaspati　　　　　　 毗里害波底,毗梨害娑波底

其实16、17、18、22、23、24、25 等七条之中,在汉字译音的后面还有一个带舌尖或卷舌擦音的"莎、娑、尸、沙"等字,正可反证当时汉语没有-s 尾,否则前面的去声字已经有了适合于译音的-s 尾,哪里需要再增加一个带 s-类声母的字,去音译外国语的同一个-s 呢? 16、25 两条尤可证明,两种不同的译法表示翻译者不满意于用"贝"代 pas,用"害"代 has。同时这些资料也可以证明泰韵的去声字还有-d,否则何以专用泰韵字音译有-s 尾的音节呢? 根据我研究南北朝诗人押韵的现象,恰好只有泰韵具有-ad 尾,合于这些字的对音现象。(见 Ting 1975:241)。Pulleyblank 正有一例显示这种现象: Brhadratha 是"毗梨害罗他"(1973:371, 1979:318)。如果当时

"害"字没有-d尾,何以不用收-t尾的入声字去代替?可见"害"字是最合适的音节。

现在再说上声的问题。

Haudricourt(1954 b)讨论越南的声调,认为锐声(sác)和重声(nặng)源于早期的喉塞音-ʔ。本来跟汉语毫无关系,可是Pulleyblank(1963)认为越南语的-s既然移植到汉语来得到很大的成功,那么不妨把喉塞音也移植过来。越南语的锐声是升调,因此可能汉语的上声原来就是从-ʔ韵尾演变而来。这种说法纯粹是类比,本来只是很薄弱的理论,但经过梅祖麟(Tsu-lin Mei 1970)的证明[①],得到有力的支持。

梅祖麟提出三种证据来推定上古汉语到汉代时,上声字还有喉塞音尾。第一种证据是现代的方言,温州、浦城、建阳、定安、文昌的上声字还保存喉塞音尾。第二是佛经中有关中古汉语的材料可以证明中古汉语的上声字还是短调,从实验语音学看来,短调正是早期有喉塞音尾的特征。第三是古汉越语的借字,显示汉代的上声字相当于越南语的锐声和重声,这两种声调正是从-ʔ韵尾变来的。其中第二种证据牵涉中古汉语上声调值的问题,我曾经在《平仄新考》一文中加以详细的分析,利用所有《悉昙藏》中佛经的材料,证明上声不是短调,只是高升调而已(见丁邦新1975 a),现在不再说明,只来检讨其余两种证据。

现代方言中有的上声字还有喉塞音尾的现象,恐怕不能追溯到上古去。根据我们调查海南岛方言的结果,海口、万宁、澄迈的上声字因为是低降调的关系,有一个附属的喉塞音,例如"马"ma˩,有时候好像是maʔa˩,其实调值是21或212,因为降得太

---

① 梅祖麟1970有中译,见黄宣范1977。

低，所以产生一个喉塞音。建阳、定安、文昌都是偏低的上声调，情形非常相像。尤其是崖县的军话，阳平调是 21，韵尾也收喉塞音，可见是后起的现象。(参詹伯慧 1959:128)。徐州话中阴平调的字因为是低降升调的关系，听起来也有喉塞音或喉头紧缩的作用①，没有人认为是早期语音的遗留，可见有些地方上声字附带的喉塞音也难以推到上古去。另外龙州的泰语也有一个低降的 21 调，同时带喉塞音尾，李方桂先生认为是调的特别成分而不真是一个辅音，可以作为旁证。(Fang-kuei Li 1977:11)。至于温州、浦城的上声调并不低，分别为 45、24 及 55、54，何以也有喉塞音尾，不敢说定，但是恐怕也是后起的现象。推溯到上古汉语的喉塞音尾，证据仍嫌不足。

古汉越语的问题和上文讨论去声字一样，借字的时代仍然不敢肯定，Haudricourt 以为从汉代到唐初，梅祖麟直接说是汉代，不知有何证据？他指出上古上声字和越南声调对应的规律是：清声母和次浊声母读锐声，只有全浊声母读重声。次浊声母类他举出"舞、藕、瓦、染"四字都读锐声，但是 Haudricourt(1954 b:77) 的字表中就有"染、忍、午、酉、礼、每、冷"七字都是读重声的。材料显示的现象并不一致。究竟哪些字是借字并无客观的标准，因此，古汉越语的材料恐怕还不能作为肯定的证据。

梅祖麟也提到现代缅甸语的高声调，可能是由带喉塞音尾的音节演变而来，但是我们发现缅甸语的高声调和汉语的上声并不配合，例如：

汉语	藏文	古缅甸文
五	lŋa	ŋâ

---

① 这一现象承李方桂先生赐告。

| 九 | dga | kûi |
| 苦 | kʻa | khâ |

在古缅甸文中，这三个字都是重声调(heavy tone)，而不是高声调的 creaky tone。即使高声调来自于喉塞音尾，和汉语的上声字并无对当的关系①。

至于 Pulleyblank(1978:175)把上声的-ʔ 和去声的-h(＜-s)向下拉到《切韵》时代，认为"平仄"之分就是开尾音节和闭尾音节的不同，更是看不出任何证据。平仄的区别我已在《平仄新考》中分析过了，从佛经记载中一点看不出音节是开尾或闭尾的痕迹。同时，如果当时有上声的-aʔ，作韵书的人根据什么把-at、-ak、-ap 归在一起算入声类，独独把-aʔ 归为上声？《切韵·序》说："秦陇则去声为入，梁益则平声似去。"如果不用声调来解释，第二句话是绝对无法说得通的。Pulleyblank(1973:372)只解释第一句，认为可能当时有的方言去声的-s 和入声的-t 相混，可是对于第二句，却没有提出解释。

三、上古音中异调字押韵的现象

上文对声调源于韵尾说的检讨分成三个方面：一、从古汉越语的材料说明 Haudricourt 原来的学说难以成立；二、用 Pulleyblank 自己的对音材料指出他解释的缺失；三、用中国方言以及古汉越语的材料说明梅祖麟论据的可疑之处。等于是从基本的材料上指出论证不可靠的地方，但是出发点还是大致依照他们本来的角度。现在，再从另外一个角度提出声调源于韵尾说的不可信从的原因。

---

① 此点承龚煌城兄指出。

如果在上古汉语中没有声调,只有不同的韵尾,举例来说,同一部中有-ad、-adʔ、-ads、(或-ats、或-as)、-at,或者只有-a、-aʔ、-as、-at,无论哪一种办法都无法解释《诗经》中异调字押韵的现象。我们知道,对于阴声韵部去入声押韵的解释,一般的说法除去韵尾一浊一清以外,还要说明可能调值相近,才能使-ad、-at 彼此押韵。现在根本没有声调了,却要人相信-ats 和-at,或-as 和-at 可以押韵,实在困难。同时,如果牵涉三个以上的声调,例如平上去通押,就要说-ad、-adʔ、-ads(或-ats)可以押韵,似乎韵尾在押韵的行为上毫无作用的样子,更是难以置信。我想上古时代说汉语的人不可能有这种奇特的押韵习惯。

《诗经》里究竟有多少异调字押韵的例子呢? 根据张日昇(1968:165—6)的统计,可以列成简表如下:

	上	去	入
平	361	293	10
上		166	39
去			161

其中上去相押,就要说-adʔ和-ads(或-ats)押韵;上入相押,就要说-adʔ和-at 押韵,已经很奇怪,不易令人采信;但是《诗经》中还有三种调类的字押韵的例子,也根据张日昇(162—163)的材料重新分类,结果如下:

    平上去通押:24   平上去入通押:4
    平上入通押:1
    平去入通押:4
    上去入通押:5

例子虽然不多,仍然是够表现几种声调来往的现象。我们能不能相信-d、-dʔ、-ds(-ts)或类似的韵尾可以有二十四处押韵的章节?

只要牵涉三种以上的调就难以解释。我宁可采信-d、-d、-d 同样的韵尾由于声调音高的高低不同而押韵,正如元曲的情形一样。至于平、上、去、入通押的例子只有四条,但是更令人相信有-g、-g、-g、-k 偶尔押韵的可能,不相信有-g、-gʔ、-gs(-ks)、-k 四种韵尾的混押现象。当然这里只是以-d、-g 为例,别人的拟音纵有不同,只要认为声调源自韵尾,大致的格式都是一样的。至于王力的办法,根本不承认上古有去声字,把后来的去声字归之于平、上及长入,自然是另外一个问题了①。以下列出《诗经》中三调以上押韵的例子作为注脚,辨认韵字如有不同的看法,均见于注释。本文根据张日昇的分析,不详加讨论。

一、平　上　去

1. 《汉广》一章:广泳永方
2. 《君子偕老》三章:展绊颜媛
3. 《兔爰》二章:罿造忧觉
4. 《野有蔓草》一章:漙婉愿
5. 《伐木》三章:阪衍践远愆
6. 《采芑》一章:芑亩止试止骐②
7. 《我行其野》一章:野樗故居家③
8. 《斯干》一章:苞茂好犹
9. 《斯干》九章:地瓦仪议罹
10. 《小旻》三章:犹就咎道
11. 《角弓》五章:驹后讴取

---

① 我以前曾经批评过王力的看法,见 Ting 1975:41—43。
② "骐"字是不是入韵,各家看法不同。江有诰以为"骐"字不入韵,近人江举谦从之;而高本汉、陆志韦则以为"骐"字与"芑亩"等字为韵。
③ 各家对本章韵字的看法亦有不同,见陆志韦 1948:69,江举谦 1964:64、66。

12.《何草不黄》三章：虎野夫暇
13.《生民》五章：道草茂苞褎秀好
14.《行苇》三章：句锬树侮
15.《泂酌》一章：兹馈子母①
16.《民劳》五章：安残绻反谏
17.《板》一章：板瘅然远管亶远谏
18.《桑柔》二章：翩泯烬频
19.《崧高》七章：番啴翰宪
20.《烝民》六章：举图举助补
21.《韩奕》五章：土讦甫噳虎居誉
22.《召旻》七章：里里哉旧
23.《访落》：考悠就②
24.《泮水》二章：藻跻跻昭笑教

二、平　上　入

1.《清人》三章：轴陶抽好

三、平　去　入

1.《中谷有蓷》二章：修啸啸淑
2.《出车》一章：牧来载棘
3.《车辖》二章：鸰教射③

---

① 江有诰以"兹馈"为平声韵，"子母"为上声韵；而顾炎武则认为是平上去合韵，见江举谦1964：6。

② 这一篇诗的韵脚问题较多，顾炎武以为"考就"二字或可为韵；江有诰则以"考"字与上句"止"字为之幽通韵，"悠就"二字不入韵；陆志韦以为"悠就"或可为韵；江举谦则从江有诰。

③ 这一章韵字的辨认可能有误，各家大致皆以"鸰教"为宵部平去通韵，而"射"字与上句"誉"字为鱼部去入通韵。

4.《行苇》四章：背翼祺福①

四、上 去 入

1.《谷风》五章：愔甕售鞠覆育毒②
2.《杕杜》四章(《小雅》)：至恤偕迩
3.《楚茨》一章：棘稷翼亿食祀侑福
4.《旱麓》四章：载备祀福
5.《瞻卬》四章：忒背极愍倍识事织③

五、平 上 去 入

1.《扬之水》二章(《唐风》)：皓绣鹄忧
2.《大东》四章：子来子服子裘子试④
3.《抑》十一章：昭乐傲藐教虐耄
4.《清庙》：庙士德庙斯⑤

以上三十八条资料之中,辨认韵字各家看法不同的有十条(参见注释),只有《车辖》、《清庙》两条可能是真正的错误,因此对我们的讨论无大影响。所有的韵字之中,除阴声、入声字以外,也有收鼻音尾的阳声字。要是认为上声有-ʔ尾,去声有-s尾,只好假定-n、-nʔ、-ns可以互相押韵。现在我不承认有这些不合理的押韵现象,就要说,收同一个-n尾而声调不同的字可以押韵,那就自然得多了。同时,诗篇的分配很平均,《国风》、《小雅》、《大雅》、《颂》都有,可见不是偏颇的现象。

---

① 江有诰以为"祺"字不入韵,江举谦从之,其余顾炎武、陆志韦皆以"背翼祺福"为平去入通韵。
② 参看江举谦1964:30、31。
③ 江有诰不以"倍事"二字入韵,江举谦从之。顾炎武则以"倍事"入韵,陆志韦从之。
④ 此章如果"子"字不算韵字,就要改入"平去入"类。
⑤ 此诗韵字的辨认可能有误,各家皆以为无韵,此处张日昇从高本汉说。

四、结论

从以上所说的种种迹象看来,在《诗经》时代汉语和中古一样是有四个声调的,声调是音高,不是辅音韵尾。声调源于韵尾可能有更早的来源,可能在汉藏语的母语中有这种现象,但是在《诗经》时代没有痕迹。我们知道,在鼻音韵部之中,am、an、aŋ 并不能自由押韵,纵有例外,为数也很少。如果去声字真有-s,何以-as(或-ats)能够和-at 自由押韵,实在令人无法相信。如果再把在上古汉语中不可能存在的上声的-ʔ 和去声的-s(＞-h)向下拉到《切韵》时代,更是没有确切证据的说法。

引 用 书 目

丁邦新　1969　《国语中双音节并列语两成分间的声调关系》,《历史语言研究所集刊》39 本,155—173。

　　　　1975a　《平仄新考》,《历史语言研究所集刊》47 本 1 分,1—15。

　　　　1975b　《论语、孟子及诗经中并列语成分之间的声调关系》,同上,17—52。

　　　　1979　《上古汉语的音节结构》,《历史语言研究所集刊》50 本 4 分,717—739。

三根谷彻　1972　《越南汉字音の研究》,东洋文库,东京。

王　力　1957　《汉语音韵学》。

　　　　1958　《汉越语研究》,见所著《汉语史论文集》,290—406。

孔广森　《诗声类》。

有坂秀世　1957　《上代に於けゐサ行の頭音》,见所著《国语音韵史之研究》,145—159。

江有诰　《诗经韵读》。

《唐韵四声正》。

江举谦　1964　《诗经韵谱》，东海大学，台中。

李方桂　1971　《上古音研究》，《清华学报》新九卷一、二期合刊，1—61。

周法高　1969　《论上古音》，《香港中文大学中国文化研究所学报》二卷一期，109—178。

　　　　1970　《论上古音和切韵音》，同上，三卷二期，321—457。

周祖谟　1966　《古音有无上去二声辨》，见所著《问学集》，32—80。

段玉裁　《六书音均表》。

马学进　(Robert Matthews)译 A. G. Haudricourt 1954 a

　　　　1977　《怎样拟测上古汉语》，《中国语言学论集》，198—226。

陈　第　《毛诗古音考》附录《读诗拙言》。

陈新雄　1972　《古音学发微》，嘉新基金会，台北。

张日昇　1968　《试论上古四声》，《香港中文大学中国文化研究所学报》1卷，113—170。

陆志韦　1948　《诗韵谱》，《燕京学报》专号之二十一。

黄宣范译　Mei, Tsu-lin 1970。

　　　　1977　《中古汉语的声调与上声的起源》，《中国语言学论集》，175—197。

董同龢　1944　《上古音韵表稿》，四川。

　　　　1954　《中国语音史》，台北。

詹伯慧　1959　《海南岛军话语音概述》，《语言学论丛》第三辑，127—149。

顾炎武　《诗本音》。

Haudricourt A. G.　1954a　Comment reconstraire le chinois archaique, *Word* 10, 351—64.

　　　　1954b　De l'origine des tons en viêtnamien, *Journal Asiatique* 242, 69—82.

Karlgren B.　1954　Compendium of phonetics in Ancient and Archaic Chinese, *BMFEA* 22, 221—367.

Li, Fang Kuei 1977a *A Handbook of Comparative Tai*, The University Press of Hawaii.

1977b Laryngeal Features and Tone Development, *Working Papers in Linguistics*, Dept. of Linguistics, U. of Hawaii.

Maspero H. 1916 Etudes sur la Phonetique historique de la langue annamite: les initiales, *BEFEO* 12.

Mei, Tsu-lin 1970 Tones and prosody in Middle Chinese and the Origin of the rising tone, *HJAS* 30, 86—110.

Pulleyblank, E. G. 1963 The consonantal system of Old Chinese, Part 2, *Asia Major* 9, 205—265.

1973 Some further evidence regarding Old Chinese-s and its time of disappearance, *Bulletin of the School of Oriental and African Studies*, University of London, 36, Part 2, 368—373.

1978 The nature of the Middle Chinese tones and their development to Early Mandarin, *Journal of Chinese Linguistics* 6.2, 173—203.

1979 Some examples of colloquial pronunciation from the southern Liang Dynasty (A. D. 502—556). *Studia Sino-Mongolica*, *Nünchener Ostasiatische Studien*, Band 25.

Ting, Pang-hsin 1975 Chinese Phonology of the Wei-Chin period: Reconstruction of the finals as reflected in poetry, *Institute of History and Philology*, *Special Publications* No. 65.

原载《汉学会议论文集》,语言文字组:267—283,1981。

汉语声调的演变

一、绪言
二、从上古到中古
三、从中古到现代
四、结语

一、绪言

对于汉语声调的来源,我(1981)曾经作过一番检讨,结论是:在《诗经》时代汉语和中古一样是有四个声调的,声调是音高不是辅音韵尾。声调源于韵尾可能有更早的来源,可能在汉藏语的母语中有这种现象,但是在《诗经》时代没有痕迹。那篇文章主要讨论声调和韵尾的关系,并没有涉及中古以后声调的问题。后来我(1982、1984)又提出"变调"极可能是早期的"原调",也只是希望建立一种研究声调演变的内部拟测法。当时对于中古的"平上去入"四声只是直觉地认为就是四个不同的调,我也曾根据文献和对音的资料推断平仄的区别就是平调和非平调的不同。平调就是平声,非平调包括上去入三声,其中上声是高升调,去声大约是中降调,入声是短促的调。并没有进一步设想同一声会不会具有两个以上"同位调"的可能(见丁 1975:13)。近来注意到杜其容(1976)、王士元(Wang 1983)各自从不同的角度提出中古四声八调的说法,两位都认为从中古到现代声调演变的途径应该是由分而合。最近颇有人沿着这个方向做研究,例如潘悟云(1982)、金周生(1985、1986)、连金发(1986)。我觉得这个新颖的说法与一般由合而分的理论不同,很值得重视,也有加以检讨的必要。

现在先简要地介绍杜、王两家的说法:

杜氏主要的论点有二:第一,目前的汉语方言中有许多地方的声调系统都超过四种,尤其平声分阴阳两调更是普遍,只有少数的例外。这是主张中古四调说的学者所无法解释的。他说:

> 依照主张四调说学者的解释,今方言中多于四调者,系由于浊声母之清化,将原先浊声母的辨义作用转加于声调之上。

但是:

> 如吴方言中,绍兴、苏州、永康三地方音,既保存有浊声母,而四声又具有阴阳之分,……既不得凭空指其由四声演变为八调,势必须承认其原始即为八调不可。(杜 1976:23—24)

这个看法的困难在于主张四调说的人只承认声母的清浊是声调分化的条件,并不一定要牵涉到辨义作用转加于声调的问题。语音的演变常常使原本不同音的字变为同音,显然与辨义作用无关。我们可以说某一个声调的字,由于声母清浊之不同渐渐影响调值,越来越显明,以致变为两个调。这两个调值可以和清浊声母并存,如吴语;也可以因浊声母清化,只剩下调值的不同,如大部分的其他方言。因此,从中古四调说来解释现代四调以上的方言,并无困难。

第二,从反切的结构而言,清人陈澧在《切韵考·序录》中的反切说最为透彻:

> 切语之法,以二字为一字之音。上字与所切之字双声,下

>　　字与所切之字叠韵。上字定其清浊，下字定其平上去入(平上去入四声各有一清一浊，详见通论)。

杜氏指出陈澧所谓"上字定其清浊"言调值之高低；"下字定其平上去入"言所属声调的大类。可见四声自非有八调不可。(杜 1976：27—29)

根据陈澧原文小注所说"平上去入四声各有一清一浊"来推论，杜氏的解释极可能是正确的。问题是这只代表陈澧的看法，陈澧是番禺人，他当时的口语如杜氏所论可能"四声皆有清浊之分"，当时他可能觉得"东德红切"这种反切不可解，因为"东、红"二字在他读来声调不同，何以"红"可以用作"东"的反切下字，因此才找出"上字定清浊"的理论①。但是并不能因此推论反切法实际就是如此，因为切韵系的韵书根本上都是按平上去入四声分韵的。反切并不是成于一人之手，我们不大能相信所有做反切的人都有陈澧同样的认识。切语上字与所切之字双声，下字与所切之字叠韵，所谓"韵"已自然的包括了声调在内。

王氏早在1967年曾指出四声有八调的可能：

>　　Although Middle Chinese (ca. 600 A.D.) is traditionally regarded as having four distinct tones, from physiological considerations we know that it must have had eight pitch shapes. Four lower pitch ones appeared only with syllables with voiced initials, the remaining only with unvoiced initials. (Wang 1967：95)

他所持的理由是生理学的观点。我们知道清浊声母影响声调的演变是很普遍的现象，但未必是必然的影响，例如现在的国语中有以

---

① 此点承龚煌城兄指出，在此致谢。

下这样的对比：

1. 闪：ʂan ˩ ：染 ʐan ˩
2. 上：ʂaŋ ˅ ：让 ʐaŋ ˅

两对字各自不同的地方只有声母的清浊,至少在听觉上无法分辨"闪"和"染"或"上"和"让"在声调上有高低的差异,可见清浊声母对声调的影响只是可能的条件,并没有必然性。

进一步来说,中国音韵学里的清声母还分不送气的"全清"和送气的"次清",浊声母里也有所谓"全浊"和代表鼻音、边音等响亮音(sonorant)的"次浊",从生理学的观点看各有不同,实际上对声调也产生不同的影响。例如中古音中的次浊平声字今读阳平,如"门、龙、能",而次浊上声字却读阴上,如"满、冷、奶",并不跟全浊上声字一样从阳上归入去声。但在同一声调里,次浊字并不显示特殊的高低。

李方桂先生(Li 1980)用"喉音成分"指称清浊、送气与否及有无喉塞音等三种现象,指出这些成分对声调演变都可以产生影响,在汉语和傣语里有大量的例证。我们知道中古音中有送气和不送气的清声母,也有喉塞音(影母),但不敢肯定这些声母必然影响声调。因此生理学的观点只能提供可能的解释。

王氏(Wang 1983)另外提出两个理由支持四声八调的说法：

第一,杜甫在《丽人行》一诗中似有意利用平声的阴阳调来押韵。这首诗当中两句一韵的部分作为单独的段落,暂时不管。前六句每句韵,情形如下：

> 三月三日天气新,长安水边多丽人。态浓意远淑且真,肌理细腻骨肉匀。绣罗衣裳照暮春,蹙金孔雀银麒麟。

各句的韵字以今天的眼光看来,正好单数句是阴平,双数句是阳平。再看结尾的第三段：

黄门飞鞚不动尘,御厨络绎送八珍。箫鼓哀吟感鬼神,宾从杂遝实要津。后来鞍马何逡巡,当轩下马入锦茵。杨花零落覆白苹,青鸟飞去衔红巾。炙手可热势绝伦,慎莫近前丞相嗔。

跟第一段相反,单数句是阳平,双数句是阴平。虽然不能肯定杜甫当时的用意是故意用一清一浊不同声母的韵字,还是果然那时的平声字已有阴阳两个,王氏认为后者的可能性比较大,也许杜甫正是有意试用一种新的押韵格式。

这个发现很有意思,我们可以从两方面来衡量。首先,承认这首诗是杜甫有意安排的,那么我们可以说在杜甫的时代(西元712—770)平声字里已有阴阳两调的现象,即使没有被一般人公认,至少杜甫觉察其存在。其次,不承认是有意安排,当时既是高低相同的平声调,这只是用声母清浊不同的字来试验诗律,而且如把当中的一段加上去,作为一个整体来看,情形就不显明了。当中的一段隔句一韵,接着,连韵两句,然后又是隔句韵:

头上何所有?翠微蓋叶垂鬓唇。背后何所见?珠压腰肢稳称身。就中云幕椒房亲,赐名大国虢与秦。紫驼之峰出翠釜,水精之盘行章鳞。犀箸厌饫久未下,鸾刀镂切空纷纶。

其中阴阳调的字并无格式,只是随意出现。两者都可以言之成理,不过杜甫是大家,要细检每一首的韵字才敢说比较肯定的话,目前姑且存疑。

第二,山西(如太原)平声字只有一类,不分阴阳两调。如果要说中古音平声只有一调,山西守旧,那么就不易解释在北方官话中何以别的方言分两个平声,独有山西能够不分。语音演变有一般性,个别方言并不能选择采取何种演变。如果承认中古平声有两个调,那么山西只是合而为一,而其他方言则保持古音。

这一点不容易立刻加以分辨,须要从历史的角度来观察,下文再来讨论。这里只说明在方言区分的研究里,我(1982)曾经把晋语独立为官话的一个次方言,和北方官话、下江官话同等看待[①]。甚至有人把晋语视为大方言,和官话、闽语等同列,如李荣(1985),可见晋语和北方官话确是有相当区别的。

以下从历史演变的角度作比较详细的分析,试图对中古音的调类是否有八个调值的问题,找寻一个合理的答案,并观察从上古到现代汉语声调演变的途径。

二、从上古到中古

魏晋以前的诗人没有韵书可查,押韵纯按自己的语感。我们今天归纳《诗经》里押韵的情形虽然以中古的四声为根据,并没有受中古音的范围,因此才有顾炎武"四声一贯"、段玉裁"古无去声"、孔广森"古无入声"等不同的说法。从江有诰的《唐韵四声正》和夏燮的《述韵》(1840)之后,大致古音学者都同意上古音中具有四个声调,大体和中古的"平上去入"相当。虽然有一部分人有不同的意见,如王力;也有一部分字归类不同,见《唐韵四声正》,但基本上上古音有四声,在我看来,已经接近定论。(参丁1981)。

上古音的四声既是从《诗经》押韵现象归纳而来,显示当时诗人的语感觉察四个声调的存在,如果当时任何一声具有两个以上的调类,至少在押韵上看不出任何痕迹。据张日昇(1986)的分析,以韵字出现的次数为单位,《诗经》中押韵的声调关系如下:

[①] Forrest 1948、袁家骅 1960、詹伯慧 1981 都有类似的看法。

	平	上	去	入
平	2186	203	159	5
上	158	882	99	18
去	134	67	316	64
入	5	21	97	732

各调字独用的次数非常多,合用的次数绝不致影响调类的划分。观察这些字的押韵关系,得不到任何进一步可能再细分调类的线索。

汉代诗赋中押韵的情形没有统计的数字,罗常培、周祖谟(1958:67)两位先生的说明如下:

> 如果我们本着前人分析《诗经》押韵的办法来研究两汉的韵文,很容易可以看到汉人对声调的分别一般是很细致的。平声字和上声字跟入声字在一起押韵的极少见,去声字和入声字在一起押韵的为数也不多,而且只限于少数几部字。平声与上声,上声与去声相押的虽然有一些,但也不很多。因此我们在研究汉代韵文的押韵的时候,不能不分辨四声。

换句话说,汉代诗人对于当时语言中的声调也不仅觉察其存在,并跟上古一样,也归纳为相当于"平上去入"的四类。

魏晋时代四声的情形和汉代很接近,绝大部分的韵组都是四声各自独用,韵组就是一首诗中连续押韵的一组韵脚,魏晋诗赋中韵组的总数接近七千条,而合用的情形相当少(丁1975:229):

	上	去	入
平	15	16	
上		30	
去			86

值得注意的是平声和上声此时和入声已无通押的情形,只有去声

和入声还有86条,其中祭部和月部通押54条,脂部和质部22条,另有泰部和曷部6条,祭部和质部2条,皆部和质部、泰部和曷部各1条,都是去声字跟-t尾入声字通押的现象①。去入的关系如此特别,正因为当时这两部的去声字还保留-d尾,和入声的-t尾仍有接近的条件,以脂部而言,平上声的-d尾已经失落,不仅无法再和入声来往,跟同部的去声字竟然连一次例外的押韵也没有。总之,押韵的现象只能看出当时确有四声,四声之下也看不出更细的分类。

南北朝时代已有韵书,但诗人未必都按韵书来押韵,所以仍有分析的意义。何大安(1981:225)说明:

> 声调的类别,在南北朝诗文用韵之中,是很清楚的。在全部一万两千多条韵组之中,真正合调的作品(不包括去声和入声的通押在内)不到两百条。才占百分之一、二左右,可见在当时调类分别之严。

在严格分别调类的情形之下,我们看到的调类的数目仍然只有四个,并未发现某一声有任何"同位调"的痕迹。

总括以上上古到南北朝诗人自然押韵的倾向而言,在这一段漫长的时间之中,声调的类别大体上一直维持四声只有四调的局面,容或声调的调值有因方言而有差异的现象,但调类仍是四类。

现在来谈中古音的声调问题。可以分为以下几点来说:

第一,陆法言在《切韵·序》里说:

秦陇则去声为入,梁益则平声似去。

---

① 有一条祭部和沃部通押之例,只能视为例外。

这两句话的意义应该是指调值的高低而言①,他们觉得秦陇方音的去声听起来好像他们的入声一样,而梁益方音的平声又像他们的去声一样。如果这个解释不错,可以显示三点意义:1.陆法言等人已注意到调值的高低升降;2.当时的方言确有不同的调值;3.他们只笼统地提到平、去、入,未见有进一步细分的记录。

根据这一段话来分析,如果当时四声有八调,似乎不应该逃脱陆氏等人的审音能力之外,他们审音细密,甚至连方言声调的不同都加以注意,四声如有高低,应可觉察。

第二,上文提到声母的区别可以有全清、次清、全浊、次浊等四种类别,也知道这些类别确实可能影响声调的演变。如果四声有八调,会不会有十二调(如吴江方言)或十六调的可能?金周生(1985,1986),就提出四声十六调的看法。他有两种主要的根据,一是张麟之《韵镜》之前所附《韵鉴·序例》中明明有"十六声"的记载;二是中古以后声调的演变确实受到全清、次清、全浊、次浊等声母的影响。后者不成问题,影响声调演变的条件并不代表当时已有那么多声调。例如中古全浊塞音声母到国语的演变以平仄为条件,平声今读清送气,仄声今读清不送气,并不表示在中古音中全浊塞音已经清化,平仄声只是条件而已。困难在于解释《韵鉴·序例》中的话,原文说:

> 横呼韵
>
> 人皆知一字纽四声,而不知有十六声存焉。盖十六声是将平上去入各横转故也。且如东字韵,风、丰、冯、瞢是一平声,便有四声;四而四之,遂成十六。故古人切韵诗曰:"一字纽纵横,分敷十六声。"

---

① 第一句话中的"去声为入"可能包括韵尾问题,不敢说定。

金氏将十六声解释为十六种声调,认为"除了认定当时汉语具备十六种不同的音调外,并没有其他方法对它作一更完满的解释。"(金1986:298)现在我想试作一不同的解释:

这一段文字主要在于说明"横呼韵",就是在《韵镜》的字表上"横着调读不同的韵字",也就是要人熟悉同韵同调而不同声母的字,所以这里的"声"字不一定指声调,有时可能指"声音",指声母或音节而言。例如《序例》下文有一节"五音清浊":

> 逐韵五音各有自然清浊,若遇寻字,可取之记行位也。唇音、舌音、牙音各四声不同,故第一行属清,第二行属次清,第三行属浊,第四行清浊。齿音有正齿,有细齿,故五行声内,清、浊声各二。……

这里说"五行声内","声"显然指"声母";唇舌牙音"四声"不同,也是指清浊各异的"四种声母"而言。"声"只是泛指"声音",不一定非常明确。从这个解释出发,那么"横呼韵"的一段文字可以这样翻译:

> 一般人都知道一个字可以转读出四个声调来①,而不知道有十六个声音的存在。所谓十六个声音就是把平上去入都横着转读的结果。例如东字韵,风、丰、冯、薨是同一个平声,就有四个声音;四个声音再乘上四个声调,就得到十六个声音。所以古人的切韵诗说:一个字如果按声纽纵横读之,可以分布为十六个声音。

这样的解释也可以说得通。只是一个字的转读似乎以某一个发音

---

① 这一句话以往我曾译作"普通人都知道一个字改变声纽可以读出四个声音来",但不如现在的译法跟下文的"平上去入"更能呼应。同时,一个字可以转读四调更合于一般人的常识。后面这一点,金周生先生也曾来函指出,在此致谢。

部位为范围,也就是"唇音、舌音、牙音各四声不同"的意思。同时到齿音和舌齿音的时候,声母的数目就不一样了,也许一般只是用"唇舌牙音"作为指称的代表罢了,不一定要求精确。总之,这一段话是来说明横呼韵的,目的是要人熟习同一韵里不同声母的字排列的次序,因此下文说:

> 今《韵鉴》所集,各已详备。但将一二韵只随平声五音相续横呼,至于调熟;或遇他韵;或侧声韵;竟能选音读之,无不的中。

这里说"随平声五音相续横呼",就是主要的意旨,"五音"的"音"也是笼统的说法,指"唇、舌、牙、齿、喉"而言,包含"舌齿音"在内。原作者并无意在此说明"声调"的问题。

《韵鉴·序例》紧接着"横呼韵"的有一条"上声去音字":

> 凡以平侧呼字,至上声多相犯……古人制韵,间取去声字参入上声者,正欲使清浊有所辨耳。(如一董韵有动字,三十二晧韵有道字之类矣!)……今逐韵上声浊位,并当呼为去声……

对这一段话的解释历来无二说,都认为是李涪《刊误》之后另一条"浊上归去"的证据。由于原作者不明语音演变之理,误以为古人故意把去声字放在上声韵里。可见当时全浊上声字的声调已经读同去声;也可见当时并无十六声调的存在。对"四声十六调"的说法而言,这一条是反证。但如把"十六声"了解为"十六个不同的声音或音节",两者就没有冲突了。

第三早期的文献资料里颇有四声各有轻重的记载,如日本僧人安然在《悉昙藏》里提到:

> 我日本国元传二音,表则平声直低,有轻有重;上声直昂,有轻无重;去声稍引,无重无轻;入声径止,无内无外……承和

之末,正法师来……四声之中,各有轻重……元庆之初,聪法师来……四声皆有轻重。

这一段话很出名,许多人都引用过,确实可以看出当时四声不止四调的情形。不过,承和之末大约在西元八四八年左右,元庆之初则大约在八七七年左右,《悉昙藏》著成于八八〇年,离开《切韵》写成的年代都在两百年以上,这些资料只能代表当时的语音,并不能藉此上推到《切韵》时代也有同样的现象。

总之,《切韵》以四声分卷,根据以上的三点说来,要推测当时四声实有八调或更多的调值,恐怕不易令人信服,只要比《切韵》成书晚的资料就可以解释为由四声分化而来,即使有跟《切韵》同时而声调不止四声的文献,也可以视为方言现象,顶多把分化的时代向上推一点,并不能作根本的改变,因为从上古历经两汉和魏晋,到南北朝都只是四个声调的局面。

现在进一步的问题是中古音的四个声调如何演化为现代方言或多或少的调类?有没有方言保存四个调的?吴江方言的十二调应如何解释?山西方言的一种平声调应如何解释?

三、从中古到现代

从《切韵》到现代已经一千三百多年,方言声调的现象相当复杂,不能只用一种"合并"或一种"分化"的理论来解释。从演变的大势看来,大约先是分化,然后又在新的条件下合并或进一步分化。这种讨论有两个限制:第一、闽语例外,我(1983)认为闽语从古汉语分支的时代是东西汉之交。要讨论声调的分化,至少要从汉代说起,不能从《切韵》立论。尽管闽方言声调的演变相信也是先经过分化的阶段。第二、最好讨论个别方言时能以古语系统为根据,如古吴语或古官话。至少要从比较广泛的角度来设想,因为有的个别方言经过多年方言接触的结果,可能产生不易解释的情形。以下分四小节来说明:

(一) 早期分化

桥本万太郎(M. Hashimoto 1973:422)给古客家话拟测了七个声调的古语系统,除阳上已归入阳去外,其他阴平、阳平等七调俱全。可见从中古音到古客家话是一个声调分化的早期例证。

我最近(1984:786)也给古吴语拟测了古声调系统如下:

阴平	阳平	阴上	阳上	阴去	阳去	阴入	阳入
*55	*22	*35	*13	*42	*21	*55	*22

相当整齐地显示中古声调受清浊声母的影响产生分化的结果。从这个系统向上推,中古音的声调系统已经呼之欲出。古客家话从中原古汉语分支南来的时候,阳上已经归入阳去,但如再向上拟测,自然也是四个声调的系统,桥本(1973:422—423)就是如此推定的。

粤语的声调系统文白不同,余蔼芹(O. Y. Hashimoto 1972:665)指出文言是七调,阳上也归入阳去;白话则有整齐的阴、阳平等八调。至于入声在广州进一步的分化,从阴入再分出中入,是以主要元音的松紧为条件的。从中古音到粤语的声调演变自然也是分化的途径。

北方官话及整个官话系统的古声调系统已有平山久雄(1983,1984a,b)初步的研究。从文献资料看来,最早产生分化的就是浊上归去,浊上指上声字有全浊声母的,分化的时代在八世纪末。(详见周法高 1968:165—167;梅祖麟 1982:233—234。)平声的分化最早见于《中原音韵》(1324),入声在此时已经派入三声:清入归上、次浊入归去、全浊入归阳平,早期也许经过先分化的阶段,但难以说定,下文再讨论。

(二) 晚期分化

现代方言里有些声调系统是在早期分化之后再进一步分化的。上一小节提到广州阴入的再分化就是这种例证之一。现在来检看一个出名的方言,就是吴江方言。这个方言有十二个调,似乎对中古音四声不止四调的看法有帮助,我(1984:763—766)曾经作过较为详细的讨论,现在只选择其中一部分资料来说明。

最近吴江方言声调系统的资料是根据叶祥苓(1958、1983)的调查,其中有两个小方言的系统如下:

	阴平	阳平	全阴上	次阴上	阳上	全阴去	次阴去	阳去	阴入	全阴入	次阳入
黎里	55	24	51	34	21	412	313	213	<u>55</u>	<u>33</u>	<u>22</u>

	阴平	阳平	全阴上	次阴上	阳上	全阴去	次阴去	阳去	阴入	阳入
盛泽	55	24	51	34	23	513	313	212	<u>55</u>	<u>22</u>

正好这两个方言都是赵元任先生(1928)调查过的方言点,可以用来比较。盛泽的情形和现在一样,调类也是十个,只有调值有些微差异,这里可以不管。黎里的情形调类不同:

	阴平	阳平	阴上	阳上	全阴去	次阴去	阳去	全阴入	次阴入	阳入
黎里	44	232	41	24	513	213	113	<u>55</u>	<u>34</u>	<u>23</u>

我们可以看到在赵先生记音的时候,阴上只有一类,而现在却已分

化为两类了,可见这种分化极可能是近五六十年来的新变化①。

再以芦墟为例,并加松陵的系统作一比较:

	全	次		全	次		全	次		全	次
	阴平	阴平	阳平	阴上	阴上	阳上	阴去	阴去	阳去	阴入	阴入	阳入
松陵	55	33	13	51	42	31	412	312	212	<u>55</u>	<u>33</u>	<u>22</u>
	全	次		全	次		全	次		全	次	
	阴平	阴平	阳平	阴上	阴上	阳上	阴去	阴去	阳去	阴入	阴入	阳入
芦墟	55	33	13	51	同次阴去	同阳去	412	312	212	<u>55</u>	<u>33</u>	<u>22</u>

两个方言点的调值完全一样,只有芦墟缺少次阴上和阳上两调,分别并入次阴去和阳去。如果松陵的调类代表吴语早期的情况,那么我们会预期芦墟的变化应该是:次阴上和全阴上合流成为一个阴上,因为大部分的吴语方言都有阴上,并且包括全清和次清的字;而调值也极为接近,但事实并不如此。如果认为松陵的情形是从四声先变古吴语的八调,再分化为目前的十二调的话,那么芦墟就是在分化之后再产生的新的合并,走的路向自然不一定要遵循阴上和阳上对立的旧路了。我相信吴江方言的现象,在阴调之中再分两种,是属于早期分化之后的晚期分化。

(三) 晚期合并

上文推论中古音以及中古以前的声调系统只有四个声调,当中在好些方言都经过分化的阶段,也就是早期分化。以后再进行合并的话,就是这里所谓的"晚期合并"了。潘悟云(1982)的文章里有许多这一类的例证,例如上海话,在 Edkins (1853)《上海方言

---

① 黎里是一个小镇,到一九八一年才有六千多人,尽管前后两位调查者的发音人不同,承接的关系大体应无问题。当然另有一个可能,由于社会阶层或年龄的种种不同,在赵先生调查的时候,事实上已有差别,但这一点无法说定。

语法》里有八个声调,赵元任先生(1928)记音的时候还有六个声调,目前新派上海话中已经只剩五个调了,这是很确凿的证据。

北方话里这样的例子也很多。例如宁夏银川只有三个调(参见张盛裕(1984):平声 33、上声 53、去声 13。上声之中有下列的同音字:

   题=体 房=纺 铜=桶

从国语的角度来说,就是阳平和上声合并了。一定要平声先分化为阴平和阳平,然后阳平才可能和上声合并。有趣的是这个方言有变调,正好可以证明我的"变调即原调"的想法。上声 53 在某一种结构的词汇里产生变调:

   上 声   上声 + 去声   上声 + 去声
  鞋 = 海 xɛ53 鞋 xɛ53 带 tɛ13 海 xɛ35 带 tɛ13

本来同音的两个字,在去声前面有了分别,显示前者原来是阳平字,后者才是真正的上声字,而这个上声的原调值可能就是 35,只在连读后接去声时才保存,其余情形都变得和阳平的 53 一样了。那么这个方言表面上的三个调必然是晚期的合并无疑。

(四) 特殊演变

认为中古音有四个调的人,常常遭遇这样的一个问题:现代方言有没有保存中古四调不变的方言? 我的答覆是:有,就是丹阳方言。资料完全根据吕叔湘调查的记录,我(1984:767—770)已经给丹阳推定过基调,曾经批评吕氏把文白合在一起讨论是没有必要的,但基本上他的资料应无问题。他说:

> 丹阳话读书音有四个字调,分别跟古音的平上去入相当,个别字有出入;连读不变调。说话音有六个单字调,其中四个跟读书音的字调相同。在连读的字组中,除原有的六个字调

外,还出现四个新的字调,共有十个字调。
这段话清楚地显示文白两个系统的不同,文言音(读书音)有四个声调:

平	上	去	入
33	55	24	<u>44</u>

白话音有六个字调:

阴平	阳平	阴上	阳去	阴入	阳入
33	24	55	11	<u>33</u>	<u>44</u>

其中阳平字连读时有三个变调,其调值及历史关系分别是:

阳平	阳上	阴去
24	11	24

换句话说,从连调变化看来,丹阳原有八个调。我推定的基调如下:

阴平	阳平	阴上	阳上	阴去	阳去	阴入	阳入
55	24	33	11	42	21	<u>33</u>	<u>11</u>

潘悟云(1982:362)认为一般来说南部方言的白话音早于文言音,推断文白的关系是有先后关系的,他说:

> 丹阳文读的四声调系统跟白读的八声调系统相比较,应该是比较后起的。也就是说,文读的四个声调是在浊声母的清化过程中,由八个声调合并而来的。

这里有两个问题:第一、从调值上看,无论根据表面的调值或我推定的系统,都看不出如何能从白话合并到文言?第二、通常文白两个系统似乎未见彼此有演变先后关系的。而且从吕氏声母举例的少数字中可以看出文白没有很大的关系,例如:

例 字	陪	纲	层	城	棋	防	敲	黄	咬	耳	人
文言声母	pʻ	v	tsʻ	tsʻ	tɕ	f	tɕʻ	x	ø	ø	ø
白话声母	p	m	ts	s	tɕ	p	kʻ	v	ŋ	ȵ	ȵ

显然文言音接近北方官话的系统,而白话音是从吴语系统经过浊声母清化变来的,因此文言音不可能从白话音变来,声母无法连贯。我想,丹阳的文言音很可能是从官话系统传来的,声母已经清化,而声调保持早期中古音的分类。

四、结语

以声调演变整个的趋势而言,从上古音到中古音,大致维持四个声调的系统。中古以后,方言分化的情形很剧烈,在各方言的母语中已经颇有分化的现象,如古吴语就是八个调,古客家语是七个调,浊上已经归去。如果这样的方言传入日本,自然就有《悉昙藏》的那些记载。从这些方言向下演变,自然有许多合并的现象,连金发(1986)指出的北方官话的演变大体如此,但有的方言也有进一步分化的迹象。现在还有三个问题要处理:

第一,北方官话中的去声始终未见分化的痕迹,没有分读阴去、阳去的现象,我们是认为去声从未分化呢?还是分化以后又合并了呢?正确的态度应该是看材料说话,如果没有证据,还是不作空洞的推断。因为要说一个声调分而为二,后来又原封回头合而为一,在语音学的理论上应该尽量避免。(参见 Wang, 1983)。丹阳的文言音也是如此,如无分化的证据,宁可相信是保存了古音的系统。

第二,会不会有未经分化阶段就分别并入其他声调的?似乎有。例如《中原音韵》的入派三声,难道经过清入、次浊入和全浊入的三分阶段之后才派入三声的吗?北方官话中入声演变很不规则,也许只是在入声消失塞音尾时才产生分别演变的方向。

第三,绪言中提到山西方言平声只有一类,要从历史的角度来观察，现在我们也许可以认为山西的平声是存古的现象，从方言亲属树的看法立论，晋语本来和北方官话就可能是平行的姊妹方言，前者平声一类，后者两类，并不冲突。有的地方如包头也分阴阳平（见王立达 1958），晋语本身还需要比较研究。例如五台的声调是平上去入四种，其中浊上归去，完全符合《韵镜》的描述。

这篇短文也许可以用旧小说的起头语作为结论："话说天下大势，合久必分，分久必合。"

引 用 书 目

丁邦新　1975　《平仄新考》，《历史语言研究所集刊》(以下简称《集刊》)47.1:1—15。
　　　　1981　《汉语声调源于韵尾说之检讨》，《汉学会议论文集》，语言文字组：267—283。
　　　　1982　《汉语方言区分的条件》，《庆祝李方桂先生八十岁论文集》，《清华学报》14.1, 2:257—273。
　　　　1984　《吴语声调之研究》，《集刊》55.4:755—788。
王立达　1958　《山西方音中的声调与普通话的对应关系》，《方言与普通话集刊》5:106—118。
平山久雄　1983　《山东西南方言的变调及其成因》，*Computational Analyses of Asian and African Languages* 21:59—81。
　　　　1984a　《江淮方言祖调值构拟和北方方言祖调值初案》，《语言研究》6:185—199。
　　　　1984b　《官话方言声调调值の系统分类》，《言语研究》86:33—53。
何大安　1981　《南北朝韵部演变研究》，台大博士论文。
吕叔湘　1980　《丹阳方言的声调系统》，《方言》1980.2:85—122。
李　荣　1985　《官话方言的分区》，《方言》1985.1:2—5。
杜其容　1975　《陈澧反切说申论》，《书目季刊》8.4:17—21。
　　　　1976　《论中古声调》，《中华文化复兴月刊》9.3:22—30。
周法高　1968　《玄应反切考》，《集刊》20:359—444。

金周生　1985　《中古汉语具十六种调值说》,《辅仁文学》19:125。
　　　　1986　《切韵诗十六声集证》,《王静芝先生七十寿庆论文集》297—321。
袁家骅等　1960　《汉语方言概要》,北京。
张日昇　1968　《试论上古四声》,《香港中文大学中国文化研究所学报》1:113—170。
张盛裕　1984　《银川方言的声调》,《方言》1984.1:19—26。
梅祖麟　1982　《说上声》,《庆祝李方桂先生八十岁论文集》,《清华学报》14.1,2:233—241。
詹伯慧　1981　《现代汉语方言》,湖北。
叶祥苓　1958　《吴江方言的声调》,《方言和普通话集刊》5:8—11。
　　　　1983　《吴江方言声调再调查》,《方言》1983.1:32—35。
赵元任　1928　《现代吴语的研究》,北京。
潘悟云　1982　《关于汉语声调发展的几个问题》, Journal of Chinese Linguistics. (以下简称 JCL) 10.2:359—385。
罗常培、周祖谟　1958　《魏晋南北朝韵部演变研究》,第一分册,北京。
Chang, Kun　1975　Tonal Developments Among Chinese Dialects.《集刊》46.4:636—710。
Forrest, R. A. D.　1948　*The Chinese Language*, London: Faber and Faber.
Hashimoto, Mantaro　1973　*The Hakka Dialect*, Cambridge University Press.
Hashimoto, Oi-Kan Yue　1972　*Studies in Yue Dialects 1: Phonology of Cantonese*. Cambridge University Press.
Hsieh, H. I.　1973　A New Method of Dialect Subgrouping. JCL 1:64—92.
Li, Fang Kuei　1980　Laryngeal Features and Tone Development.《集刊》1—13.
Lien, Chinfa　1986　Tone Merger in the Dialects of Northern Chinese. JCL 14.2:243—291.
Ting, Pang-hsin　1975　*Chinese Phonology of the Wei-Chin Period: Reconstruction of the Finals as Reflected in Poetry*, Institute of History and Philology, Special Publications 65, Taipei.
　　　　1982　Some Aspects of Tonal Development in Chinese Dialects.《集刊》53.4:629—644.
　　　　1983　Derivation Time of Colloquial Min From Archaic Chinese.《集刊》

54.4:1—14.

Wang, William S-Y 1967 Phonological Feature of Tone. *IJAL* 33.2:93—105.

1987 A Note on Tone Development. *Wang Li Memorial Volumes*, English Volume, 435—443.

原载《第二届汉学会议论文集》语言文字组:395—408,1989。

与《中原音韵》相关的
几种方言现象*

一、引言
二、《中原音韵》中的鼻音声母 ŋ
三、乔吉方言中的江阳韵与萧豪韵
四、汪元亨方言中的齐微韵
五、结语
六、附论:《中原音韵》正语作词
　　起例中的语音对比

一、引言

　　元代周德清的《中原音韵》写成于泰定元年(1324年),经过许多学者的研究,我们对它的音系已经有相当清楚的了解[①]书中有些特殊现象也有人用方言来解释,例如"入派三声"的问题,就可能牵涉到周氏自己的方言。先师董同龢先生(1954:23)批评周氏的处理法,认为:

　　　　周德清是应该把那些字(指入声字)直接并入上述三调(指阳平、上、去三调)而无需分列的,不过他究竟是南方人,总不免受自己方言的影响。

---

　　* 本文初稿曾在本所学术讲论会上提出报告,承周法高、龙宇纯、李壬癸、龚煌城等诸位先生赐示意见,付印前又承壬癸兄赐阅,并提出改正建议,均此致谢。
　　① 从石山福治(1925)到薛凤生(Hsueh 1976),至少有八家的研究,详见引用书目。

从《中原音韵》的编排法来检讨，十九个韵部是周氏按照北曲作家实际押韵的情形归纳所得，应该最为可信，对于这一点近来研究的人也没有提出疑议的。至于各韵部之中把舒声和从入声变来的舒声分开，以及用圆圈隔开的同音字组就是周氏个人的判断，当时押韵的资料并不能显示任何分别，这一部分就可能有他自己方言的痕迹[①]。根据各家的看法，同音字组之间的区别，大致代表声母、介音的不同，但是也有元音不同的可能。例如萧豪韵的"褒包"二字不同音，各家的拟音都归之于主要元音的差异。

本文要讨论的第一个问题就是舌根鼻音声母 ŋ 有无的问题，是不是代表周德清自己的方言现象。

《中原音韵》根据早期北曲作家关汉卿、郑光祖、白朴、马致远等名家的用韵归纳而得，那么后来跟周德清大致同时的作家，用韵情形是否也跟《中原音韵》相合呢？我因为研究元曲韵字示意说的问题（丁1981），发现元代作家乔吉、汪元亨的作品中颇有与《中原音韵》不同处，现在就放在 ŋ 声母的讨论之后，暂时作为他们个别的方言现象来讨论。

二、《中原音韵》中的鼻音声母 ŋ

《中原音韵》中鼻音声母 ŋ 有无的问题，各家的看法可以大别为两类，一类认为有；一类认为没有。表面上看来都持之有故，因此必须先检讨他们的论据：

罗常培先生（1932:73—74）认为"喻、疑与影无别"，他从大处

[①] 周氏的《中原音韵》既然跳出传统韵书的窠臼，同音字部分表现的声母、介音就不大可能受传统韵书的影响。

着眼,举出《中原音韵》十七个韵部中中古疑母字与喻、影两母混而不分的例子,例如:

齐微平声阳:〇围闱韦帏违(喻三)嵬巍危桅(疑)为(喻三)①

上声:〇倚椅(影)锜(疑)扆偯(影)蚁(疑)矣(喻三)已以苡(喻四)顗拟艤(疑)

证据相当齐全。有两个韵部没有举例,其一是支思韵,因为根本没有从疑母来的字;另一部是监咸韵,只有"巖岩"二字同在一个声母之下,岩字又不见于《广韵》,可能因此罗氏没有引用。他的缺点是注意大体的现象,忽略了个别难以解决的问题。

赵荫棠(1936:93—96)就针对罗氏之失,认为疑母字在《中原音韵》中"要消灭,然而没有全消灭",他说:

> 它要消灭的例子很多,大体说起来,它有两条路走,一是与影喻合并,一是与娘泥母合并。至于不消灭者,是一二等之字。……在萧豪韵里既有疑一之傲奡,复有影一之奥懊澳,我们既以 au 标影一之字,就不能不以 ŋau 标疑一之字,故准此例,则立 ŋ 母。

疑母与影喻母合并读无声母,与娘泥母合并则读 n。引文中所举的萧豪韵一例,就是罗氏忽略的地方,赵氏同时又指出江阳韵还有一例:

上声:〇养痒(喻四)鞅(影)……〇仰(疑)

去声:〇养羕炀漾样(喻四)怏佒(影)漾恙(喻四)……〇酿(泥)〇仰(疑)

因为上声的"仰"与喻影等母的"养痒"等字对立,所以不可能是无声母;而去声又同时与泥母的酿字对立,也不可能读 n,那就只有

---

① 本文用括号注明中古音的声母来源,以便对照。

仍读ŋ的可能了。

陆志韦(1946:45—46)与赵荫棠的看法大致相近,又指出两条疑母的资料：
> 车遮入声作去声：○拽(喻四)噎谒(影)叶(喻四)烨(喻三)○业邺额(疑)
>
> 萧豪入声作去声：○岳乐(疑)药(喻四)约(影)跃钥瀹(喻四)……○虐疟(疑)

陆氏认为"这断不是偶然的错失",并且引用八思巴字的译音来证明,他说：

> 我不明白这几个ŋI-字何以犹能保存疑母。八思巴音还有"牛宜义议仪沂严言"等字也没有失去ŋ,理由也不能明了。

到董同龢先生(1954:26—27)把上述疑母字确有对立现象的例子合在一起,认为江阳去声"酿仰"之间的圆圈,以及车遮入声作去声"拽噎"等字与"业邺额"之间的圆圈都是传抄误添的,另外歌戈韵上声"妸"跟"我"的对立是介音的不同,前者读o,后者读uo。只有萧豪韵"傲鏊鳌"与"奥懊澳"的对立表示ŋ跟无声母的不同。他说：

> 无论古今,凡ŋ-与O-分的,ŋ-总不会单单存在于某一个韵母之前。就《中原音韵》说,实在可以解释为ŋ-与O-分列的只有萧豪韵一个例。那么我们也可以假定那是周德清受自己方言的影响,偶然遗漏未并的。

董先生认为有两个圆圈是误加的,理由并不充分,可是他提到周德清的方言却是值得注意的事。

薛凤生(Hsueh 1976:46—49)从语音演变的规则性来看,大致支持董先生的看法,也认为那两个圆圈是误加的。因为从整个疑母字的演变来看,疑母三等字在《中原音韵》一律变为无声母,只有

"业邺额"是例外,中古音中跟它们对当的平声字"严"在《中原音韵》廉纤韵中已经跟"盐(喻四)炎(喻三)阎檐(喻四)"等字同属一个圆圈,读为无声母了。"业"等三字应该也和"拽噎"等字同音,所以其间的圆圈是误加的。

另外,在萧豪歌戈两韵有下列现象:

萧豪入声作去声:岳乐(疑)药(喻四)约(影)跃钥瀹(喻四)……○虐疟(疑)

歌戈入声作去声:岳乐药① 约跃钥……○虐疟

薛氏认为"虐疟"二字的声母国语读 n-,如果假设《中原音韵》也读 n-,那么这两条资料所显示的声母差异就可以解释了。"虐疟"二字中古属宕摄,同摄相当的上、去声字也该有相同的演变。因此"仰酿"应该同音,中间的圆圈自然也是误加的。

薛氏跟董先生的解释大同小异,不同点是他认为"傲、奥"以及"我、婀"的对立表示"傲、我"等字确有声母 ŋ。理由是中古效果两摄一等韵的元音至《中原音韵》时代保持未变,在这种元音之前,ŋ 声母得以保存。

我觉得薛氏的理由仍然不够充分,同摄平上去和入声的字,固然大体都有相对当的演变方向,但是并没有必然性,"严盐"无别,未必"业拽"就同音,恐怕不能藉此肯定校勘上的错误。

现在给以上各家的看法作一个总结,可以说,在《中原音韵》里绝大部分来自疑母的字已经失去原有的声母 ŋ-,但有一小部分字可以认为 ŋ- 仍然保留。这一小部分在演变上难以解释,有人不加注意,有人认为不能了解,有人认为是校勘问题。

在提出个人的看法以前,先把《中原音韵》中各家认为有疑母

---

① "药"字铁琴铜剑楼本作"乐",据啸余谱本校改,见杨家骆 1964:269。

存在迹象的资料重新排列如下：

江阳上声：○养痒(喻四)鞅(影)……○仰(疑)

去声：○养羕炀漾样(喻四)怏䀝(影)漾恙(喻四)……○酿(泥)○仰(疑)

萧豪去声：○傲奡䛭(疑)……○奥懊澳(影)

入声作去声：○岳乐(疑)药(喻四)约(影)跃钥瀹(喻四)……○虐疟(疑)

歌戈上声：○婀(影)……○我(疑)

入声作去声：○岳乐药约跃钥……○虐疟

车遮入声作去声：○捏聂蹑镊(泥)啮臬蘖(疑)……○拽(喻四)噎谒(影)叶(喻四)烨(喻三)○业邺额(疑)

这些有问题的疑母字从来源看可以分成两类：

疑母一等：傲奡䛭，我。

疑母三等：仰，虐疟，业邺额。

我的原则是不怀疑《中原音韵》有误加的圆圈。因为，第一、对于这些字的分圈排列各本没有不同；第二、从误抄的可能性上设想，认为圆圈是误加的，总是难以肯定。

现在我想增加一种资料，试从董先生所提出的方言现象来重作衡量。这一资料就是《中原音韵》书后所附、周德清自己所作的《中原音韵》"正语作词起例"。这是周氏解释他编著《中原音韵》一书的凡例，其中有一条说：

一、依后项呼吸之法，庶无之知不辨、王杨不分、及诸方语之病矣！

东钟　宗有踪　松有鬆　龙有笼　浓有脓　陇有㹁
送有讼　从有综　江阳　…………

他特别提出这一条来说明各种音韵上一般难以分辨的问题，避免说方言的人把字音读错。如果《中原音韵》里各韵部之中对于声母的分类可能有周氏自己方言的痕迹,那么在这一部分资料里应该是比较标准的"中原音"。在十九个韵部之下,分别举出许多语音对比的例子,共二百四十一条,其中有两条各本残缺①,因此总共举出四百七十八个语音对比的字。关于这些语音对比的讨论详见下文,这里先提出跟ŋ声母有关的几条来讨论:

1. (1)吴有胡,(2)捱有艾,(3)完有岏,(4)鹅有讹,(5)爷有衙,也有雅;

2. (6)银有嬴,(7)年有妍,(8)吟有寅。

前一类是疑母一二等字,后一类是三四等字。现在分别检看:

(1)"吴有胡"见于鱼模韵部分。鱼模韵共有八组语音对比,现在加上董先生的拟音②,分行排列,以便观察。(声调与讨论无关,故省去。)

苏 su　粗 ts'u　吴 u?　狙 tsu　祖 tsu　橹 lu　素 su　措 ts'u

疏 ʃu　初 tʃ'u　胡 xu　雏 tʃ'u　阻 tʃu　弩 nu　数 ʃu　助 tʃu

语音对比最理想的办法是列出最小对比,就是字音的其他部分都相同,只有一点差异,也就是这一点差异区别两字的不同。现在从上下两行的对比,可以轻易地看出周氏是要说明声母的差异。最后的一组"措有助",除发音部位以外,尚有送气的不同,主要原因

---

① 监咸韵之下有两条各本完全残缺,杨家骆校勘记补作"监有间,三有册",既非原文,本文不加引用。

② 各家的拟音大同小异,尤其对于声母部分,除去ŋ以外,差不多都一样。现在用董先生的拟音,一方面因为音系简单清楚,易于了解,不要多加解释;另一方面因为有刘德智的音注《中原音韵》,翻检甚便。

是同韵之中没有读 tʃʻu 的字,只好找一个最相近的字来对比。"吴有胡"所显示的差异究竟是 u 跟 xu,还是 ŋu 跟 xu 呢?从现在北方官话方言中"吴"字从不读 ŋu 的情形来推测,可能是 u 跟 xu 的不同。可惜没有其他的证据,这个推测缺乏有力的支持。

(2)"捱有艾"的对比表面看来似乎没有帮助,因为两个都是疑母字。但是在皆来韵去声中,两字排列的情形是:

〇艾(疑)爱噫餲(影)〇捱(疑)隘阨搕(影)

根本都与影母字合流了。可见"艾捱"已经失去了 ŋ 母,变成无声母的字,对比是表示韵母的不同[①]。

(3)"完有岏"的岏是错字,各本都一样,但是《中原音韵》中两字同音,不可能作为语音的对比。检看所有桓欢韵对比的例子:

完 on　官 kon　慢 man　患 xuan　惯 kuan

岏 on　关 kuan　幔 mon　缓 xon　贯 kon[②]

具有 on 韵母的是桓欢韵的字,对比的另一部分全都是寒山韵的合口字[③]。我们可以合理地推测,跟"完"对比的也应该是寒山韵的合口字,那么只有一个可能,就是"顽"字,"顽"又可以写作"玩",很可能"岏"就是"玩"字之误。由于桓欢韵中有下列现象:

桓欢阳平:〇丸(匣)刓岏(疑)绾纨完瓛(匣)岏(疑)

去声:〇翫玩(疑)腕惋(影)

疑匣,疑影已经合流,"丸完腕惋"等字各方言都没有变成 ŋ- 的现象,可见这些字都已经跟国语一样,属于无声母字了。那么"完"与"玩"的对比一定表示 on 跟 uan 的不同,"玩"字自然也不会具有 ŋ

[①] 照董先生的拟音,捱是 iai,艾是 ai。详见下文第六节的讨论。

[②] "贯"字铁琴铜剑楼本作"贲",此据杨氏校勘记改。

[③] 按董先生的系统,慢字例外,因为是唇音声母。但是仍然可能读 muan,见薛1976:88。

声母。读去声的"玩",跟"腕"同音也是有力的证据。

(4)"鹅有讹"这一条关系重大,因为上文提到歌戈韵中"妸我"的对比,薛凤生就认为"我"是《中原音韵》中保存 ŋ 声母的二例之一,而"鹅"跟"我"正是对当的平上声,薛氏(1976:79)都拟作 ŋo。现在先看歌戈韵全部的对比:

　　　鹅 o?　　和 xuo　过 kuo　薄 po
　　　讹 uo?　　何 xo　　个 ko　　箔 po

除去"薄箔"二字同音,原因不明以外①,其他各字都是表示歌戈韵本部之中韵母开合的不同。"鹅、讹"两字都来自疑母,如有 ŋ-,则在此一对比中两者都该有;如没有 ŋ-,则两者也该一致没有,绝不可能一个是 ŋo,而另一个是 uo。这一点对于薛凤生的论点很不利,上文提到他认为 ŋ- 只在效果两摄一等元音之前保存,而"讹"是合口字,有合口介音,不在他的条件之内,因此他拟为 wo,同时认为阴平的"窝",去声的"卧"都是 wo,跟"鹅我饿"拟成 ŋo 的声母不同(薛 1976:79)。现在我们知道"鹅讹"的声母相同,他的规则就不合适了。跟"讹"相当的去声"卧"(疑)已跟"涴"(影)字同音,而影母字没有人认为读 ŋ- 的,"卧涴"大概都是无声母字。"讹"字是"卧"的平声,声韵完全相当,极可能也读无声母,那么类推下来,"鹅"字也就没有声母了。

(5)"爷有衙,也有雅"这两条都见于车遮韵:

　　　爷 ie　　也 ie　　夜 ie
　　　衙 ia　　雅 ia　　亚 ia

"爷也夜"三字都是喻四等字,在《中原音韵》时代没有声母。"亚"

---

① 薄字国语有 po˧˥,pau˧˥ 两读,也许《中原音韵》时代情形类似,周氏用后来读 pau˧˥ 的白话音(《中原音韵》也许读 puo)跟"箔"字对比。

是影母字,当时也没有声母。这样对比之下,可见疑母的"衙、雅"二字也不可能有声母,换句话说,不可能读 ŋia,否则就不成为最小对比了。

(6)"银有嬴"指出真文跟庚青的不同,周氏明说真文与庚青有别,并列出六十一组对比,例如:

真 tʃiən　因 iən　欣 xiən　宾 piən　邻 liən　贫 p'iən
民 miən　尘 tʃ'iən

贞 tʃiəŋ　英 iəŋ　兴 xiəŋ　冰 piəŋ　灵 liəŋ　平 p'iəŋ
明 miəŋ　成 tʃ'iəŋ

各组对比的不同只有韵尾,那么"银嬴"的不同也应该只有韵尾,嬴是喻四等的字,同时"银"又与喻四的"寅夤"同音,可见"银"字没有 ŋ- 声母。

(7)"年有妍"见于先天韵,因为"妍"是疑母字,表面上看来很像是声母 n- 和 ŋ- 的不同,其实"妍"字在《中原音韵》中,已经跟喻四的"延筵鋋蜒蜓缘沿"和影母的"焉"字同音,都读为无声母了。周德清用这一对字组可能显示方言中"妍"字颇有跟"年"字发音相近或相同的,而《中原音韵》的读法却大有差异。董先生的拟音是:年 nien;妍 ien。

(8)"吟有寅"跟上一条类似,是表明收 -m 的侵寻韵跟收 -n 的真文韵不同。周氏所举五十几条对比都显示韵尾的差异。"寅"字既是喻四等字,读无声母,疑母的"吟"又与喻四的"淫霪"等字同音,自然"吟"字也没有 ŋ 声母。

根据以上八条的讨论,可以看出周德清在特别举出语音对比时,无论是疑母的一二等字,或三四等字,都已经失去 ŋ- 声母了。再回头看上文所说《中原音韵》可能有 ŋ- 痕迹的几个字,疑母一等字有"傲奡鳌"和"我",三等字有"仰"、"虐疟"和"业邺额"。这些字的情形并不一致。先说"我"字：

上文讨论"鹅讹"的问题时，已经说明两字声母一定相同，歌戈韵中相关各字的关系大致如下：

	阴　平	阳　平	上　声	去　声
开口：o	阿疴(影)	哦① 蛾娥峨莪鹅俄(疑)	妸(影)	饿(疑)
合口：uo	窝涡倭踒(影)	讹𨖴(疑)		卧(疑)涴(影)
可疑			我(疑)	

从合口的情形看来，各字都没有 ŋ 声母。而合口的"讹"跟"鹅(峨)"声母一定相同，可见开口部分也没有 ŋ 声母。可疑的"我"真成为问题了！从"鹅、我、饿"相当的平上去声来看，应该也读为o，可是已经有一个读o的"妸"字，跟"我"并不同音。现在只剩下两个可能的解释：一个就是董先生的办法，认为"我"字在《中原音韵》时代已跟国语一样变为合口，正好可以填进上声 uo 的空缺，另一个可能是"我"字仍然保留 ŋ 声母，读 ŋo，是《中原音韵》中的例外读法。

其次再说"虐疟"二字，它们跟读无声母的"岳乐药约"等字分列；但同韵入声作去声之中并没有读 n- 声母的字，所以"虐疟"的读音也有两个可能，一个是董先生的办法，把声母拟成 n-；另一个是保存 ŋ- 声母，属于例外。由于这两个字出现于萧豪、歌戈两韵，如果是周氏的疏忽，不大可能重复两次，因此令人倾向于相信"虐疟"两字在当时已读为 n- 声母。

---

① 有的本子作"哦"。此据铁琴铜剑楼本。

最后,还有三组情形类似的字"傲奡鳌"、"仰"和"业邺额"同时都跟无声母及 n- 声母的字分列,只好承认是读 ŋ- 声母的例外。这种例外又是怎么产生的呢?我以为最大的可能是周德清受了自己方言的影响。

周德清的籍贯是江西高安(今江西南昌县西南),他的方言跟现在的南昌方言可能大致接近。在南昌方言中[①],相关各字的读音如下:

傲 ŋau²:奥 ŋau⁾
仰⸌ ȵioŋ:养⸌ ioŋ:(酿 ȵioŋ⁾?)[②]
业 ȵiɛt;额 ȵiɛt:叶噎谒 iɛt:捏聂臬孽 ȵiɛt
我 ŋo:婀?
疟:ȵioʔ[③]:约药 ioʔ

我们可以清楚地看到:这几个有问题的疑母字在南昌方言中不是读 ŋ-,就是读 ȵ-,没有一个字是读无声母的。如果《中原音韵》中偶尔露出周德清的方言痕迹,保留几个少数的字读 ŋ- 或读 -ȵ,是非常可能的事。当然完全从南昌方言的角度来看,傲奥、仰酿、业捏分别同音,跟《中原音韵》的情形并不相同,但我们并不是要以周德清的方言来解释所有现象,只是看一看《中原音韵》中的例外字周氏可能读什么音?正好读的就是《中原音韵》系统中所没有的 ŋ- 或 ȵ-。毕竟从周氏的时代到现在有六百多年的距离,他的方言跟南昌方言想来必有若干差异。我们还敢于把《中原音韵》中可疑的 ŋ- 母的问题用周氏的方言来解释,用南昌方言来印证,主要的

---

① 南昌方言的资料主要根据杨时逢 1969 及袁家骅 1960 第七章。
② 南昌方言的音系中没有 n- 声母,中古泥母三四等字一律读 ȵ,因此推测"酿"读为 ȵioŋ⁾。
③ 杨氏记音中的入声韵尾 -ʔ,袁氏全记为 -k。

理由有二：第一，现在我们所知的江西全省方言调查的资料虽然有限，但是就已发表的而言，在杨时逢先生《江西方言声调的调类》一文中，除南昌以外，有四十四处零星的材料。其中疑母字读 ŋ-，ȵ 或 n- 的有三十五处，六处没有例字，两处不一致，或读 ŋ 或读无声母，一处读 v-。没有一个地方是完全读无声母的。第二，《中原音韵》中不得不承认有 ŋ- 母的存在，从演变及周氏所举的语音对比看来，绝对是极少数的例外。我们从周氏方言的角度来解释，是很合乎情理的事，因此就不需要再给《中原音韵》的音系中加上不必要的声母 ŋ- 了①。

三、乔吉方言中的江阳韵与萧豪韵

乔吉（？—1345）是江西太原人，《全元散曲》中著录他的中吕《满庭芳》《渔父词》二十首，韵字分属十八个韵部，没有寒山韵，但是江阳、萧豪二韵各两见。二十首小令用韵的次序是：

1. 东钟　2. 江阳　3. 齐微　4. 鱼模　5. 支思　6. 皆来
7. 真文　8. 桓欢　9. 先天　10. 萧豪　11. 萧豪　12. 歌戈
13. 家麻　14. 车遮　15. 江阳　16. 庚青　17. 尤侯　18. 侵寻
19. 廉纤　20. 监咸

跟周德清《中原音韵》韵部的次序相比，大体都一致，《中原音韵》的次序是：

---

① 陆志韦（1946：45）曾提出八思巴字注音的材料中有 ŋ- 的存在，但是跟《中原音韵》的情形并不一致。最近郑再发研究八思巴文标注的《蒙古字韵》，也指出《蒙古字韵》中的 ŋ- 一部分相当于《中原音韵》的 ŋ-，一部分则相当于无声母（Cheng 1976：83），但是却没有说明对当的条件。我们知道北方官话的方言中 ŋ- 声母的出现颇不一致，《蒙古字韵》与《中原音韵》所代表的不会是同一种方言，《蒙古字韵》还保留入声就是最显著的差异。

1. 东钟　2. 江阳　3. 支思　4. 齐微　5. 鱼模　6. 皆来
7. 真文　8. 寒山　9. 桓欢　10. 先天　11. 萧豪　12. 歌戈
13. 家麻　14. 车遮　15. 庚青　16. 尤侯　17. 侵寻　18. 监咸
19. 廉纤

除去些微的出入以外，两者之间的类似是很清楚的。乔吉跟周德清是同时的人，我们可以推测，乔吉很可能见到周氏所编的《中原音韵》。现在的问题是乔吉写《渔父词》何以独独不用寒山韵？何以两用江阳、萧豪二韵？前一个问题找不出答案[①]；后一个问题值得细想，也许乔氏只是为凑足二十首的成数，随意为之；但也有故意如此做的可能，为了表示他对区分韵部的意见跟周德清不同，或者表示他的方言与"中原音"有异。要证实这种猜想，首先就要看一看四首小令用韵的情形：（韵字下加点标示。）

江阳：2. 湘江汉江，山川第一，景物无双。呼儿盉洗生珠蚌，有酒盈缸。争人我心都纳降，和伊吾歌不成腔。船初桩，芙蓉对港，和月倚蓬窗。（579页）[②]

15. 江天晚凉，一滩蓼沙，十里莲塘。酒缸盛酒船头上，有几个渔郎，云锦机纤作成醉乡，绮罗丛排办出沧浪。杯盘放，鲈鱼味长，甜似大官羊。（581页）

萧豪：10. 扁舟最小，纶巾蒲扇，酒瓮诗瓢，樵青拍手渔童笑，回首金焦，箬笠底风云飘缈，钓竿头活计萧条。船轻棹，一江夜潮，明月卧吹箫。（580页）

11. 纶竿送老，酒笤绿蚁，蟹擘红膏。兴来自把船儿棹，万顷云涛，风月养吾生老饕，江湖歌楚客离骚，溪童道，

[①] 一个可能的缘故是乔吉为了某种原因避讳，可惜关于他家世的资料不足，无从查考。同时在他别的小令里仍有押寒山韵的例子，避讳的理由并不充分。

[②] 加注的号码是粹文堂《全元散曲》的页码，以便检索。

蓑衣是草,不换锦宫袍。(581页)
(一) 先说江阳韵的两首。把韵字挑出来,就很容易看出两首之间的区别:
  2. 江双蚌缸降腔桩港窗
  15. 凉塘上郎乡浪放长羊

原来第二首的韵脚用的全是《广韵》江韵的字;而第十五首则是《广韵》阳唐两韵的字。这会不会是偶然的现象呢？我们就把乔吉全部作品中的江阳韵字检查一遍:

 1. 全用江韵字的小令,除上述的《渔父词》以外,其他一首也没有。

 2. 全用阳唐韵的:
  中吕《朝天子》,歌者簪山橘:囊黄酿霜帐上凉将尝样(578页)
  越调《凭栏人》,春思:傍凉肠香(594页)
  又香桦:肠香场光(595页)
  双调《折桂令》,毗陵张师明席上赠歌妓周氏宜者:妆常香娘郎舫黄(606页)
  双调《水仙子》,钉鞡儿:香黄上响凉凰莺(614页)
  又楚仪赠香囊赋以报之:囊凉荡装郎放藏香(617页)
  又寻梅:庄霜上香裳肠黄(622页)
  又吴姬:床妆上香黄浆凉(625页)

 3. 合用江阳唐韵的。(加点的是江韵字)
  双调《水仙子》,赠孙梅哥:妆腔上香黄帐堂窗(627页)

九首小令之中有八首全用阳唐韵字,不杂一个江韵字,可见从《广韵》阳唐韵和江韵来的字在乔氏的感觉里有某种分别,同时也可以反衬《渔父词》中第二首全用江韵字作韵脚,绝非偶然。

在中古音韵里,江韵是二等韵,阳是三等,唐是一等。到《中原音韵》之中,江韵字跟阳唐韵就合流了,例如:

　　⊆pʻaŋ:傍旁(唐)庞(江)

　　⊆maŋ:忙茫邙芒(唐)铓(阳)厖狵駹(江)

　　⊆tʃʻuaŋ:牕(窗)(江)㡽(阳)

　　⊆kiaŋ:姜(阳)、江(江)、薑(阳)

乔吉用江韵字单独押韵,跟阳唐韵有什么区别呢？我想有两种可能:第一,从江韵来的字到《中原音韵》时代具有某种介音,使得乔氏一方面觉得可以跟阳唐韵通押,如上举第3类三韵合用的例子;另一方面又觉得应当单独分开。第二,从江韵来的字在乔吉的方言里具有某种不同于阳唐韵字的主要元音,因此他倾向于把江韵字独立起来。要判别这两种可能,牵涉到江阳韵的内涵,以及系统上中古音二等韵到《中原音韵》时代的演变。

第一个可能在表现上看来很合理,只要假定来自《广韵》的江韵字有一个特殊的介音就可以解释了。但是在《中原音韵》本身看来,从江韵来的字已经跟从阳唐韵来的字合流。例如上面所举的江(江)与姜薑(阳)同音;庞(江)与傍旁(唐)同音等,不可能说江韵字有特殊介音。退一步推想,也许乔吉的方言如此,实际上仍有困难。因为乔氏只在江阳韵把从二等来的字独立,其他中古大部分的二等韵都已跟三等韵或一等韵合流,乔氏并没有分开。如果二等字有特殊介音,这是音韵系统上的现象,不应该只有江阳韵保存。在还有其他可能解释的时候,不必采取例外的处理。那么比较适合的解释就只有上述的第二个可能了。也就是说,在乔氏的方言里,从江韵来的字具有比较特别的元音,跟阳唐韵的字不同,也许类似中古音中江摄和宕摄的差异①,所以他才会把《中原音韵》的江阳韵分成两部分,写了两首《渔父词》。

(二) 现在再看萧豪韵的两首,韵字如下:

　　10．小瓢笑焦纱条棹潮萧
　　11．老膏棹涛饕骚道草袍

除去加点的"棹"字以外,第十首用的都是《广韵》宵萧二韵的字②;而第十一首则全是《广韵》豪韵的字,只有肴韵的"棹"字两见。这两个现象都值得分析,豪韵字与宵萧的不同在于介音,两者分押,是否表示其他的差别?肴韵字两押,是否透露语音上的消息?萧豪韵在《中原音韵》里是一个特殊的韵部,因为这一韵里有三重对比的现象,例如:

　　〇标膘膘镳杓飑③(宵)……〇包胞苞(肴)……〇褒(豪)
　　〇娇骄(宵)……〇交蛟咬郊茭鲛胶教(肴)……〇高篙膏羔糕槔皋獒鳌(豪)

正是一等豪,二等肴跟三等宵的对比,宵萧同音,三四等已合流。董先生(1954:30—31)跟薛凤生(1976:76—77)的拟音都很特别:

例字	一等豪		二等肴		三等宵	
	褒	高	包	交	标	娇
董拟音	pɑu	kɑu	pau	kau	piau	kiau
薛拟音	pwow	kow	pwaw	kyaw	pyew	kyew

---

　　① 由于资料不足,不敢讨论拟音的问题。董先生(1954:57,63)把中古江韵拟为-ɔŋ,唐韵拟为 -ɑŋ,阳韵拟为 -jɑŋ,可以作为参考。
　　② 其中有一个"纱"字不见于《广韵》、《集韵》,《古今韵会举要》音与"眇"同,并引《文选》木玄虚《海赋》"神仙缥纱,殣玉清涯"。今影印古迂书院刊本《六臣注文选》,则作"群仙缥眇,餐玉清涯",纱字作眇。今音亦相同,故纱当与眇同音,在小韵。
　　③ "膘镳"二字铁琴铜剑楼本作"腰嫖",据啸余谱本校正,见杨家骆 1964:269。

在同一个萧豪韵里,董氏拟测两种主要元音,薛氏拟测三种,实在是令人难以同意的事。二等介音方面,董先生没有,薛氏认为"交"字有 y 介音(等于 i),为国语"交娇"同音铺路。现在乔吉的用韵有没有帮助解决这个问题的可能?当然也要看一看所有乔氏用萧豪韵的例子,以下分别用不同的符号标出原属于《广韵》豪肴宵萧的字:

  双调《折桂令》、雨窗寄刘梦鸾赴燕以侑樽云:潇瓢膘了著皋潮① (597 页)

  又,劝妓者:臊标苗毛小巢熬胶(605 页)

  双调《清江引》、笑靥儿:小貌娇俏了(612 页)

  又,娇貌俏了(612 页)

  双调《水仙子》、嘲人爱姬为人所夺:交巢钞高著了胙(618 页)

  又,乐清萧台:箫桃灶老鹤高乔② (623 页)

  双调《卖花声》、太平吴氏楼会集:笑娇销小调少(623 页)

  仙吕《赏花时》、风情:桃箫交约瞧。杓胶遭倒消。套着交毛豪朝逃缚弱锹③。(635 页)

这里所显示的情形跟江阳韵的情形大不同,从《广韵》豪肴宵萧四韵来的字都可以自由通押。但是《渔父词》中一首连用八个宵萧韵字;一首连用八个豪韵字,恐怕仍旧不是偶然现象,不过,豪韵与宵

---

  ① "著"字见于《广韵》三等药韵,《中原音韵》为入声作平声。
  ② "鹤"字见于《广韵》一等铎韵,《中原音韵》为入声作平声。
  ③ "约缚弱"三字皆见于《广韵》三等药韵,《中原音韵》缚为入声作平声,约弱为入声作去声。"杓"字《广韵》有四读,按句中文意推测,合于三等药韵市若切一读,《中原音韵》为入声作平声。"瞧"字不见于《广韵》、《集韵》。

萧韵的分用大概只是语音性的区别,不会是主要元音的不同。最可能的解释,就是乔吉由于三等介音的关系,觉得从豪韵来的字没有介音,跟从宵韵来的有 -i- 介音的字有微细的不同。在他仔细分辨的时候可以分开,一般情形之下则可以自由通押。因此,我们可以推论,如果这两类的字拟成不同的主要元音,如董薛二家的办法,恐怕不大合适。我个人的看法认为一等字可能是 au,三等字可能是 iau。何以没有 au 跟 ɑu 的分别呢? 从二等肴韵来的字又如何拟测呢? 这就牵涉到"桌"字的问题了。

"桌"字是二等肴韵去声字,乔吉既用它跟一等豪韵字押韵,又用它跟三等宵韵字押韵。合理的猜想是从二等来的字有一种介音,使"桌"字能够两押。假定这个介音是 e 的话,那么萧豪韵就有以下三种韵母:

原豪韵字 au:原肴韵字 eau:原宵萧韵字 iau

这种拟音有两个可批评的地方:第一,二等介音在音系中有没有系统性? 上文讨论江阳韵时注意系统问题,不敢拟测二等介音,何以这里就不考虑同样的理由? 第二,只有一个"桌"字两押的现象,是否能据以讨论全部从二等肴韵来的字? 这两点可以一起讨论。《中原音韵》中收 -u 尾的韵部只有萧宵、尤侯两韵,尤侯没有三种语音对比的现象,只有萧宵才有,这种对比在全书之中也是独一无二的。因此拟测一个特殊介音不影响其他各韵,不会引起系统问题。从上文所引董薛两家的拟音看来,在萧豪一个韵部之中出现两个或三个主要元音,不合一般押韵的现象[①];现在从介音的角度提出新的一组拟音来,在解释上似乎要合理一点,那

---

① 国语中 an, ian, uan, yan 的字一起押韵,尽管有语音性的不同,我们以音位标写时,仍然只用一个主要元音 a,这也就是国语注音符号用ㄢ代表 an 的道理。

么即使没有新的资料,就《中原音韵》本身而言,也有重新分析的意义。"棹"字在这里正好有指示的作用,因为它的韵母如果是 eau,正好介于 au 和 iau 之间,很有两押的可能。至于这一个字是不是绝对能代表所有从二等肴韵来的字,反而不成为主要的问题了。

以上讨论乔吉《渔父词》中的押韵现象,江阳韵的两首我认为是他自己方言的元音问题;萧豪韵的两首可能是他的方言,也可能是《中原音韵》本身的问题。这一点也不重要,因为即使是他方言的现象,我已经利用这个线索应用到《中原音韵》萧豪韵的拟音上了。乔吉是太原人,可惜我们对他的详细经历不大清楚,不知道他确实说哪一种方言,现在的太原方言从江韵及阳唐韵来的字已经没有区别的痕迹了。(参见《汉语方音字汇》页 222—240)。

四、汪元亨方言中的齐微韵

汪元亨[①],号云林,江西饶州人(饶州原辖今鄱阳等七县),仕于浙江,后徙居常熟,元顺帝至正年间(1341—1369)在世。他总共写了一百首小令,《录鬼簿续编》说他有《归田录》百篇行世,现在的《云林小令》正好一百篇,《全元散曲》的编者认为可能就是全部的《归田录》。这一百篇小令分为五组,每一组各有二十首。除去第一组正宫醉太平、警世的二十首之中,有十三首用车遮韵,两首用齐微韵,另外鱼模、支思、萧豪、桓欢、东钟各一首以外,其余四组各

---

① 《录鬼簿续编》作汪元亨,此据《全元散曲》。

有二十首,韵字分用十九个韵部,次序不定①,只有齐微韵在四组之中都各分用两次,非常特别。其他韵部各有一首,何以齐微韵老是写两首?我们不能不认为汪氏有语音上的理由。现在先把资料抄录如下:

中吕《朝天子》、归隐

3. 住茅舍竹篱,穿芒鞋布衣,啖薖食藜羹味。两轮日月走东西,搬今古兴和废。蕙帐低垂,柴门深闭,大斋时犹未起。叹苏卿牧羝,笑刘琨听鸡,睡不足三竿日。(1380页)

8. 朱颜去不回,白发来暗催,黄金尽将时背。穷居野处保无危,俯仰心无愧。秋菊宜餐,春兰堪佩,度流光如逝水。高阳池举杯,灞陵桥探梅,傲杀王侯贵。(1381页)

双调《沈醉东风》、归田

6. 籴陈稻舂细米,采生蔬熟做酸虀。凤栖杀鳳莫飞②,龙卧死虎休起。不为官那场伶俐,槿树花攒绣短篱,到胜似门排短戟。(1384页)

7. 口消镕龙肝凤髓,眼开除蠎首蛾眉。转羊肠世路难,掩葱叶时光脆,筑板墙物理轮回,厌断红尘拂袖归,饱玩些青山绿水。(1384页)

双调《折桂令》、归隐

4. 望南山归去来兮,怕世态炎凉,人面高低。跨百尺长鲸,逐双飞彩凤,通一点灵犀。驾高车乘驷马吃跌怎起,啗肥羊饮法酒伤了难医。茅舍疏篱,稚子山妻,无辱无荣,快乐便

---

① 只有最后一组用韵次序比较接近《中原音韵》,从东钟、江阳开始,第三四首用齐微,第五首用支思,第六首到第十八首用鱼模至侵寻,整齐不差,最后先用廉纤,再用监咸。

② 本句末字有时不是韵脚,这里因为用上三下三的对仗,所以成为韵脚。

6．厌红尘拂袖而归，为丘壑情浓，名利心灰。看山对青螺，谈玄挥麈，换酒金龟。鄙高位羊质虎皮，见非辜兔死狐悲。杖屦徘徊，猿鹤追随，俗客休来，径路无媒。(1387页)
双调《雁儿落》、过得胜令、归隐

　　3．山翁醉似泥，村酒甜如蜜，追思莼与鲈，拨置名和利。鸡鹜乱争食，鹬蚌任相持。风雪双蓬鬓，乾坤一布衣，驱驰，尘事多兴废，依栖，云林少是非。(1392页)

　　4．词林锦绣堆，歌管莺花队，青春逼后生，白发催先辈。逝景正堪悲，往事已难追，去国笼双袖，还家纵两眉，回思①，冠冕为身累，知机，云山与世违。(1392页)

在四组之中，从次序看，前一首是一类，后一首是另一类。用系联韵字的办法，也可以得出同样的结果。每一组的前一首可以用"衣、起"两字系联为一类；后一首可以用"水、归、悲"三字系联为另一类。现在就把韵字分成两类，加上董薛两家的拟音②，排列如下：(调类符号也一律省去)

第一类：例字	篱	衣	味	西	废
董氏拟音	li	i	vei	si	fei
薛氏拟音	lyɨy	yɨy	vwɨy	syɨy	fwɨy

---

①　"思"字出韵，从文意看，疑"回思"为"思回"之误，可惜《全元散曲》及《雍熙乐府》均作"回思"。讨论韵字拟音时只好不列。

②　对于薛凤生的拟音，有两点要加以说明：第一、许多声母跟董氏拟音不同的地方只是写法的差异而已；第二、薛氏的系统是极端音位化的结果，因此他没有简单的 i 跟 u，在写法上看起来音节很长。

例　字	垂	闭	起	羝	鸡
董氏拟音	tʃʻuei	pi	kʻi	ti①	ki
薛氏拟音	crhwɨy	pyɨy	khyɨy	tyɨy	kyɨy

例　字	日	米	韲	飞	俐
董氏拟音	ʒi	mi	tsi	fei	li
薛氏拟音	ryɨy	myɨy	cyɨy	fwɨy	lyɨy

例　字	戟	兮	低	犀	医
董氏拟音	ki	xi	ti	si	i
薛氏拟音	kyɨy	hyɨy	tyɨy	syɨy	yɨy

例　字	妻	宜	泥	蜜	利
董氏拟音	tsʻi	i	ni	mi	li
薛氏拟音	chyɨy	yɨy	nyɨy	mwɨy	lyɨy

例　字	食	持	驰	栖	非
董氏拟音	ʃi	tʃʻi	tʃʻi	tsʻi	fei
薛氏拟音	sryɨy	crhyɨy	crhyɨy	chyɨy	fwɨy

第二类：例字	回	催	背	危	愧
董氏拟音	xuei	tsʻuei	pei	uei	kʻuei
薛氏拟音	hwɨy	chwɨy	pwɨy	wɨy	khwɨy

例　字	佩	水	杯	梅	贵
董氏拟音	pʻei	ʃuei	pei	mei	kuei
薛氏拟音	phwɨy	srwɨy	pwɨy	mwɨy	kwɨy

---

① "羝"字不见于《中原音韵》，《广韵》在齐韵，与"低"字同音。

例　字	髓	眉	脆	回	归
董氏拟音	suei	mei	ts'uei	xuei	kuei
薛氏拟音	swɨy	mwɨy	chwɨy	hwɨy	kwɨy

例　字	灰	龟	皮	悲	徊
董氏拟音	xuei	kuei	p'ei	pei	xuei
薛氏拟音	hwɨy	kwɨy	phwɨy	pwɨy	hwɨy

例　字	随	媒	堆	队	辈
董氏拟音	suei	mei	tuei	tuei	pei
薛氏拟音	swɨy	mwɨy	twɨy	twɨy	pwɨy

例　字	追	累	机	违
董氏拟音	tʃuei	luei	ki	uei
薛氏拟音	crwɨy	lwɨy	kyɨy	wɨy

从董氏的拟音看来,汪元亨所分的两类韵字确有语音上的根据,大体上说,前一类是 i,后一类是 uei。但是有好几个相关的问题要解决:第一,何以第一类中也有几个韵母是 ei 的字? 第二,第二类中虽然大部分是 -uei 韵母,何以也有读 -ei 的字? 并且有一个"机"字读 ki? 第三,同一个韵部之中,董氏拟测 i、ei 两种韵母是否合适,汪元亨的用韵能不能提供重新拟音的线索? 现在一一加以检讨。

第一,第一类字绝大部分都是读 -i 的字,"垂"字的问题下文再说,其余读 -ei 的四个字是"昧、废、飞、非",全部都是唇齿音声母的字,三个是 f,一个是 v。我们知道齐微韵中只有一类唇齿音字,并没有对比的现象,如果把这些字改拟成 fi 跟 vi,在系统上毫无困难。在演变上,从《中原音韵》到国语,只要说明唇齿音声母之后的 -i 变成 -ei,也不会影响整个音系的演变。

第二，第二类中的"机"字下文再说，先看所有读 -ei 韵的字，总共九个：

背、佩、杯、梅、眉、皮、悲、媒、辈。

条件也很清楚，全部都是双唇声母的字。假如认为这些字的韵母都该改拟成 -uei 的话，在系统上也没有问题，薛氏的拟音中，唇音字就全部归入合口，从汪元亨押韵的情形看来，薛氏的办法比较合适。

第三，以上的讨论都是按照董氏的拟音加以修正的，其实，在一个韵部之中有 -i, -ei, -uei 三种韵母，并不是理想的办法，因为单元音 i, 跟复元音 ei 通常不能押韵。薛氏的办法是拟成 -iy、-yɨy 跟 -wɨy，从押韵的角度看来，反而和协。我想，另一个办法是把 i、uei 改拟成 -i、-ui 两个韵母，第一类字是 -i；第二类是 -ui。把 u 看作介音，就只有介音的不同，解释押韵比较合理。第一类中的"垂"字和第二类中的"机"字正显示两类大体可分而不能截然分开的现象。换句话说，细细审音，-i、-ui 有别，偶尔押韵也并无不可。上文曾经提到汪氏百篇小令的第一组之中也有两首用齐微韵的，现在拿来作为印证：

正宫《醉太平》、警世

14. 怪莺儿乱啼，惊蝶梦初回，正春风草满谢家池。睡酗酗鼻息，奕棋声敲上纱窗日，拽车声辗过香尘地，卖花声叫转花楼西，老先生未起。

15. 莫争高竞低，休说是谈非，此身不肯羡轻肥，且埋名隐迹。叹世人用尽千般计，笑时人倚尽十分势，看高人着尽一枰棋，老先生见机。

除去一个例字以外，两首中的韵字都属于第一类：

啼 ti, 回 xuei, 池 tʃ'i, 息 si, 日 ʒi, 地 ti, 西 si, 起 k'i。

低 ti, 非 fei, 肥 fei, 迹 tsi, 计 ki, 势 ʃi, 棋 k'i, 机 ki。如果把唇齿音的"非肥"二字改拟成 fi, 例外的只有"回"字, 跟上文所讨论的"垂机"二字的情形完全一样, 正是表示 -i 跟 -ui 还是可以押韵的。

在齐微韵中拟测 -i, -ui 两个韵母, 对所有原是舒声平、上、去的字而言都没有困难。因为舒声字中董先生在 -i, -uei 以外拟成 -ei 的只有双唇音和唇齿音声母的字, 现在把双唇音字改成 -ui, 唇齿音字改成 -i, 并没有冲突的地方。原来双唇音声母有对比的字, 如杯 pei：箆 pi, 彼 pei：比 pi 等, 就成为 pui 跟 pi 的不同了。只有入声派入三声的字尚有问题, 因为这一类字中也有一层对比：

笔北 pei：必毕跸筚碧壁璧鷩 pi
墨密 mei：觅蜜 mi

在系统上把 pei, mei 改成 pui, mui, 跟舒声字一样, 并无困难, 但是演变的条件就不好说明, 舒声的 pui, mui, 在国语中变 pei, mei, 如杯辈、梅眉等字；而入声来的 pui, mui 却要变成 pi, mi, 如笔、密等字。这个问题的核心在于国语是不是直接从《中原音韵》传下来的后裔, 我认为即使有传承关系, 也不能要求完全一致, 尤其入声字部分, 在《中原音韵》中所读的声调跟国语并不相同[①]。因此, 入声字的问题不应该影响这里的讨论。

汪元亨是江西人, 仕于浙江, 徙居常熟, 不知道他究竟说哪一种方言。其实对于本节的讨论而言, 汪氏说什么方言已无关宏旨, 我们已经根据他的押韵现象推论《中原音韵》齐微韵的拟音。即使他说方言, 这种方言所显示的韵字分类和《中原音韵》密切相关, 语音即使不同, 类别可能无异。在不影响大的间架之下, 也就可以利

---

① Stimson 1962b 认为国语中的入声字来源复杂, 要分成好几个层次。

用这种线索讨论《中原音韵》中韵字的类别，进一步拟测韵母。何况，他四组作品中各有十八首合于《中原音韵》的韵部，我们有理由相信他说的话跟当时关郑白马的语言相差不远。

五、结语

以上根据几种新的资料，试图分析跟《中原音韵》相关的几个方言现象，进而检讨《中原音韵》音系中 ŋ- 声母以及江阳、萧豪、齐微三韵韵母的拟音问题。其中 ŋ- 声母的有无是众说纷纭的老问题；三个韵部中韵母的重新拟测则完全是由乔吉、汪元亨用韵异常的现象引起的。现在看一看董先生（1954：27—34）跟薛凤生（1976：76—77, 116）给《中原音韵》十九个韵部所拟测的韵母系统：

韵部	董氏拟音	薛氏拟音
1. 东 钟	-uŋ, -iuŋ	-woŋ, -ywoŋ
2. 江 阳	-aŋ, -iaŋ, -uaŋ	-aŋ, -yaŋ, -waŋ
3. 支 思	-ï	-ɨ
4. 齐 微	-i, -ei, -uei	-iy, -yiy, -wiy
5. 鱼 模	-u, -iu	-wɨ, -ywɨ
6. 皆 来	-ai, -iai, -uai	-ay, -yay, -way
7. 真 文	-ən, -iən, -uən, -yən	-ɨn, -yɨn, -wɨn, -ywɨn
8. 寒 山	-an, -ian, -uan	-an, -yan, -wan
9. 桓 欢	-on	-won
10. 先 天	-ien, -yen	-yen, -ywen
11. 萧 豪	-ɑu, -au, -iau, (uau)	-ow, -wow, -aw, -yaw, -waw, -yew
12. 歌 戈	-o, -io, -uo	-o, -wo, -ywo
13. 家 麻	-a, (-ia), -ua	-a, -ya, -wa
14. 车 遮	-ie, -ye	-ye, -ywe
15. 庚 青	-əŋ, -iəŋ, -uəŋ, -yəŋ	-eŋ, -yeŋ, -weŋ, -yweŋ
16. 尤 侯	-ou, -iou	-ɨw, -yɨw, -wɨw
17. 侵 寻	-əm, -iəm	-im, -yim

18.	监 咸	-am, -iam	-am, -yam
19.	廉 纤	-iem	-yem

薛氏的 y, w, yw 等于董氏的 i, u, y, 大体上两家的拟音相当接近, 只是薛氏的系统是极端音位化的结果, 他的音系中没有简单的高元音 i 跟 u。从同韵部韵母元音是否和协的角度来审察, 董先生的齐微、萧豪两韵, 薛氏的萧豪韵都显示与众不同的情况, 都有把主要元音不同的韵母放在同一韵部之中的缺点。正好有缺点的韵部就是有新资料的部分, 我们已经试着提出解决之道。在董先生的系统中, 把齐微韵改拟成 -i 和 -ui, 萧豪韵改拟成 -au、-eau 和 -iau, 看起来相当和协。江阳韵的韵母本身没有问题, 乔吉江阳两分的用法可能是方言现象。

现在还有两点要加以说明：第一, 薛氏的齐微韵并没有元音不和协的问题, 这里另谋解决之道, 不加采用的理由, 主要是因为 -yɨy 这种音太形式化了, 实际上可能只是一个单元音 -i; 我觉得用 -i, -ui 自然得多。也许有人觉得 -ui 是一个舌位高度相同的复元音, 可否跟 -i 押韵是一个疑问。我想既然董先生的鱼模韵 -u 可以跟 -iu 押韵, 那么反过来有 -i 跟 -ui 押韵不算创新; 同时闽南龙溪的歌谣有下列的情形(董 1960:866—867):

ts'e ˧ ik ˧ tsa ˥　初一早

ts'e ˧ dzi ˩ tsa ˥　初二早

ts'e ˧ sã ˧˥ kʻun ˧˩ kaʔ ˧ pa ˥　初三睏（得）饱

ts'e ˧ si ˩˥ a ˧ la ˧ ta ˧˥　初四（吃个饱足）

ts'e ˧ gɔ ˧˧ ke(ʔ) ˥ kʻui ˧˧　初五隔开

ts'e ˧ lak ˧˥ pʻa(ʔ) ˥ kiŋ ˧ a ˧˥ kʻa ˧ tsʻui ˧˥　初六打（小孩屁股）

tsʻe ┤ tsʻik ↓ hu ↓ hi ↑　　初七赴墟

tsʻe ┤ peʔ ↓ tʻai ┤ ti ↑　　初八(杀)猪

tsʻe ┤ kau ↘ ŋia ┤ aŋ ┤ kɔŋ ↑ 初九迎(佛)

....

前面四句用阴去声的-a韵,后面四句用阴平声的 -ui 和 -i 韵,说-ui 跟 -i 押韵应该没有问题。

第二,对于乔吉、汪元亨的方言在上文的讨论中都没有深究,由于家世经历资料的不足也无法深究,但是对于 ŋ- 声母的问题却用周德清的江西方言来作为证明,似乎有偏重之嫌。我在本文一开头就曾引用董先生的话,指出入派三声是周氏受自己方言的影响,一个"呼吸言语之间还有入声之别"[①] 的人,自然可能说一种与北方官话不同的方言。幅员广大的北方官话区今天只有山西一地还保有入声,元代情形虽不可尽知,我们至少可以推测大概周氏所说的不会是北方官话,那么他说哪一种方言呢?他的本籍江西自然是最大的可能了。

六、附论:《中原音韵》正语作词起例中的语音对比

周德清在《中原音韵》书后附写了"正语作词起例"一节,其中有一条相当重要,列举了四百八十二个例字,组成二百四十一组语音上的最小对比[②],上面正文中已经引用过一部分。原文的说明很短,字例很多:

---

① 见《中原音韵》正语作词起例。
② 有两对各本残缺,故仅有二百三十九对,参见本书第132页注①。

一、依后项呼吸之法，庶无之知不辨、王杨不分、及诸方语之病矣！

    东钟 宗有踪 松有鬆 龙有笼 浓有脓……

现在把对比的字组拆开，全部资料都分行排列，并加上董先生以及本文修订过的拟音，讨论语音对比的意义。

东钟 宗 tsuŋ 松 siuŋ 龙 liuŋ 浓 niuŋ 陇 liuŋ 送 suŋ 从 tsiuŋ
   踪 tsiuŋ 鬆 suŋ 笼 luŋ 脓 nuŋ 栊 luŋ 讼 siuŋ 综 tsuŋ

所有的字组都在于显示同韵之中韵母洪细的对比，也就是介音 -i- 有无的不同，这些字的来源正是中古音一等和三等的区别。字组排列的次序是阴平二、阳平二、上声一、去声二。其中上声的"栊"字在《广韵》平声东韵，《中原音韵》收入阳平，可能是"拢"字之形误。

江阳 缸 kaŋ 桑 saŋ 仓 tsʻaŋ 糠 kʻaŋ 赃 tsaŋ 杨 iaŋ 杭 xaŋ
   钢 kiaŋ 双 ʃuaŋ 窗 tʃʻuaŋ 腔 kʻiaŋ 妆 tʃuaŋ 王 uaŋ 降 xiaŋ
   强 kʻiaŋ 藏 tsʻaŋ 磉 saŋ 纲 vaŋ 让 ʒiaŋ 葬 tsaŋ 唱 tʃʻaŋ
   狂 kʻuaŋ 床 tʃʻuaŋ 爽 ʃuaŋ 往 uaŋ 酿 niaŋ 状 tʃuaŋ 丈 tʃiaŋ
   胖 pʻaŋ
   傍 paŋ

声母的区别有四种：(1)部位不同，ts, tsʻ, s 和 tʃ, tʃʻ, ʃ；(2)v 和无声母的 u 介音；(3)ʒ 和 n；(4)送气与不送气，如 tʃʻ 和 tʃ, pʻ 和 p。韵母的区别有三：(1)洪细对比 aŋ:iaŋ；(2)开合对比 aŋ:uaŋ；(3)齐齿合口对比 iaŋ:uaŋ。字组排列的次序是阴平五、阳平四、上声二、去声四。

支思 丝 sï 死 sï
   师 ʃï 史 ʃï

显示擦音部位的不同，字组是阴平一、上声一。

齐微　知 tʃi　痴 tʃ'i　耻 tʃ'i　世 ʃi　智 tʃi　箆 pi　纰 pi

之 tʃi　眵 tʃ'i　齿 tʃ'i　市 ʃi　志 tʃi　杯 pui　纴 p'ui

迷 mi　脾 p'i　米 mi　妣 pi　继 mi　闭 pi

梅 mui　裴 p'ui　美 mui　彼 pui　媚 mui　避 pui

在"智有志"一条之后，周氏原注说"以上三声系与支思分别"，正是利用完全相同的声母加上不同的元音作对比：齐微的 -i 和支思的 -ï。字组是阴平二，上声一，去声二。

最后"闭有避"之下，又有原注："以上三声，本声自行分别。"分别的全部是本韵双唇音声母之后的 -i 和 -ui。如果按照董先生的办法，就是区别 -i 和 -ei，似乎用不着详细举例，只有区别双唇音声母之后的开合，才有这样的需要。字组是阴阳上去各二。

鱼模　苏 su　粗 ts'u　吴 u　殂 ts'u　祖 tsu　橹 lu　素 su

疏 ʃu　初 tʃ'u　胡 xu　雏 tʃ'u　阻 tʃu　弩 nu　数 ʃu

措 ts'u

助 tʃu

区别几种声母的不同：(1) ts, ts', s 和 tʃ, tʃ', ʃ；(2) l 和 n；(3) x 和无声母的 u 介音。其中"吴有胡"、"措有助"两条已见正文第二节的讨论，本韵去声找不出读 tʃ'u 的字跟"措 ts'u"对比，只好勉强取用"助 tʃu"字。字组是阴阳上去各二。

皆来　猜 ts'ai　灾 tsai　才 ts'ai　孩 xai　海 xai　采 ts'ai　凯 k'ai

差 tʃ'ai　斋 tʃai　柴 tʃ'ai　鞋 xiai　骇 xiai　揣 tʃ'uai　楷 k'iai

太 t'ai　捱 iai　赛 sa

大 tai　艾 ai　晒 ʃai

也表示声母 ts, ts', s 跟 tʃ, tʃ', ʃ 的不同；t' 与 t 也有对比。韵母的区别是 -ai 和 -iai，凡读 -ai 的都是中古的一等字，读 -iai 的都是二等字。

有两个字组需要另加说明：一组是"采有揣"，不止声母不同，韵母也有开合之异。同一组对比之中出现两种不同是很少见的，仔细查究，知道皆来上声之中没有读 tʃ'iai 的字，只好用读 tʃ'uai 的"揣"字来充数。跟上文"措有助"的情形类似。另外一组是"捱有艾"，"捱"字不见于《广韵》，《集韵》只有平声佳韵宜佳切一读，而《中原音韵》皆来去声却正有"捱"字，声调相同，对比的只有介音 -i- 的有无。字组是阴阳各二，上去各三。

真文与庚青有别

		真	tʃən	因	iən	申	ʃən	嗔	tʃ'ən	欣	xiən	新	siən
		贞	tʃəŋ	英	iəŋ	升	ʃəŋ	称	tʃ'əŋ	兴	xiəŋ	星	siəŋ
宾	piən	君	kyən	榛	tʃən	莘	ʃən	薰	xyən	鲲	kuən	温	uən
冰	piəŋ	扃	kyəŋ	筝	tʃəŋ	生	ʃəŋ	兄	xyəŋ	觥	kuəŋ	泓	uəŋ
奔	pən	巾	kiən	亲	tsiən	恩	ən	喷	p'ən	哏	k'ən	津	tsiən
崩	pəŋ	惊	kiəŋ	青	tsiəŋ	罂	uəŋ	烹	p'əŋ	亨	xəŋ	精	tsiəŋ
昏	xuən	邻	liən	贫	p'iən	民	miən	仁	ʒiən	裙	k'yən	勤	k'iən
轰	xuəŋ	灵	liəŋ	平	p'iəŋ	明	miəŋ	仍	ʒiəŋ	琼	k'yəŋ	擎	k'iəŋ
门	mən	银	iən	盆	p'ən	尘	tʃiən	秦	tsiən	云	yən	神	ʃiən
萌	məŋ	嬴	iəŋ	棚	p'əŋ	成	tʃiəŋ	情	tsiəŋ	荣	yəŋ	绳	ʃiəŋ
痕	xən	纫	niən	魂	xuən	紧	kiən	引	iən	衮	kuən	謇	kyən
茎	xəŋ	宁	niəŋ	横	xuəŋ	景	kiəŋ	影	iəŋ	矿	kuəŋ	炯	kyəŋ
轸	tʃiən	闵	miən	尽	tsiən	允	yən	敬	kiən	印	iən	训	xyən
整	tʃiəŋ	茗	miəŋ	井	tsiəŋ	永	yəŋ	近	kiən	暎	iəŋ	迥	xyəŋ
镇	tʃiən	运	yən	鬓	piən	吝	liən	慎	ʃiən	信	siən	尽	tsiən
正	tʃiəŋ	咏	yəŋ	病	piəŋ	另	liəŋ	圣	ʃiəŋ	性	siəŋ	净	tsiəŋ
衅	xiən	趁	tʃ'iən	迸	pən	闷	mən	混	xuən	衬	tʃ'ən		
兴	xiəŋ	称	tʃ'iəŋ	进	pəŋ	孟	məŋ	横	xuəŋ	撑	tʃ'əŋ		

韵目下原注说："与庚青有别"，全部字组都在于表明韵尾 -n

跟 -ŋ 的不同。但有几个字组要加以说明：

（1）"恩有甇"，"甇"字在《广韵》、《集韵》都跟"鹦、嘤、莺"等字同音，在耕韵于茎切，现在国语都读阴平的 iŋ，也是同音，但在《中原音韵》中却惟有"甇"字独立，跟"鹦嘤"等字不同一组，董先生（1954：32）拟为 -ueŋ，刘体智（1978：90）误注为 -yəŋ，薛凤生（1976：85，92）拟为 eŋ。根据这里"恩甇"对比的情形看来，薛氏的拟音是最可靠的，董先生的拟音应该改为 əŋ。

（2）"哏有亨"除去韵尾不同以外，声母也不同。庚青韵中阴平声没有读 kʻaŋ 的字可以用来跟"哏 kʻən"对比，周氏只好选择声母相近的"亨"字。

（3）"窘有泂、沓有另"两条中的"泂、另"二字不见于庚青韵的上声和去声，应该据补。

这一韵有六十一对字组，阴平二十一、阳平十六、上声八，去声十六。

寒山　珊 san　残 tsʻan　趱 tsan　散 san
　　　山 ʃan　潺 tʃʻan　盏 tʃan　疝 ʃan

仍是区别 ts, tsʻ, s 和 tʃ, tʃʻ, ʃ 的不同，字组是阴阳上去各一。

桓欢　完 on　官 kon　慢 man　患 xuan　惯 kuan
　　　岏 on　关 kuan　幔 mon　缓 xon　贯 kon

主要在于区别本韵和寒山韵合口的差异，也就是 -on 跟 -uan 的不同。"岏"字可能是"玩 uan"字之误，已见正文第二节的讨论。"慢"字可能如薛凤生（1976：88）的拟测，也具有合口介音，就该改为 muan。字组的次序有点零乱，阳平一、阴平一，去声三。

先天　年 nien　碾 nien　羨 sien
　　　妍 ien　辇 lien　旋 syen

前两组区别声母 n- 跟无声母（-i- 介音）以及 n- 跟 l- 的不同，

最后一组则区别介音 -i-、-y- 的差异。字组是阳平、上、去各一。

萧豪　包 peau　饱 peau　爆 peau　造 tsau
　　　　褒 pau　　保 pau　　抱 pau　　造 tsʻau

前三组是区别一、二等字的不同，根据上文的论证，就是 au 和 eau 的分别。按照董先生的拟音是 au 和 ɑu，而薛凤生则是 waw 和 wow。最后一组周德清用同字作对比，原注并说明"上音皂、下音操"。字组次序是阴平、上各一，去声二。

歌戈　鹅 o　　和 xuo　过 kuo　薄 po
　　　　吪 uo　何 xo　　个 ko　　箔 po

区别本韵开合的不同，最后一组有问题，见正文第二节的讨论。字组是阳平二、去声一、入声作平声一。

家麻　查 tʃa　马 ma　罢 pa
　　　　咱 tsa　么 muo　怕 pʻa

"查有咱"是声母的对比，但是阴平没有读 tsa 的字，只好用阳平的"咱"字。"马有么"是家麻韵韵母 a 和歌戈韵 uo 的对比，歌戈韵上声有"嬤"字读 muo，周氏没有用，反而用了去声的"麼"字，是否因为嬤字不常用，或当时"麼"也可以读上声，无法知道。ma 跟 muo 的区别相当清楚，似乎不该特别举例，也许"马"字应该按薛氏(1976:80)的办法改拟为 mua。去声的"罢有怕"一条表示声母送气的不同。

车遮　爷 ie　也 ie　夜 ie
　　　　衙 ia　雅 ia　亚 ia

"衙、雅"二字董先生(1954:32)未能肯定应该拟为 a 或 ia，从这里的三组对比看起来，拟作 ia 要合适得多，正好跟车遮韵的 ie 相似而不同，同时也显示疑母消失的迹象。字组是阳平、上、去各一。

庚青　与真文分别

与真文对比的例字都已见于真文韵下,所以此处不再重出。

尤侯　溲 ʃou　走 tsou　叟 sou　嗽 sou　奏 tsou
　　　搜 sou　愁 tʃou　瘦 ʃou?　瘦 ʃou　皱 tʃou

"愁"字不见于《中原音韵》,但在元曲中一般用法均与"愀"字同字[①],故拟音 tʃou。獀字亦不见于《中原音韵》,《广韵》在尤韵所鸠切,《集韵》有所久切一读,元代可能读 ʃou。

所有字组都是区别 ts、s 跟 tʃ、ʃ 的不同。阴平一,上去各二。

侵寻 针 tʃiəm	金 kiəm	侵 tsˈiəm	深 ʃəm	森 ʃəm	琛 tʃˈiəm	音 iəm
真 tʃiən	斤 kiən	亲 tsˈiən	申 ʃən	莘 ʃən	嗔 tʃˈiən	因 iən
心 siəm	歆 xiəm	林 liəm	壬 ʒiəm	寻 siəm	吟 iəm	琴 kˈiəm
辛 siən	欣 xiən	邻 liən	人 ʒiən	信 siən	寅 iən	勤 kˈiən
沈 tʃˈiəm	忱 ʃiəm	稳 ʒiəm	审 ʃiəm	锦 kiəm	枕 tʃiəm	饮 iəm
陈 tʃˈiən	神 ʃiən	忍 ʒiən	哂 ʃiən	紧 kiən	瑱 tʃiən	引 iən
朕 tʃiəm	甚 ʃiəm	任 ʒiəm	禁 kiəm	荫 iəm	沁 tsˈiəm	浸 tsiəm
镇 tʃiən	肾 ʃiən	认 ʒiən	近 kiən	印 iən	信 siən	进 tsiən

全部字组都在于表明韵尾 -m 跟 -n 的不同,只有三组要加以说明:(1)"寻有信",真文韵阳平没有读 siən 的字,周氏可能用去声的"信"字代替。因此在韵尾之外,声调也不同。(2)上声"枕有瑱","瑱"字不见于《中原音韵》,《广韵》有去声震韵陟刃切一读,《中原音韵》中应读去声 tʃiən,与"镇"字同音。这里的"枕"本来就有上去两读,都见于《中原音韵》。也许周氏用去声的一读。但从字序排列看来,应为上声。(3)"沁有信",沁字读 tsˈiəm,真文去声没有读 tsiən 的字,周氏可能用声音接近的"信"字来代替,故韵尾

[①]　见张相 1973:553。

之外,又有声母的差异。

字组阴平九、阳平七、上声五、去声七。

监咸	菴 am	担 tam	(监)	(三)	贪 tʻam	醋 xam	南 nam
	安 an	单 tan	(间)	(珊)	滩 tʻan	邯 xan	难 nan
	咸 xiam	蓝 lam	谈 tʻam	岩 iam	感 kam	览 lam	瞻 tam
	闲 xian	阑 lan	坛 tʻan	颜 ian	捍 kan	懒 lan	瘫 tan
	毯 tʻam	减 kiam	坎 kʻam	斩 tʃam	勘 kʻam	淦 kam	憾 xam
	坦 tʻan	简 kian	侃 kʻan	盏 tʃan	看 kʻan	干 kan	汉 xan
	淡 tam	陷 xiam	滥 lam	赚 tʃam	鉴 kiam	暗 am	探 tʻam
	旦 tan	限 xian	烂 lan	绽 tʃan	涧 kian	按 an	炭 tʻan

全部字组也在于表示韵尾 -m 跟 -n 的不同,所以对比的下字都属于寒山韵。缺空的四个字,各本残缺。另外"感有捍"一条,捍字不见于《中原音韵》,可能为扞字之误,扞与骭同字,读上声 kan。

字组阴平四、阳平五、上声七、去声十,如加上残缺的,则为二十八组。

廉纤	詹 tʃiem	兼 kiem	淹 iem	纤 siem	金 tsiem	钦 xiem	尖 tsiem
	毡 tʃien	坚 kien	烟 ien	先 sien	千 tsʻien	掀 xien	煎 tsien
	掂 tiem	傔 kʻiem	添 tʻiem	枬 siem	钳 kʻiem	帘 liem	粘 niem
	颠 tien	牵 kʻien	天 tʻien	涎 sien	虔 kʻien	连 lien	年 nien
	甜 tiem	髯 ʒiem	蟾 tʃʻiem	盐 iem	潜 tsʻiem	嫌 xiem	脸 liem
	田 tien	然 ʒien	缠 tʃʻien	延 ien	前 tsʻien	贤 xien	辇 lien
	染 ʒiem	掩 iem	捡 kiem	险 xiem	贴 tʃiem	闪 ʃiem	忝 tʻiem
	燃 ʒien	偃 ien	蹇 kien	显 xien	展 tʃien	僭 ʃien	腆 tʻien
	点 tiem	谄 tʃʻiem	艳 iem	欠 kʻiem	店 tiem	念 niem	剑 kiem
	典 tien	阐 tʃʻien	砚 ien	搇 kʻien	钿 tien	年 nien	见 kien
	僭 tsiem	堑 tsʻiem	占 tʃiem				
	箭 tsien	倩 tsʻien	战 tʃien				

跟侵寻、监咸两韵一样,全部字组也在于表示韵尾 -m 跟 -n

的不同。有两点要加以说明:(1)"粘有年",粘字不见于《中原音韵》,但与黏字同字,故拟为 niem。(2)"染有燃、闪有僐、欠有捽、堑有倩"等条的"燃、僐、捽、倩"四字都不见于《中原音韵》,《广韵》上声狝韵燃、人善切;僐、常演切;去声霰韵牵、苦甸切,捽当即其俗字;倩、仓甸切。按照正常的演变情形,如果补入《中原音韵》,正好跟这里的语音对比完全符合,因此就照董先生的音系拟音如上。

以上讨论各韵之内的小问题,现在综合全部资料,我认为这些语音对比显示两点重要的意义:

第一,区别声母和介音的种类

《中原音韵》的声母虽然分圈排列,但圆圈并不止代表声母,声母相同而介音不同的也用圆圈隔开。现在这一份资料由于表示语音对比的关系,能把声母和介音一一明示。我们只要有中国音韵史的一般常识,就能从对比中看到以下的声母系统:

```
p    pʻ   m   v
t    tʻ   n   l
ts   tsʻ  s
tʃ   tʃʻ  ʃ   ʒ[①]
k    kʻ   x
ø
```

跟一般研究《中原音韵》声母的意见比较起来,只有一个 f 没有见到,其余十九个声母,一一不爽。

介音部分可以看到开齐合撮的对比,例如真文韵中就有"欣有兴、薰有兄、昏有轰"等三条,都是阴平声,声母相同,同属一韵,主

[①] 这里暂用董先生的系统代表四个同部位的塞擦音和擦音,如果改拟别的音亦无不可。

要元音又相同,表示韵尾的差异何以要举三组字例?书中这三组字各属于不同的圆圈,可见所表示的正可能是 -i-、-y-、和 -u- 的不同。

第二,显示主要元音的相同

有真文庚青,侵寻真文等好几韵对比之中,对比的焦点既在于韵尾,自然元音部分一定相同,可见把这三韵拟测为元音相同的 -ǝn、-ǝŋ、-ǝm,相当可靠。照薛氏的办法拟为 -in、-eŋ、-im,就有问题了。

引 用 书 目

丁邦新　1981　《元曲韵字示意说之探讨》,《台静农先生八十寿庆论文集》,821—842,联经出版公司,台北。
石山福治　1925　《考定中原音韵》,东京。
北京大学中国语言文学系　1962　《汉语方音字汇》。
周德清　1324　《中原音韵》,瞿氏铁琴铜剑楼影印元本。
服部四郎,藤堂明保　1958　《中原音韵の研究》,东京。
袁家骅等　1960　《汉语方言概要》。
张相　1973　《诗词曲语辞汇释》,中华书局,初版印行于 1945 年。
陆志韦　1946　《释中原音韵》,《燕京学报》第三十一期,35—70。
无名氏　《录鬼簿续编》,见杨家骆主编《历代诗史长编》二辑,鼎文书局,台北。
杨时逢　1969　《南昌音系》,《历史语言研究所集刊》(以下简称《史语所集刊》三十九本上册,125—204。
　　　　　1971　《江西方言声调的调类》,《史语所集刊》第四十三本第三分,403—432。
杨家骆编　1964　《中原音韵》附校勘记,见《历代诗史长编》二辑,169—285。
董同龢　1954　《中国语音史》,中华文化出版事业委员会,台北。
　　　　1960　《四个闽南方言》,《史语所集刊》三十本,729—1042。
粹文堂　1975　《全元散曲》。

赵荫堂 1936 《中原音韵研究》,商务印书馆,上海。
刘德智 1978 《音注中原音韵》,广文书局三版,台北。
钟嗣成 《录鬼簿》,见杨家骆主编《历代诗史长编》二辑。
罗常培 1932 《中原音韵声类考》,《史语所集刊》第二本第四分,423—440;又见于《罗常培语言学论文集》65—79。
Cheng, Tsai-fa(郑再发) 1976 *Early Mandarin as Revealed in hp'ags-pa Transcription and Related Materials*, Ph. D. Dissertation, University of Wisconsin.
Hsueh, Feng-sheng(薛凤生) 1976 *Phonology of Old Mandarin*, Mouton.
Stimson, Hugh M. 1962a Phonology of the *Chung-yüan Yin-yün*,《清华学报》新三卷,114—159。
　　1962b Ancient Chinese -p, -t, -k Endings in the Peking Dialect, *Language* 38.4:376—384.
　　1966 *The Jongyuan In Yunn*, New Haven.
Ting, Pang-hsin 1980 Review: F. S. Hsueh, *Phonology of Old Mandarin*, JAOS 100.1:94.

原载《历史语言研究所集刊》52.4:619—650,1981。

汉语方言区分的条件

一、绪说
二、本论
三、结语

一、绪说

1937年李方桂先生在英文《中国年报》发表《语言与方言》一文[1]，把汉语方言分为八大支：北方官话、西南官话、下江官话、吴语、赣客家、闽语、粤语和湘语。跟赵元任先生对汉语方言分区的看法大体接近，只有微细的不同[2]。李先生讨论这八大支方言的分别时，用若干语音演变的现象说明各方言的特征。后来 R. A. D. Forrest(1948)、董同龢先师(1953)、袁家骅(1960)、詹伯慧

---

[1] 李方桂先生这一篇文章(Li 1937)是早期叙述中国方言的经典之作，到1973年，《中国语言学报》(*Journal of Chinese Linguistics*)重印此文，编者认为三十多年来的研究，对于个别的方言虽然得到比较详细的了解，但是李先生此文涵盖性的轮廓在实质上仍然是正确而有用的。

[2] 赵元任先生的看法见于1934年上海《申报》六十周年纪念印行的《中华民国分省新图》，其中的语言区域图是赵先生提供的，可惜只有分区，没有说明。他把中国方言分成九区：北方官话、上江官话(即西南官话)、下江官话、吴语、闽方言、潮汕方言、客方言、粤方言和皖方言。李先生把闽北闽南合称闽语，客方言加上赣语称为赣客家，另加湘方言。皖方言则为隔离的方言群，不计在大支之内。后来赵先生在另一篇文章里(Chao 1943)，简略地提到各方言的特征，主要也是根据李先生的看法(见 Forrest 1948：199)。

(1981a)讨论汉语方言时都提到个别方言的语音特征。这些特征自然也就是方言区分的条件,现在列表说明如下:

语音条件	李	Forrest	董	袁	詹
声母					
1. 古全浊塞音声母的演变	×	×	×	×	×
2. 古双唇塞音在三等合口前的读法		×	×		
3. f-和 xu 的分混					×
4. 古知彻澄母的读法	×		×	×	×
5. n-和 l-的分混					×
6. 古照穿床审禅各母的读法					×
7. 古舌根音声母是否颚化					×
8. 鼻音声母是否失去鼻音成分		×			
9. 浊塞擦音及浊擦音的有无				×	
韵母					
10. 介音的分合					×
11. 复元音与单元音的转化现象				×	×
12. 元音长短	×				
13. 古塞音韵尾的演变	×		×	×	×
14. 古鼻音韵尾的演变	×		×	×	×
声调					
15. 调类的分合与多少	×		×	×	×
16. 古入声的演变	×		×	×	×

从这个表上可以看出各家所用的条件并不相同,条件的性质也不一致。那么,哪一类的条件最重要? 在两个条件发生抵触的时候,应该以哪一条作为分合的根据? 以上各家没有用到的条件,有没有更适合于划分方言的? 大方言、次方言以及小方言用同类的条件来区分呢? 还是用不同类的条件? 如果要用不同类的条件,应该按照什么原则把条件加以合理的分类? 这些问题也许谈

汉语方言分类的人心里都有一个概念，但是似乎没有人把这个概念交代清楚。我想提出一点浅显的看法，也许可以用下面这一段话来说明：

> 以汉语语音史为根据，用早期历史性的条件区别大方言；用晚期历史性的条件区别次方言；用现在平面性的条件区别小方言。早期、晚期是相对的名词，不一定能确指其时间。条件之轻重以相对之先后为序，最早期的条件最重要，最晚期的条件也就是平面性的语音差异了。

以下将用实际的例证来讨论这段说明的意义。

另外有一点必须要说明的，就是中国地域辽阔，许多地方可能有孤立式的方言岛存在，这一类的方言岛常常有保存古音的特例；现在讨论方言的分类，只能就各地区方言的主流来立论，个别的现象暂时不处理，留待将来资料充分之后再说。

二、本论

（一）条件的性质、先后与多少

上述各家所用的条件相当广泛，已经涵盖汉语音节的声、韵、调三方面。声母部分比较容易把握，所以条件也最多。韵母部分，除去韵尾之外，很少提到从古韵母到各方言的演变，主要因为这种演变相当复杂，对于古韵母的拟测各家意见又不大一致。声调部分，调类的分合与多少其实已经包括入声的演变在内，因为对于汉语方言的分区，入声的演变较为有用，所以单独分列。

条件的性质可以从两个角度来说：第一是历史性和平面性。例如：全浊声母的演变是历史性的条件，f、xu 的分混就是平面性的了。第二是普遍性和独特性。有的条件涵盖面广，讨论每一个方言都需要说明；有的则是某一个方言的特点。前者如入声的演变；后者如古知彻澄母的读法，主要在于说明闽语读 t、tʻ的现象。两种性质可以交叉配合，历史性的条件有的有普遍性，有的有独特性；平面性的条件也一样。就方言区分的需要来说，只要能够分得清楚而合适，条件越少，越容易说明，所以普遍性的条件总是优先，但是独特性的条件虽然描述的范围很小，却有明确不二的优点。因此，在方言分区的需要上各有意义。

从语言的历史来说，早期分出来的方言可能保存若干母语的痕迹，等到母语发生变化之后，晚期再分出来的方言自然不可能保有变化之前的语音现象。分支歧出的时间越早，成为大方言的可能越大，因此，用早期历史性的条件区别大方言，具有简单而可靠的理由。以汉语方言来说，什么时期是早期呢？大致说来，以隋唐中古以前作为早期可能比较合适，前面引述的条件凡是属于早期的都用了一个意义不很明确的"古"字，其目的止是要包括"上古"和"中古"两个时代。但是，这只是一个笼统的说明，牵涉到大方言之中次方言的分区条件时，早晚就很难说了。一方面因为某一方言开始形成次方言时，其余的大方言也许还没有从母语分出来，闽语之中闽南闽北[①]分开的时代就可能相当早。另一方面，我们对汉语语音史的了解还不足以给每一条区分条件找到确切的时点。

条件的早晚虽然有时明确，有时笼统，但是相对的先后在决定分区的时候还是很重要的线索。例如，闽南语有三种鼻音尾-m, -n, -ŋ和四种塞音尾-p, -t, -k, -ʔ，而闽北的福州话只有-ŋ和-k两

---

① 一般所说的闽北，指以福州为中心的方言，现在有人改用闽东一词，见潘茂鼎等 1963 及 Norman 1980。

种①。从韵尾不同的这两个条件来说，几乎可以把闽南和以福州为代表的闽北分成两个不同的大方言。但是，闽南闽北都保有同样的上古音的痕迹，就是古"知彻澄"母的字都读舌尖塞音，"张、抽、陈"三字的声母分别是 t-, t'-, t-，在各方言之中是相当独特的现象②。同时，在语音史上，"知彻澄"母保存这种读法显然在时间上比韵尾的变化来得早，到隋唐时代中古音仍然保有 -m, -n, -ŋ 和 -p, -t, -k 三组相当的韵尾，而"知彻澄"母字却已不读舌尖塞音了。闽北韵尾的合并必然是晚期的现象，跟福州接近的柘洋方言还有 -n, -ŋ 和 -t, -k, -ʔ 五种韵尾，福安和宁德则跟闽南语一样有 -m, -n, -ŋ, -p, -t, -k, -ʔ 七种（Norman 1980:331—332），可见福州话韵尾的变化是后起的。因此，我们有理由把闽南闽北合成一个大方言——闽语。

只用古知彻澄母的读法来决定闽语的分合是不是够充分了呢？是否还有其他的条件有同等的力量？现在再举几个条件来加以观察：第一，古浊塞音声母（*b-, *d-, *g-）的字，在闽语不论平仄大部分都读不送气的清音。例如"婆白"读 p-、"条豆"读 t-、"桥舅"读 k-等等。第二，古双唇塞音声母（*p- *p'-, *b-）闽语大致仍读双唇音，而其他各方言则有一部分变为唇齿音③。以中古音来说，就是在三等合口介音前的这一部分（*pjw-, *p'jw-, *bjw-）不久就发生变化，成为"非敷奉"母了。例如"飞、孵、房"等字的声母，闽语读 p-，所有其他方言都变读 f-或其他擦音了。第三，古匣母字

---

① 福州话的 -k 尾有人记作 -ʔ，陶燠民（1930:453）、蓝亚秀（1953:247）、王天昌（1969:7）都记作 -k，而袁家骅（1960:290）就记作 -ʔ。

② 湖南双峰话也有知彻澄母字读舌尖音 t, t', d 的现象，（参见袁 1960:118），我认为是湘语中的特例，讨论大方言分类时只能暂不处理。

③ 这些唇齿音声母字中有一部分在闽南读 h-，都是读书音。

($^*\gamma$-)① 中有少数几个在闽语中一致读舌根塞音,不读擦音,如"糊、猴、寒、含、行、厚、汗、滑"等字,闽语都读 k-,是中古音不能解释的现象。

第一、二两条也是很有力的证明,Forrest 跟董同龢先师都用为分类的条件。第三条虽然例字不多,却是闽语独有的现象,用来证明闽南闽北应该合而为一,也无问题。在我看来,这些同类的条件在方言分类上只要选择足够分别的就够了,有了充分条件,多余的不必重复,只在有问题需要进一步厘清的时候才需要增加条件。

(二)用早期历史性的条件分大方言——以湖南省方言分区为例

如上所说,我想用早期历史性的条件来区别汉语的方言,在把上文所引各家援用的条件过滤之后,我们得到若干条历史性的条件,一种是有普遍性的,一种是有独特性的。普遍性的条件在各方言的读法可能有不同的现象,所以要详细说明;独特性的条件则可用正负号(+ -)来表示。现在列表说明:

普遍条件	官 话	吴语	湘语	赣语	客家话	闽 语	粤 语
1. 古全浊塞音声母 b-, d-, g-的演变	(1)清化;平声送气;仄声不送气	(2)浊;送气	(3)浊;不送气 或 (4)清化;不送气	(5)清化;平仄皆送气	(6)清化;大致不送气	(1)清化;平声送气,仄声不送气
2. 古塞音韵尾 -p, -t, -k 的演变	(1)消失;或(2)并为-ʔ	(2)并为-ʔ	(1)消失	(2)并为-ʔ;或(3)-ʔ, -t;或(4)保存 -p, -t, -ʔ	(5)保存 -p, -t, -k 三种	(1)消失;(2)并为-ʔ或-k;(5)保存三种 或 (6)变为 -p, -t, -k, -ʔ	(5)保存 -p, -t, -k 三种

---

① 参见 Ting 1980。

续表

独特条件	官话	吴语	湘语	赣语	客家话	闽语	粤语
3. 古知彻澄母字读 t, tʻ	-	-	-	-	-	+	-
4. 古次浊上声"马买理领晚"等字读阴平	-	-	-	-	+	-	-
补充条件	官话	吴语	湘语	赣语	客家话	闽语	粤语
5. 古舌根音声母 k-, kʻ-, x- 在前高元音前的演变	(1)变舌面音 tɕ-, tɕʻ-, ɕ-				(2)仍读舌根音 k-, kʻ-, x-		
6. 古调类平上去入的演变	(1)大致四调，平分阴阳	(2)七至八调，皆分阴阳，阳上或归阳去	(3)四至六调，平分阴阳，去或亦分阴阳	(4)五至七调，平去分阴阳，入或亦分阴阳	(5)五至六调，平入分阴阳	(2)七至八调，皆分阴阳，阳上或归阳去	(6)七调以上，大致皆分阴阳，入或分三、四种

这个表共分三栏，1、2两条是普遍条件，第1条最普通，因此比第2条更为重要，有这两个条件已经能把七个大方言分得很清楚。第1条还有官话和粤语文言音；赣语和客家话分别相同，加上第2条之后就可以给每一个大方言赋予大致清楚的定义。例如官话，就是一种古全浊塞音声母清化后，平声送气仄声不送气，而古塞音韵尾-p, -t, -k 消失或并为-ʔ的方言。

由于闽语和湘语对于第1个条件颇有类似的演变，为了明确起见，除了第2条之外，又加上第3条，标明闽语的一种特征。又由于历来对赣客之间的区别难以说定，因此采用 M. Hashimoto (1973:440)的意见，加上客家话独有的现象成为第4条。

补充条件的设立有三点需要说明的：第一，古舌根音声母在前高元音之前的演变①,将各大方言分为相当清楚的两类。只有在北方官话中,山东福山、栖霞、牟平一带,这些声母仍续 k-, k‘-, x-,和一般官话不同,有一点疆界不清的现象。这个条件对于赣语和客家话以及闽语和湘语的区别却是很有用的。第二,前面的四个条件有三个是声母,一个是韵尾,对各方言的声调也应该有相当程度的说明,因此加上第六条。第三,方言之间常有许多边际情形,例如张琨先生(Kun Chang 1975:641-2)指出在安徽、江苏和广西的若干地方,把全浊塞音声母字读成送气清音,跟赣语和客家话的情形一致;又如湖南浏阳、醴陵两地也是如此(见杨时逢 1974:356,375)。虽然韵尾的差异大致已可分清,但如加上古舌根音演变和声调的区别,更能有助于解决一些边际问题。如此说来,这两个条件何以不归入普通条件呢?我认为边际问题在方言分类中总是存在的,我们要注意的是方言的大趋势,作为补充条件看待,反而能达成加强分辨的效果。

表上的条件大体都是其他学者谈到过的,我只是把平面性的条件剔除了,涵盖面不广以及功用重复的省略了,简化为少数的几条,有的地方说得详细一点,希望就足以勾勒出汉语各大方言的面貌②。

---

① 这一个条件是詹伯慧(1981:25—26)首先提出的,可惜山东一部分的北方官话有例外现象,无法用作普通条件。

② 董同龢先生以前把徽州方言(皖方言)视为大方言的一支,大致是根据赵元任先生的办法。现在从早期历史性的条件看来,不能独立。以本文所订的六个条件来看,第2条,塞音韵尾只有-ʔ一种,3、4两条都是负号;第5条,古舌根音声母 k-, k‘-, x-在前高元音前变 tɕ-, tɕ‘-, ɕ-;都合于官话的现象。只有第1、第6两条有点特别;第1条,古全浊塞音声母全都清化,平仄都送气。但上文已经提到江苏下江官话区也有同样的现象,如如皋、泰兴、南通都是如此;第6条,调类六种,平去分阴阳,上入各一种,这种情形又跟南通一样,因此,我认为可以看作下江官话的一种,可能受到吴语的影响,所以本文没有放在大方言中讨论。

现在以湖南省方言分区的问题来作一个例子。杨时逢先生(1974)把湖南方言分为五区(见附图一),用了十二个条件来观察:1."节结"尖团分混,2."书虚"分混,3."南蓝、年连"分混,4."飞灰"分混,5.全浊声母演变,6.宕通两摄韵尾,7.入声尾,8."杜助"读法,9."对罪短乱算"读法,10."代倍灰税例世"读法,11."保巧赵奏休周"读法,12.调类。因为条件多而细,尤其8至11等四条都是说明韵母读法的,不容易求得明晰的区别。

我觉得研究全省方言分区的时候,似乎可以先用分大方言的历史性条件,才能得到较清楚的轮廓。试以全浊塞音声母的演变来加以分析,就可以得到三个方言区①(见附图二)。第一区在中西部,具有浊声母,或浊声母虽然清化,而平仄都不送气。第二区在东部,浊声母清化之后,无论平仄全读送气。第三区分为西、南、北三部分,古全浊塞音都是清化之后,平声读送气,仄声读不送气。这样的分区可以得到很好的解释:第一区是真正的湘语;第二区跟赣语邻接,因此从全浊塞音变来的清声母都读送气,受赣语的影响很大②;第三区西、北两面与湖北、贵州接壤,受西南官话的影响;南面则受广东粤语及广西西南官话的影响,粤语和西南官话中从全浊声母变来的字,都是平声读送气、仄声读不送气的。二、三两区这种受邻近方言影响的现象,一定是后起的,不是从母语遗传而来的,正可以作为波传学说(wave theory)的注脚。

第一区湘语的中心部分,其实也分三种情形。西南角的城步、新宁、东安、零陵、武冈、祁阳等六处,无论平仄,都保存不送气的浊

---

① 所有资料部分都根据杨时逢1974。本文写成之后,看到辻伸久(1979)研究湖南方言分类的文章有类似但不同的看法,读者可以参看。

② 这一区中安仁县古浊塞音声母字今读清音,平声不送气而仄声送气,是中间现象。

声母,可说是核心区域。西部永顺、保靖、永绥、乾城、古丈、沅陵、泸溪、辰溪、叙浦等九县都是平声读不送气浊音,仄声读不送气清音。偏东的岳阳、湘阴、长沙、湘潭、南县、沅江、宁乡、湘乡、安化等九县都是清音,平仄都不送气。跟西南角的湘语核心及西部的情形比较起来,对于湘语全浊塞音声母的清化过程可以作以下的推测:

  浊——➤平声浊,仄声清——➤清

浊音清化显然是从仄声先开始的,然后才扩及到平声,至于不送气的特征,在演变的过程中则始终保持不变。因此,我们有理由认为这三种情形其实都是湘语。

  至于古塞音尾-p, -t, -k,在湖南各地全都消失;古舌根音声母在高元音之前的读法,《湖南方言调查报告》中,七十个调查点只有上文提到的浏阳、醴陵两处读 k-, kʻ-, x-,其余各地都是 tɕ-, tɕʻ-, ɕ-,也无法用为分区的条件。调类的演变纷歧而复杂(见附图三)。其中有两点现象值得说明:第一,属于湘语核心的六个县都有入声调。第二,西部、南部有许多地方可能受西南官话的影响,只有阴平、阳平、上、去等四声。古入声字变入阳平的有二十四处,都跟大部分西南官话的现象一致。

  以上用湖南省方言的分区为例,可以看出上文所提历史性的条件中以第一条最为重要。如果第一条不能分辨,再援用其他的条件。以某一省的方言分区为例,如果两个普遍条件都一致,很可能就属于同一个大方言,进一步的观察就要利用次方言分别的条件了。

(三) 用晚期历史性的条件分次方言——以官话为例

  区分次方言是在大方言已经分开以后的工作,可用的条件自然在时间上比较晚；各大方言之间区分次方言的条件也不可能相同。也许有的大方言不必分次方言，内部只有平面性语音的差异，只是小方言的不同而已。现在以官话为例，说明用晚期历史性的条件分次方言的情形：

官话区由于幅员广大，一向大分为北方官话、下江官话、西南官话等三大支，同用官话之名。Forrest(1948:207—8)首先在官话之外分立晋语一支，（包括甘肃东部、山西及陕西），并提出鼻音声母有失去鼻音的倾向，如 m-, n-, ŋ-变成 mb-, nd-, ŋg-等；又指出入声有-ʔ尾；韵尾鼻音消失后使元音鼻化；送气塞音的气流非常重；以及有少见的 pf-, pfʻ-声母等现象。袁家骅(1960:24)、詹伯慧(1981a:95)给官话多分出一支西北方言，约略与 Forrest 的分法相当，除另加一条"复元音有单元音化的趋向"的特征以外，其余所描写的现象也大致相同。另外，M. Hashimoto(1976—77)也有四种晋语方言的比较研究。

我觉得在鼻音声母之后产生同部位的浊塞音，以及送气清塞音的气流特重等两点，听起来虽然很不同，仍是平面语音上的现象，不牵涉音类的问题。复元音单元音化是许多方言共有的简化趋势，官话区内济南和昆明都有类似的情形，恐怕不宜用为区分的条件。主要的特征有三点：第一是有入声，而且有的方言有喉塞音尾，这在北方官话中是相当特别的现象。第二是韵尾鼻音弱化，使主要元音变成鼻化元音，有的地方鼻音根本消失，成为开尾韵。第三是有 pf-, pfʻ-, f-, v-一套声母，相当于国语的 tʂ, tʂʻ-, ʂ-, ʐ-加上元音或介音 u。

第三个特征特别值得斟酌，高本汉的《方言字汇》里早就指出这种现象（参赵元任等1940,第十、十一两章）。国语的 tʂ-, tʂʻ-, ʂ-, ʐ-加上单元音 u 就读为 pfu, pfʻu, fu, vu；如果 u 只是介音，那么声母变为 pf-等之后,介音 u 就消失,成为开口音。如"追、槌、水、蕊"就读 pfei, pf'ei, fei 和 vei。这种现象显然是"知照"组的声母变为卷舌音以后的演变。同时,具有这种特殊声母的地区未必有入声。因此这一条特征只能作为北方官话之内区分小方言的条件,实在只是平面性的语音现象。

对晋语而言,要把它看作官话以外的大方言,和吴语、湘语平行,恐怕没有足够的理由。以上文所说的历史性条件来看,还是在官话系统中把晋语区分为次方言的一种,可能是比较合适的办法,这种次方言的区域也要缩小,大致以山西为中心,包括察哈尔南部,河北南部、西部边缘,以及河南的北部等地区。

跟晋语类似的有楚语,也就是《湖北方言调查报告》中,赵元任先生所说的第二区。包括湖北东部跟东北部的十七个县:应山、安陆、应城、云梦、孝感、礼山、黄陂、黄安、黄冈、鄂城、麻城、罗田、英山、浠水、黄梅、广济、蕲春,加上西北角的竹溪、竹山两处。报告中说:

> 这第二区可以算典型的楚语,——如果要独立一种楚语的名目的话。

语音上独有的特征有三点:1.《广韵》鱼虞两韵知章见系的字韵母都读卷舌的 ʮ,如孝感"猪如柱树"读 ˪tʂʮ, ˬʮ, tʂʮ², ʂʮ², "巨许余羽"读 tʂʮ², ˪ʂʮ, ˬʮ, ˪ʮ。2. "倍梅对最岁累随"等字大都读 i 韵。3. 除竹溪、竹山之外,其他各县都有阳去及入声。检看这些地方全浊塞音声母的演变,古塞音韵尾的消失都跟官话一样,我想这一区的特征也可以立为官话次方言的一支。张琨先生(Chang 1971: 192, 214)把湖南的双峰和洞口县黄桥镇方言视作楚方言,并作为大方言的一支,没有看到详细的讨论,不大清楚他的"楚语"和湘语的界限。本文所用的"楚语"和张氏的用法不同,所指的方言也不一样。

仿照前文的办法,也用普遍性和独特性的两种条件来区分官话:

普遍条件	北方官话	晋语	下江官话	西南官话	楚语
1.古入声的演变	入派三声,或派入二声	保持入声,或有-ʔ尾	保持入声,有-ʔ尾	入声归阳平或去声	保持入声,无塞音尾
2.古泥来母的分混	大致都分		大致相混①		洪音混,细音分
独特条件	北方官话	晋语	下江官话	西南官话	楚语
3.鼻音韵尾有弱化消失现象	−	+	−	−	−
4.古鱼虞韵知章见系的字韵母读ʮ	−	−	−	−	+

古入声的演变大致已经可以把五种次方言分开,为了指出保持入声的三种次方言的区别,所以加上两个独特条件。这里有两个相关的问题要提出来讨论:

第一,西南官话中,四川境内还有一部分入声独立而塞音韵尾完全消失的方言,因为在整个西南官话区中分量较少,同时可能正在演变的过程之中,因此在表上没有特别标明。

第二,鼻音韵尾的弱化和消失在下江官话和西南官话中都有个别类似的现象。例如:如皋和扬州就有舌尖鼻音韵尾消失而元音鼻化的情形,但-ŋ尾大致都保存。又如云南方言中,除去-ŋ尾保存,-n尾消失而元音鼻化的情形以外,有的地方连-ŋ尾也消失,

---

① 西南官话中,云南方言有例外的现象。据杨时逢先生《云南方言调查报告》,一百零一个调查点中只有十三处泥来两母是相混的。

鼻化元音也没有,"巴、班、帮"变成同音字,幸好这些地方都没有独立的入声字,分类上不致跟晋语发生冲突。

以官话方言分区为例,我们可以用分别次方言的条件和上文分别大方言的条件作一比较。古入声的演变是承接塞音韵尾和调类演变之后的条件。泥来母的分混大致只是官话区以内的现象,吴语、客家话、粤语大体都可以分清;湘语和赣语有混杂现象,闽南语 n-, l- 的分别是另外一个问题,等于全混。鼻音韵尾从中古的 -m, -n, -ŋ 先变为 -n, -ŋ,然后再有弱化和消失的现象,《中原音韵》(1324)、《韵略易通》(1442)还保留三种鼻音尾的不同,到《四声通解》(1517)、《韵略汇通》(1642)才显示 -m 变 -n 的现象(参见姜信沆1980)。鱼、虞韵一部分的字在楚语读 ʮ,可以推测其过程是鱼、虞韵先合并,然后才有洪音读 -u, -əu,细音一部分读 ʮ 的现象。因此我们可以说,用来区分次方言的都是晚期历史性的条件。

三、结语

以上主要的讨论集中于用早期历史性的条件分大方言,以及用晚期历史性的条件分次方言两点。至于用平面性的条件区别小方言,就不必详细说明了。举一个例子来说,陕西西安、甘肃兰州具有 pf-, pf'- 声母,就可以认为是一个平面性的条件,在北方官话之中再分出一个小方言"关中话"来。跟方言分区有密切关系,必须在此提出讨论的还有两个问题:

第一,用文法和词汇作为分区条件的可能性如何? 基本上说,文法和词汇的异同都可以用来分区,只是汉语方言在基本文法结构上大体接近,而词汇的变化又太快,两者都不容易把握。进一步说,文法或词汇的分区如果跟语音分区的结果不同,可能代表特殊的意义;如果大致相同,那么也能给语音分区增加有力的证明。将来方言语法的材料增多之后,对于这个问题也许能有更明确的答案。

第二,方言之间的边际问题如何解决?上文曾经约略提到方言分区要注意的是大趋势,边际问题总是存在。赵元任先生曾经说过:

> 方言跟方言间的分界有颜色跟颜色间的界限那么糊涂,而所含的因素比颜色跟颜色的分别还复杂得多。(赵元任等 1948:1567)

同时,在亲族树的观念以外,我们都承认波传学说(wave theory)和近来词汇扩散理论(lexical diffusion)(wang 1969)的一部分道理是正确的,那么边际问题毋宁是合理的现象。值得注意的是应用的限度,例如 Norman(1973)讨论古闽语的声母时引用福建邵武的方言,而潘茂鼎等(1963)则将邵武归为客家话,因为浊塞音声母字都读送气,张琨先生(Chang 1975:643,648)也有相同的看法。Norman(1974)特别讨论邵武的问题,认为有一些阳平调的字在邵武读阴入,这些字正好就是闽语中有送气声母的字,而读不送气声母的阳平调字在邵武则仍读阳平。这个理由相当坚强,但是邵武具有闽语所没有的 f-, v-等声母,仍然是一个可疑的问题[①]。也许邵武确是闽语,但声母受了客家话的影响发生变化,那么作为边际方言看待,不用于拟测古闽语,是比较谨慎的办法。

---

① 潘茂鼎等记录的邵武方言里有 f-, v-声母,而 Norman(1974:330)则有 f-,没有 v-。Norman 认为要说邵武有轻唇音,不能归为闽语,只是一个消极的理由,不足为害。我觉得仍然可疑,因为边际方言常常有两方面的特点,所有的闽语既然都没有轻唇音,邵武即使是闽语,受之于客家话的影响一定非常大,用来拟测古语恐有危险。

后　记

1. 这篇文章藉方言区分的条件来检讨汉语方言的分类,讨论汉语的大方言及官话的次方言,作为对李方桂先生《语言与方言》一文的回响,也作为献给　先生八十华辰的寿礼,表示一个学生深挚的崇敬。

2. 付印之前,承梅祖麟、李壬癸两兄惠阅初稿,并加指正,在此敬表谢意。

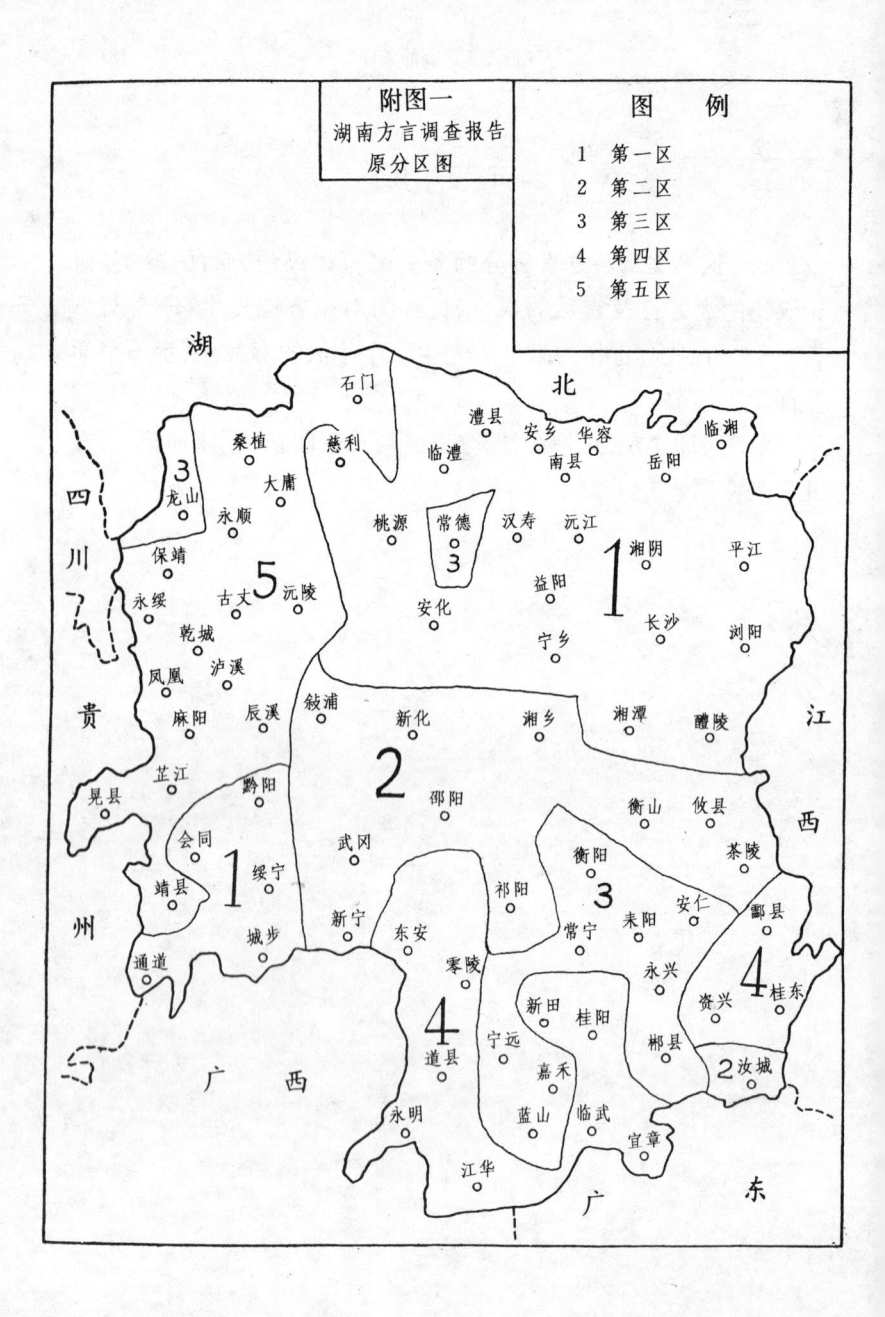

附图一
湖南方言调查报告原分区图

图例

1 第一区
2 第二区
3 第三区
4 第四区
5 第五区

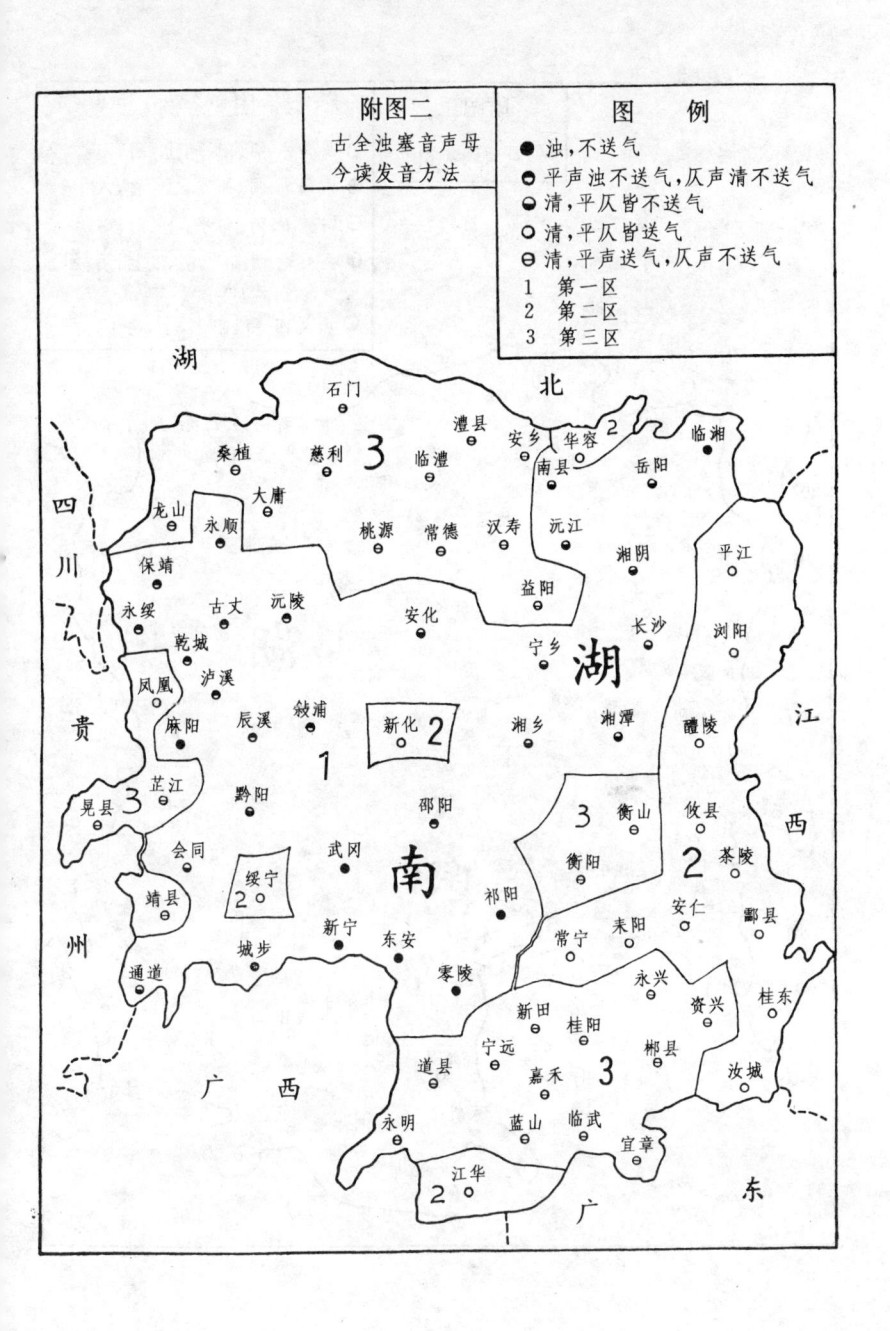

附图二
古全浊塞音声母
今读发音方法

图例
● 浊,不送气
◐ 平声浊不送气,仄声清不送气
⊖ 清,平仄皆不送气
○ 清,平仄皆送气
⊖ 清,平声送气,仄声不送气
1　第一区
2　第二区
3　第三区

湖　北

石门
澧县　安乡　华容　2
桑植　慈利　临澧　南县　岳阳　临湘
大庸　3
龙山　永顺　桃源　常德　汉寿　沅江　湘阴
四川
保靖　古丈　沅陵　　益阳　　平江
永绥　乾城　　安化　　长沙　浏阳
泸溪　宁乡　湖
凤凰　辰溪　溆浦　新化
麻阳　　　　　　2　湘乡　湘潭　醴陵
贵　芷江　黔阳　1　　　　　　3　衡山　攸县　茶陵　江
晃县　3　　　　　　　　衡阳　　　　2　鄙县　西
会同　　武冈　南　祁阳　　安仁
绥宁　　　　　　　常宁　耒阳
靖县　2　新宁　东安　　　　　　永兴
州　　城步　　　零陵　新田　桂阳　资兴　桂东
通道　　　　　　宁远　　郴县　汝城
　　　　　　道县　嘉禾　3
　　　　　广　西　永明　蓝山　临武　宜章
　　　　　　　　　　江华
　　　　　　　　　2　　　广　东

附图三
声调调类图

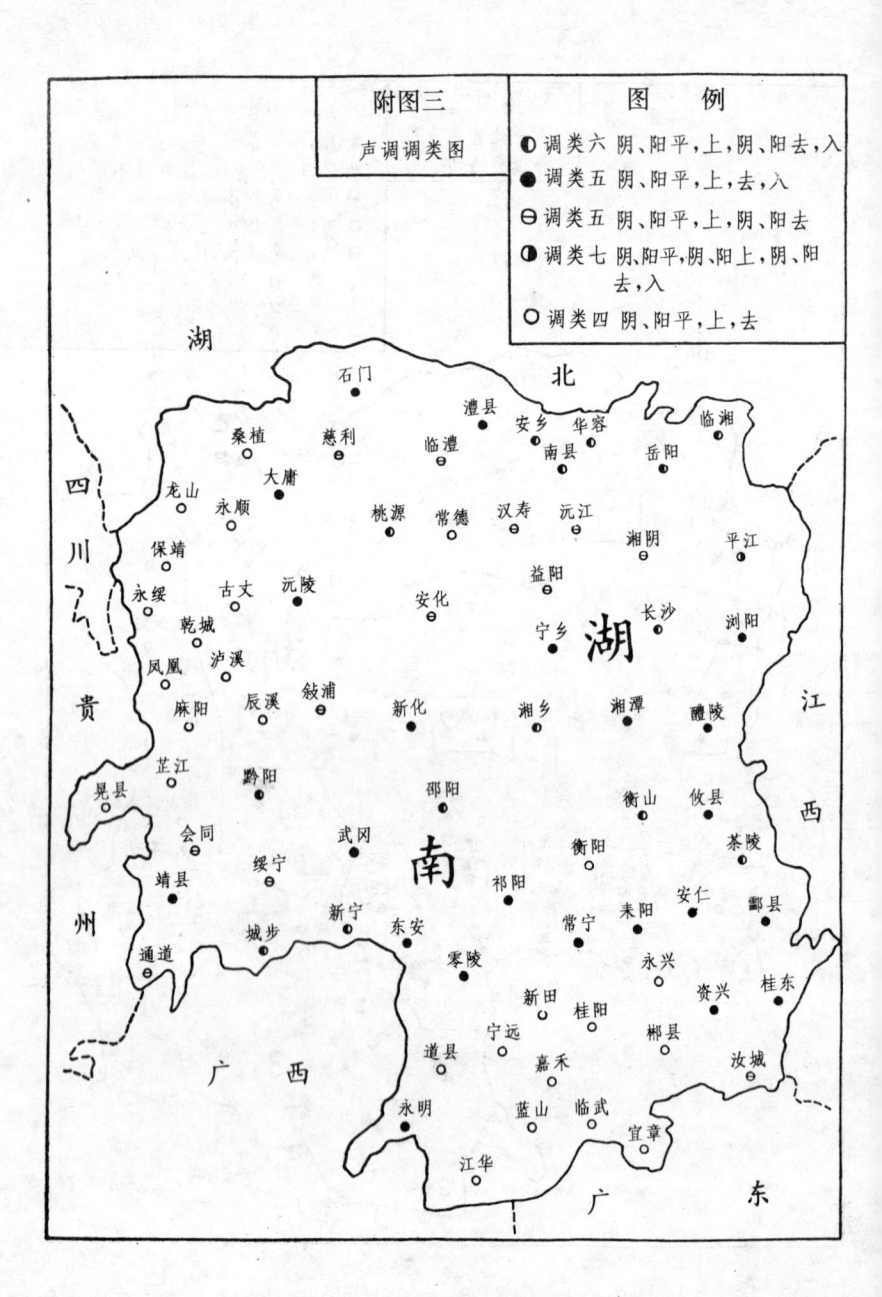

图例
- ◐ 调类六 阴、阳平，上，阴、阳去，入
- ● 调类五 阴、阳平，上，去，入
- ⊖ 调类五 阴、阳平，上，阴、阳去
- ◐ 调类七 阴、阳平，阴、阳上，阴、阳去，入
- ○ 调类四 阴、阳平，上，去

湖北 / 四川 / 贵州 / 广西 / 广东 / 江西 / 湖南

石门、桑植、慈利、临澧、澧县、安乡、华容、南县、岳阳、临湘、龙山、永顺、大庸、桃源、常德、汉寿、沅江、湘阴、平江、保靖、永绥、古丈、沅陵、安化、益阳、宁乡、长沙、浏阳、乾城、凤凰、泸溪、麻阳、辰溪、溆浦、新化、湘乡、湘潭、醴陵、衡山、攸县、茶陵、芷江、晃县、黔阳、邵阳、武冈、会同、绥宁、祁阳、衡阳、常宁、安仁、酃县、靖县、城步、新宁、东安、零陵、耒阳、永兴、资兴、桂东、通道、新田、桂阳、郴县、汝城、道县、宁远、嘉禾、永明、蓝山、临武、宜章、江华

引 用 书 目

丁邦新 1966 《如皋方言的音韵》,《历史语言研究所集刊》(以下简称《史语所集刊》)三十六本,573—633。

　　　　 1980 《台湾语言源流》,学生书局再版,台北。

王天昌 1969 《福州语言研究》,世界书局,台北。

北京大学中国语言文学系编 1962 《汉语方音字汇》。

　　　　 1964 《汉语方言词汇》。

江苏省和上海市方言调查指导组 1960 《江苏省和上海市方言概况》。

辻伸久 1979 《湖南诸方言の分类と分布》,《中国语学》226:1—12。

余直夫 1975 《奉新音系》,艺文印书馆,台北。

河北北京师范学院与中国科学院河北省分院语文研究所编 1961 《河北方言概况》。

姜信沆 1980 《依据朝鲜资料略记近代汉语语音史》,《史语所集刊》五十一本,515—534。

袁家骅 1960 《汉语方言概要》。

陶燠民 1930 《闽音研究》,《史语所集刊》第一本第四分,445—470。

杨时逢 1960 《四川方言声调分布》,《历史语言研究所集刊外编》第四种,359—388。

　　　　 1969 《云南方言调查报告》,《历史语言研究所专刊》(以下简称《史语所专刊》)之五十六。

　　　　 1971 《江西方言声调的调类》,《史语所集刊》第四十三本第三分,403—432。

　　　　 1973 《四川方言分区概况及语汇特点》,《中山学术文化集刊》第十一集,449—456。

　　　　 1974 《湖南方言调查报告》,《史语所专刊》之六十六。

董同龢 1953 《中国语言》,《中国文化论集》第一集,33—41;又见于丁邦新编《董同龢先生语言学论文选集》,353—365,食货出版社,1974。

1960 《四个闽南方言》,《史语所集刊》第三十本,729—1042。

詹伯慧 1981a 《现代汉语方言》。

　　1981b 《汉语北方方言的一致性与差异性》,《中国语学》228:29—36。

赵元任 1928 《现代吴语的研究》,清华学校研究院,北京。

赵元任、丁声树、杨时逢、吴宗济、董同龢 1948 《湖北方言调查报告》,《史语所专刊》之十八。

赵元任、罗常培、李方桂合译 1940 《中国音韵学研究》,译自 B. Karlgren: *Études sur la phonologie chinoise* 1915—26,商务印书馆,1964 台四版。

潘茂鼎、李如龙、梁玉璋、张盛裕、陈章太 1963 《福建汉语方言分区略说》,《中国语文》127:475—495。

蓝亚秀 1953 《福州音系》,台湾大学《文史哲学报》第五期,241—331。

罗常培 1940 《临川音系》,《史语所单刊》甲种之十七。

Chang, Kun(张琨) 1971 Phonological Aspects of Chinese Dialectology(汉语方音),《清华学报》新九卷第一、二期合刊,192—215。

　　　　1975 Tonal Developments among Chinese Dialects,《史语所集刊》第四十六本第四分,636—710。

Chao, Yuen Ren(赵元任) 1943 Languages and Dialects in China, *The Geographical Journal* CⅡ.2,63—66;又见于 Chao Yuen Ren, *Aspects of Chinese Sociolinguistics*, 21—25, Stanford University Press, California 1976.

Egerod, Søren 1967 Dialectology, *Current Trends in Linguistics* Vol.2, 91—129.

Forrest, R. A. D. 1948 *The Chinese Language*, Faber and Faber, London.

Hashimoto, Anne Y.(桥本余蔼芹) 1972 *Studies in Yüe Dialects* Ⅰ: *Phonology of Cantonese*, Cambridge University Press.

Hashimoto, Mantaro(桥本万太郎) 1973 *The Hakka Dialect*, Cambridge University Press.

　　　　1976—77《晋语诸方言の比较研究》(1)(2)(3),《アジア·アフリカ言语文化研究》12:11—58,13:77—127;14:72—132。

Li, Fang Kuei(李方桂)　1937 Languages and Dialects, *Chinese Year Book*, 59—65, 上海商务印书馆；又重印并加注改为 Languages and Dialects of China, *Journal of Chinese Linguistics* 1.1:1—13.

Norman, Jerry　1973 Tonal Development in Min, *Journal of Chinese Linguistics* 1.2:222—238.

　　1974 The Shaowu Dialect, Orbis 23.2:328—334.

　　1980 A Preliminary Report on the Dialects of Mintung, *Monumenta Serica* 33:326—348.

Ting, Pang-hsin(丁邦新)　1980 Archaic Chinese *g, *g^W, *ɣ, *$ɣ^W$, *Monumenta Serica* 33:171—179.

Wang, William S. Y.（王士元）　1969 Competing Changes as a Cause of Residue, *Language* 45.1:9—25.

Yang, Paul(杨福绵)　1967 Elements of Hakka Dialectology, *Monumenta Serica* 26:305—351.

原载《清华学报》14.1, 2:257—273,《庆祝李方桂先生八十岁论文集》, 1982。

汉语方言史和方言区域史的研究

一、方言史研究举例
二、方言区域史研究举例
三、方言影响与方言层
四、方言语法与历史语法
五、方言词汇之时代性与方言分类
六、综合研究

汉语是一个人口众多、历史悠久、方言复杂的语言，又有至少两千多年的文献提供早期的资料，对于研究语言现象的各方面，汉语都是可以垦拓的园地。汉语方言史是研究一个汉语方言形成的历史；而方言区域史则是以现在或古代某一个方言区为对象，研究那一个区域从古到今方言之间演变接触的情形。两者都是历史语言学的课题，着重点虽有不同，最终的目的都是给整个的汉语史描绘一幅比较完整的图画。

现在先举例说明方言史的研究以及方言区域史的研究，然后再就这个范围提出几点粗浅的想法来讨论。

一、方言史研究举例

这些年来对于闽南语的研究有不少新的资料使我们可以进一步了解一些小方言形成的历史，例如何大安(1981a)讨论海南岛澄迈方言的来源；李如龙和陈章太(1982)研究碗窑闽南方言岛二百多年间的变化；陆嘉美(1983)探讨一种浙南闽语——温州平阳闽南语的来源。可以大体推知这些小方言是从什么地方的方言移植迁徙而来，也可以看出其间演变的轨迹。

董同龢先生(1960)曾经调查过厦门、漳州龙溪、泉州晋江和潮汕揭阳等四个地方的闽南语，资料相当详细，可以用作比较闽南方言的起点。以下引用何大安、陆嘉美的研究及资料，综合地来推究澄迈及平阳两种闽南方言跟其他方言的亲疏关系。

首先按照各地的音韵特点列成下表：

	厦门	漳州龙溪	泉州晋江	潮汕揭阳	澄迈	平阳	例字
(1)	dz	dz	l	dz	z	dz(另有l-)	日、热
(2)	i	i	ə	ə	u	ï	猪、去
(3)	u	i	i	ə	u	ï	煮
(4)	ue	e	ue	oi	uai	ue	鸡
	ueʔ	eʔ	ueʔ	oiʔ	uai	ue	八
	eʔ	eʔ	əʔ	oʔ	uai	ɤ	雪
(5)	e	ue		ue		ɤ	岁、尾
	eʔ	ueʔ	əʔ	ueʔ	ue	ɤ	月
	ui	ueʔ	ui	ueʔ	ue	ui	血
(6)	ŋ	ui	ŋ	ŋ	ui	ŋ	饭、园
(7)	ĩ	ẽ	ĩ	ĩ	æ	ĩ	生
(8)	in	iŋ	in	iŋ	in	in	紧、称
	it	ik	it	ik	it	ieʔ	笔、直
(9)	un	un	un	uŋ	un	uən	船、唇
	ut	ut	ut	uk	ut	uəʔ	忽、出
(10)	阳平:阴平	阳平:阴平	阳平:阴平	阳去:阳平	—	阳平:阳去	门、茶

在这十个音韵特点之内,澄迈跟四个具有代表性的方言点的接近情形如下:

澄迈＝厦门	澄迈＝龙溪	澄迈＝晋江	澄迈＝揭阳	不清楚
1,3,4,8,9	1,5,6,7,9	4,8,9	1,5,7	2,10

先看不清楚的两点,第(2)点是"猪、去"等字的韵母问题,澄迈读 $d'u^{22}$、$k'u^{14}$,元音 u 可能受别的闽南方言影响而来,跟表上的四个方言点无关,因此关系不明。第(10)点是说明连读调值的变化方向,有的地方阳平相当于阴平的变化,有的地方则相当于阳去。而澄迈根本没有变调,只有一种调值,因此无法比较。

其余八个特点之中,澄迈跟厦门、龙溪接近的各有五点,跟晋江、揭阳接近的各有三点。如果认为澄迈方言是从漳州音加厦门话的母语移入海南岛的,或者由漳州移入,后来收到闽南通语厦门话的影响形成目前的情形,都是言之成理的,因为八个特点完全符合[①]。自然,澄迈跟晋江、揭阳的关系就相对地疏远了。

至于平阳跟几个方言点的关系则与澄迈的情形大不相同:

平阳＝厦门	平阳＝龙溪	平阳＝晋江	平阳＝揭阳	不清楚
1,4,7,8	1	2,3,4,5,6,7,8,10	1,2,6,10	9

第(9)点的接近情形看不出来,平阳的两种韵母似乎有进一步的变化,难以说定跟哪一种读法接近。其余九个特点之中有八个是平阳跟晋江类似的。我们可以相当肯定地说,平阳的闽南语大概是从晋江一带迁移过去的,这跟陆嘉美的发音人苏尚耀先生的说法是一致的[②]。

---

① 何大安(1981a:110)认为:"澄迈方言在系统上,是比较接近漳州的。"跟本文的看法大同小异。

② 陆文(1983:5)说:"苏先生自述他的祖先来自福建泉州,明末崇祯年间(1628—1644)因避饥荒而迁移到浙江。"

第(1)点平阳的dz-表面上跟晋江的l-不同,其实平阳另有l-声母,而dz-与l-并立的阶段正代表晋江早期母语的情形,后来两者合流,就成为晋江现在的读音了[①]。

从接近的情形看来,澄迈、平阳各有来源,那么差异的情形又如何呢?以最接近的两点来观察,可以归纳如下:

1. 澄迈与厦门、龙溪之差异

厦门、龙溪	澄迈
ṽ	⟶ v
-ʔ	⟶ ∅

2. 平阳与晋江之差异

晋江	平阳
-m	⟶ -n
-ʔ	⟶ -∅
-p, -t, -k	⟶ -ʔ

把相同及差异的情形综合起来,就是澄迈、平阳两个小方言音韵演变的历史。如果跟碗窑的情形比较,也可看出各地音变的方向:

3. 福建碗窑闽南方言岛与晋江之差异:

晋江	碗窑
-m, -n	⟶ -ŋ
-p, -t, -k	⟶ -k ~ -ʔ

正如陈渊泉(Matthew Chen 1973)指出的情形一样,鼻音尾有的变为舌根鼻音-ŋ,有的则经过鼻化元音的阶段之后终于失落。塞音

---

① 陆嘉美(1983:259—260)曾以《汇音妙悟》中dz-跟l-分立的情形证明早期泉州方言还具有这两个声母。

尾变成-k或-ʔ,最后在某些方言也完全失落。

这样的方言史研究可以追溯大约两三百年的光景,如果有可靠的资料,我们就可以把小方言演变的历史汇合成大方言的演变史。以闽语而言,可以把历史上人民迁徙的资料配合音韵的变化来推测闽语形成的历史。张琨先生(1984)的《论比较闽方言》已经把许多资料做了综合分析的工夫。何大安(1988)对于赣语史的研究也是方言史研究的一个很好的例证。

二、方言区域史研究举例

最近我(1988)曾经提出一些想法,认为浙江西南角吴语底层的白话音具有闽语的成分,可能南北朝时的吴语就是现在闽语的前身,而当时的北语则是现在吴语的祖先。这个想法让我想到以江东或者江南这一个方言区作为研究对象的可能,也许可以从各种语言现象推究在这一个区域之中方言之间影响接触的情况。

吴语底层的问题是从一个有争论的方言引起来的,傅佐之(1984)认为平阳蛮话是吴语,郑张尚芳(1984)则认为从语音和词汇看来都有闽语的特征。平阳蛮话的声母系统引录如下:

p	pʻ	b	m	f	v
t	tʻ	d	n		l
ts	tsʻ	dz		s	z
tɕ	tɕʻ	dʑ	ɲ	ɕ	z
k	kʻ	g	ŋ	h	ɦ
ø		j			

从这个系统看来自然是吴语的一种,但是读音上却有"端知不分"的问题。傅氏把知系字分成以下四组:

1. 虫、长、桌、啄等十个字。
2. 猪、锤、张、竹等二十九个字。
3. 茶、蛛、账、中等八十个字。
4. 柱、知、转、澄等二十四个字。

认为蛮话的三种方言把这些知母字读如端母的范围大小不同,白沙蛮话只把第1组读为舌尖音,钱库蛮话则把1、2两组读为舌尖音,平阳蛮话又扩充至第3组,而第4组则没有读为舌尖音。既然范围宽窄不同,自然不该根据这一个不一致的现象把蛮话归为闽语。

我觉得讨论这个问题应该注意文白的异同,但原资料里文言白话的层次却没有清楚的描述。根据谢云飞(1988)的资料,在丽水方言中有下面的文白对比:

例字	白话	文言
猪	ti^{35}	$tɕy^{35}$
蛛	ty^{35}	$tɕy^{35}$
转	$ty\tilde{\varepsilon}^{22}$	$tɕy\tilde{\varepsilon}^{22}$
啄	$tiʔ^{44}$	
长(动词)	dai^{213}	$dz'iaŋ^{213}$
张	$tiaŋ^{35}$	$tsaŋ^{35}$
胀	$tiaŋ^{51}$	$tsaŋ^{51}$
帐	$tiaŋ^{51}$	

涨 　　　　　　　　tiaŋ⁵¹　tsaŋ²²（涨潮）

值得注意的是这几个白话读音却涵盖上面所说的四个组,因此我才提出白话底层的看法①。推究这个底层的来源,我曾引用《南史·王亮传》的资料,指出闽语的方言字"跤(骹)"出现在当时南朝的口语里。后来又在南朝的吴歌里找到一个"侬"字,具有跟闽语很接近的用法。例如:

(1) 吴歌子夜四时歌夏歌:赫赫盛阳月,无侬不握扇。
(2) 吴歌子夜歌:欢愁侬亦惨,郎笑我便喜。

前一例中"无侬"是"无人"的意思:夏月炎热,无人不握扇。后一例中,从上下对句看来,"侬"指"我"。而闽语中的"人"其实就是"侬"字。例如厦门读 ₌laŋ、福州读 ₌nøyŋ、龙岩读 ₌daŋ、莆田读 ₌naŋ②。这个"侬"字可以指称自己,作为一种委婉的说法。例如台北的闽南语:

　　₌laŋ　₌bo　ai⁼　　人家不要!
　　koʔ₌　leʔ₌　tsʼioʔ⁼　₌laŋ　　还在笑人家!

正如国语一样,这两句里的"侬"(人家)指的其实就是"自己"。

在词汇之外,韵母的演变上有没有证据支持南北朝的读法跟闽语的白话相近呢?仔细检索的结果,得到下面一点资料:

之脂支三部演变情形

上古:支部-ig　　　之部-əg　　　脂部-id

两汉:支部-ei→ei　之部-əg　　　脂部-əd→-əi

魏晋:支部-ei　　　之(哈)部-əï　脂部-əi

---

① 请参看拙文(1988),此处不再详论。
② 参见拙文(1990:11)。

南北朝：
　　　宋北魏前期　　支佳-ei 之-əï　　　脂微-əi
　　　北魏后期、北齐　支-e　 之-əï　　　脂 -ei
　　　齐梁陈北周隋　　支-e　　　　　　脂之 ei(微-əi)
　　闽南：　　支 i, e, ə, ue, ia, ua　脂之 i, ai(脂：眉、梨、师，之：治、使)

中古《切韵》中有之、脂、支三韵，分别来自上古的之、脂、支三部，这些韵里的字在现代方言里大体都无法分别。正如国语中"之脂支"三个字根本完全同音，无法从韵母上看出以往历史上的区别。只有闽语中可以找到"支"跟"之脂"有分读的线索。例如支韵字在闽南语中的韵母有-i、-e、-ə、-ue、-ia、-ua等，但之脂韵字却有读-ai的，例字见上。韵母上这种分野有没有历史的证据呢？检看上古到南北朝之间韵部演变的情形，恰好在南北朝的后期齐梁陈北周隋的时代也有"支"跟"之脂"分立，"之脂"合流的现象，而且根据何大安(1981b:205—210)的拟音，"支"是-e，"脂之"是-ei，后者正是一个复元音。我相信这不是偶合，跟现代吴语的白话底层一样，闽语的祖语可能就是南北朝时代所谓的"吴语"。

　　这样的推论引发的问题是关于方言区域史研究的纵深现象。在江东或江南这一个区域，方言之间有过什么样的接触？彼此之间的影响在现代方言之中产生什么样的结果？如果把历史上的现象跟现代方言综合探讨，也许可以给这个区域的方言做相当清楚的描写。Serruys(1959:98—99)研究扬雄《方言》时把汉代的方言分做六区；严耕望先生(1975)根据同样的材料从历史地理的角度也分为六区；我(1975:261—262)利用郭璞(276—324A.D.)的《尔雅》注找出他对比的五个区域，列表比较如下：

汉代(Serruys 说)	汉代(严耕望说)	晋代
Western	关西区	关西
Central	关东区(中原区)	
North-Northeastern	燕朝鲜区	北燕
Eastern	海岱间之齐国区	东齐
Southeastern	江淮区	江东
Southern	长江中下游区	荆巴

其中江东都是一个方言区,显示当时似乎没有今天所谓闽语和吴语的差别。等到明代张位在《问奇集》(写成于1540—1600左右)中叙述各地方音时,就成为八个区:燕赵、秦晋、梁宋、齐鲁、西蜀、吴越、二楚、闽粤。已经把吴越跟闽粤分列。他举的例字如:

吴越:打为党,黄为王,猪为知。

闽粤:方为荒,知为兹。

吴越部分的读音也是今天吴语的特色,尤其"打"字读如"党"一条最为清楚。闽粤部分所显示的也是现在闽语或粤语的现象[①]。

如果我们能找到更多的资料,对于江东这一个方言区的历史就能掌握更有条理的细节,自然对现代方言的来龙去脉就更能了解全貌了。

以上只是拿江东方言区作为一个例子来研究,其他的方言区自然也可以作如此深入的探讨。前几年我曾经主持过海南岛方言

---

① 详见拙文(1978)。

的调查计划①,注意到当地的汉语方言都有把一般的 s- 读成 t- 的现象,认为可能受到黎语的影响。而欧阳觉亚和郑贻青(1963)的《黎语概况》之中正有以下的对当情形②:

海南黎语

保定	通什	白沙	西方	语义
tui	tui	tshoi	sui	水牛
te:ŋ	te:ŋ	tshiaŋ	se:ŋ	梳子
to:k	to:ʔ	tshɔʔ	so:k	洗(衣)

如果以海南方言区作为一个研究的对象,对于了解这个方言区域的历史,其中语言及方言接触的情形,都是很有意义的课题。

三、方言影响与方言层

无论研究方言史或方言区域史都要处理方言间影响的问题,我以为彼此影响如果很深,就产生所谓的方言层,例如闽语的文白两读就形成文读层和白话层;如果影响很浅,就只有小部分词汇的移借或一字两读。我想方言层有数量较多的例字,最主要的特性是具有成系统的音韵特征,而一般的方言或语言影响则仅有少数零碎的例证,或者即使数量不少,但系统性却不明朗,常有错综复杂的现象。方言层是大家熟知的,不必举例。方言影响则有多样性的面貌,现在来讨论几种类型:

(一)以另一方言白话作文读

---

① 我自己调查儋州村话、临高话,何大安调查乐会、澄迈;杨秀芳调查万宁;张贤豹(光字)调查海口,都已发表部分结果。

② 详见拙著(1986:183)。

上面我们说过几种闽南方言的音韵特点，其中的一种就是"鸡"。这一类的字在漳州读 ke，在泉州读 kue，显示介音 u 的有无是两种白话音的不同。在董同龢先生(1967)所记的一种台北的闽南话里，具有以下的资料：

1. 鸡 ke^{44}:ke^{33} nŋ^{33} bat^{11} bat^{44} ia^{11} u^{11} pʻaŋ^{33}
鸡卵密密也有缝。
2. a. kue^{44}:sui^{55} kue^{44} ki^{11} 水鸡记
b. kue^{44} siã^{44} 鸡声

第1条是一句谚语，"鸡"字的读法 ke(44→33)自然是白话音；2a 是一篇故事的题目，其中"水"字读 sui^{55} 显然是文读①，可见"鸡"读 kue^{44} 也是文读。这是把另一个方言中的白话音拿来作为文言音用。但 2b 的"鸡声"又是以 kue^{44} 与白话音 siã^{44} 相配，显示方言混杂时用法不一致的现象。

（二）以另一方言文读作白话

何大安(1981b)讨论澄迈方言的文白异读时，引用以下的例证：

	台南文读	台南白话	澄迈文读	澄迈白话
熊	hioŋ^{33}	him^{13}	sioŋ^{51}	hioŋ^{51}
盒	ap^{44}	aʔ^{44}	hap^{33}	ap^{33}
竹	tiɔk^{22}	tik^{22}	tsok^{55}	diok^{55}

台南的这一种方言属于漳州方言②，从以上的比较看来，澄迈是把别的方言的文读音作为自己的白话音。自然这个说法并不意味着

---

① "水"字的白话音通常是 tsui，声母不同。
② 参见何大安(1981b:117)。

澄迈方言是从台湾迁移而去的,只是指出澄迈的白话音确实跟一种漳州方言的文读音相合,而上文已经说明澄迈的音系跟漳州方言及厦门话是很接近的。

(三)以本方言文读作白话

我(丁:1986)调查的儋州村话有相当完整的文白两读,因为声调系统不同,几乎所有的字都有文白的差异。效摄萧韵的开口部分有三种白话韵母:e、i、ieu,全部例字如下:

(1) e:条调 he^{55}:鸟 ne^{11}、了 le^{11}:钓 he^{22}、尿 ne^{11}、料 le^{11}。

(2) i:萧箫 ti^{35}。

(3) ieu:刁 $dieu^{35}$、雕 $dieu^{35}$~$hieu^{35}$、挑 $hieu^{35}$、撩 $lieu^{22}$;吊 $dieu^{22}$。

韵母读-e的都是端系字;读-i的萧箫两字是心母字,跟三等宵韵的"消宵"等字混合,都读 ti^{35}。第(3)类读-ieu的字显得很奇怪,它们也都是端系字,但韵母差别甚大。如果-ieu韵代表早期的韵母,何以一部分端系字后来变-e,另一部分却不变? 如果假设所有的萧韵字在白话音都该变读为-e或-i,那么这些-ieu韵的读法从何而来?

现在来检看儋州的文言音:

(4) 文言音:刁 $dieu^{22}$、雕 $dieu^{22}$、挑 $hieu^{22}$、撩 $lieu^{11}$、吊 $dieu^{35}$。

我们发现除去声调以外,声韵母全同,可见白话的读法是受了文言的影响。最大的可能就是这些字以文读当作白话,加上声调的调整成为现在的情形。

(四)文白混杂产生新读

在儋州村话里文白混杂的情形有好几种,其中一种是元音改变型:

白　　话	文　　言	新　白　话
昌 suɔŋ³⁵	saŋ²²	sɔŋ³⁵
昌盛 suɔŋ³⁵tieŋ¹¹	文昌帝君 vɔn¹¹saŋ²² di³⁵kin²²	昌化 sɔŋ³⁵ha²²（县名）
穿 suan³⁵	suan²²	sun³⁵
穿衫 suan³⁵tam³⁵	穿衣 suan²²zi²²	穿穴 sun³⁵hot²²
陵 laŋ⁵⁵	liŋ¹¹	leŋ⁵⁵
蚂蝗陵 ŋai¹¹vaŋ⁵⁵laŋ⁵⁵	丘陵 q'ieu²²liŋ¹¹	陵水 leŋ⁵⁵tui²²（县名）

在白话、文言两种读音之外又产生一种新白话，音读似乎是以文言音或白话音为基础，改变元音而成。值得注意的是其中有两处是地名，地名有时存古，有时翻新，难以认定。我们也不知道这些地名会不会带着其他方言的色彩。总之，这种新白话显示文白之外的音读，可以视为方言影响的一种现象。

综合以上的类型，可见方言之间的影响有多样性，许多零碎的例子只有片面的意义，代表方言影响的一个点，并不能反映整个的方言层。方言层的时间可以推索，显示系统性的现象；方言影响则不易推断，有时会产生新的变读。

四、方言语法与历史语法

一般说来，方言语音方面的研究跟历史音韵学颇能配合，但是方言语法的研究跟历史语法还没有良好的结合。赵元任先生(1968:13)以前曾经说过：

中国各地方言在文法上最有统一性。除去一些小的分歧：像吴语粤语的间接宾语放在直接宾语之前……再除去一些词尾跟语助词的不同……咱们可以说，中国话其实只有一个文法。即使把文言也算在内，它的最大特点只在单音节词多,复词少;还有表示地方、来源的介词组可以放在主要动词之后,而不放在前面。除此以外,实质上,其文法结构不仅跟北京话一致,跟任何方言都一致①。

近来颇有人提出不同的看法,认为方言语法之间也颇有差异。例如朱德熙(1985、1990)对反复问句的看法就指出各方言之间的不同。现在我把他的研究综合如下:

		可+动词组	动词组+不+动词组	动宾+不+动宾	动宾+不+动	动+不+动宾	动宾+不
北方官话	北京				×		
	河南		×	×			
	陕西				×		×
	山东、东北				×		
西南官话		×	×				
下江官话		×	×				
吴语		×	×				
湘语			○			○	
赣语			○				
客家话			×			×	
粤语							
闽语		○	×	?		×	×
西游记		×					
儒林外史		×	○				
金瓶梅							
红楼梦		×	×				
儿女英雄传		×	×				

表上圆圈的部分是我增补的,只是根据一般的观察,并没有做详尽的调查。这里只是举例来说明各大方言及若干近代文学作品中反

---

① 本段引文见拙译本(1980:8)。

复问句的情形。

反复问句如此,别的结构又如何呢?举一个我所熟悉的例子来说[①]:

我(1986)出版《儋州村话》之后,梅祖麟曾来信跟我讨论村话中的语法现象,其中一点是"得"字的用法。儋州村话的语料里"动词+得"的情形相当多,例如:知得、过得、偷得、拿得、看得、住得、提得、担得。《朱子语类》里这一类的结构非常多,在那以后就渐渐消失,国语里只保存了"觉得、记得、晓得"。从断代的条件说来,这种结构大约是十二、三世纪汉语的特征。

另外,儋州村话有以下的用例:

鸡…总抽不得那只脚出来。(197页4行)

细粉…总不从得鼻出来。(198页1—2行)

人…醉几日睡不起得身来。(203页9行)

又有:

我也不吃得。(193页11—12页)

人家…没出得海。(229页10行)

先生爸…未吃得几块肉。(237页11行)

你们…也无担得,无提得。(240页9—10行)

他…未走得过。(247页8行)

这一类结构大体是"动词+不得+宾语+补语","不+动词+得+补语",或"不+动词+得+(宾语)",跟宋代资料的情形相当接近[②]。梅先生认为前两种结构都有"拆开的能性补语"[③],例如"总

[①] 这个例子在讲演时没有时间说明,现在加以补充。主要的论点根据梅祖麟给我的来信。

[②] 详见吕叔湘(1955:59—68)在《与动词后得与不有关之词序问题》中的讨论。

[③] 梅先生信中用"split potential complement",这是我的翻译。

抽不得那只脚出来"、"未走得过",在元代以后大致绝迹,因此很容易用来断代。

这一种讨论是把方言语法跟历史语法结合在一起,有时候可以互相发明。问题是我们对历史语法的断代条件到现在只有粗略的看法,远不及历史音韵学中断代条件的细致,这一个方向还需要进一步的探究。当然,研究方言语法的路向跟历史语法的联系更有待加强。近年来研究闽南语语法的著作不少,跟历史语法的关系还没有能阐明。

五、方言词汇之时代性与方言分类

当两个语言接触或两个方言彼此影响时,通常最容易移借的是词汇,也可以说词汇最容易改变;语音变化至少也要几十年的光景;语法最不容易改变,但从中国语言的历史看来,渐进的语法改变有相当清楚的轨迹可循;那么,语言中最保守的也许就是构词法了。

词汇既然容易改变,是否能用来作方言分类的根据呢?我想如果我们能厘清词汇的时代性,还是可以作分类的条件。例如某一个词汇在历史上可以肯定它应用的时段,到某一个时期之后已经被其他同义词代替了,不再见用了;而这一个词汇却保存在某一方言之中,那么就可以用它来作为方言区分的一个条件。问题在于我们如何能肯定一个词汇的历史?古文献数量庞大,翻检不易。幸好历史语言研究所近年来把《二十五史》输入了电脑,我们至少可以用这一份资料作详尽的观察。举一个例子来说:

国语中称为"锅子"的东西,在文献上或方言中有不同的名称:鼎、釜、鏤、锅。其中"鼎"字在闽方言中仍然存在,大家都认为这一个字是方言词汇,我们是不是可以看一看这些跟"锅子"有关的词汇在《史记》一书里的用法,有没有什么语义上的分歧?能不能显示时代上的区别?

检索的结果,在全部《史记》中这些字出现的次数如下:

鼎 299次 釜 21次 镬 3次 锅 1次

先从出现次数较少的说起:"锅"字一见,并非《史记》本文,而是《史记》索隐的说明:"过与锅字相近,盖即脂器也。"可见"锅"大概是后起字,至少在《史记》正文中没有出现。

"镬"字三见,一次也是见于索隐,可以不必注意。另外的两次原文如下:

范雎传:"贾有汤镬之罪。"

廉颇蔺相如传:"臣请就汤镬。"

两处都与"汤"字连用,可以推想"镬"在当时可能专门指称烧水的大锅,可以作为刑具,大概不会是饭锅。

"釜"字二十一见,见于三家注的十四次可以不论,其余七次原文如下:

五帝本纪:合符釜山。

项羽本纪:破釜甑。

赵世家:城中悬釜而炊。

田完世家:宜若奉漏瓮沃焦釜也。

楚元王世家:嫂详为羹尽,栎釜,宾客以故去。已而视釜中尚有羹,……。

蔡泽列传:遇夺釜鬲于涂。

其中六次指烹煮食物的锅,意义相当明显。即使"釜山"一条大概指山形如釜,也没有问题。可见太史公用"釜"字的时候,心目中是指称一种"锅子"。

现在来看"鼎"字的用法。见于《史记》正文的只有一百二十九次,见于三家注的一百次也可以不论。见于正文的部分可分四种意义:

一、指宝器,如"宝鼎"、"九鼎",共一〇五次。

二、指食器,共六次。

三、见于年号"元鼎",共十二次。

四、意义不明显,如"鼎足",共六次。

我们来检看指食器的用法:

殷本纪:(伊尹)负鼎俎,以滋味说汤。

孟子荀卿列传:伊尹负鼎而勉汤以王。

平津侯主父列传:且丈夫生不五鼎食,死即五鼎烹耳。

游侠列传:伊尹负于鼎俎。

货殖列传:洒削,薄技也,而郅氏鼎食。

其中三条都跟伊尹有关,指传说中伊尹善于烹调,带着锅子(鼎)切板(俎)游说成汤的故事,并不是指当时实际的情形①。主父偃列传中的"五鼎食、五鼎烹"说明大丈夫的抱负,似乎也不是实际的情形,只是一种譬喻。最后一条的"鼎食"指以薄技致富,跟"五鼎食"的用法类似。因此我们可以得到一点证明来论断"鼎"字在太史公时代的用法:西汉的"鼎"主要指"九鼎"一类的宝器,也还了解"鼎"早先用为食器,但当时只用在譬喻性的典故里,并不真正当作现代的"锅子"用。

根据以上的分析,我们知道西汉时代的"釜"大约相当于现在的"锅子";"镬"是大的水锅;"鼎"则已用为宝器,只在引述传说或

---

① 《史记》中有几处记载"举鼎、扛鼎"的故事,让我们了解后来的"鼎"至少在重量上已经不可能指伊尹可以负载的"鼎俎"之"鼎"了。

典故时才用为食器①。那么闽语中还把"鼎"当作真正的"锅子"使用,至少保存了西汉时代尚可了解的一种用法。我们如果用这个词汇作为方言分类的一个条件,自然有充分的理由。

有的时候词汇完全相同,但是它的一种特殊用法可以用来作分类之用,而且具有相当清楚的时代性。例如闽南语中的"有"字,可以加在形容词之前加强语气:

这(tsit˳)粒西瓜有大:(国语)这个西瓜真大。

这(tsit˳)个(˳e)婴仔(ʿa)有勇:(国语)这个孩子真勇敢。

我觉得这种用法跟《诗经》里"有"字的一种用法非常接近:

周南·桃夭:桃之夭夭,有蕡其实。

小雅·白华:有扁斯石,履之卑兮。

"有蕡、有扁"就是"真大、真扁"的意思。如果这种看法正确的话,那么有些词汇的特殊用法就可以作为以方言词汇分类的一种条件,当然也是方言史研究的一个课题了。

今天我们对许多词汇发展的历史还不清楚,这个方向还有很广阔的园地有待我们去开拓。

六、综合研究

以上我从音韵、文法、词汇等几个方面讨论汉语方言史和方言区域史研究的一些想法,总起来说,我是想提议一种综合的研究。一方面希望对于中国方言的研究要从音韵扩展到文法和词汇,不仅要了解汉语音韵史,也要了解汉语文法史、汉语词汇史,再把这

---

① 这里我特别着重实际的用例,因此没有引述《说文》及《方言》中的定义和名称。

些纵深的研究跟方言平面的研究交接起来,建立坐标图上的两根主轴,使我们对汉语整个发展的历史得到明确的认识。另一方面,基于这样的要求,我也希望从事研究的人能把注意的范围扩大,研究音韵的也注意文法,研究文法的也注意音韵,彼此也都注意词汇。那么汉语方言史和方言区域史的研究也就等于整个汉语史的研究,也就能在语言学的领域里大放异彩了。

引 用 书 目

丁邦新 1978 《问奇集所记之明代方音》。

   1980 《中国话的文法》,译自赵元任1968,香港中文大学出版社。

   1986 《儋州村话》,《历史语言研究所专刊》(以下简称《史语所专刊》)之八十四。

   1988 《吴语中的闽语成分》,《历史语言研究所集刊》(以下简称《史语所集刊》)59.1:13—22。

   1990 《华语研究的展望》,《华文世界》51:1—13。

朱德熙 1985 《汉语方言里的两种反复问句》,《中国语文》1985.1:10—20。

何大安 1981a 《南北朝韵部演变研究》,台湾大学中国文学研究所博士论文。

   1981b 《澄迈方言的文白异读》,《史语所集刊》52.1:101—152。

   1988 《规律与方向——变迁中的音韵结构》,《史语所专刊》之九十。

李如龙,陈章太 1982 《碗窑闽南方言岛二百多年间的变化》,《中国语文》1982.5:354—364。

吕叔湘 1955 《汉语语法论文集》,科学出版社,北京。

张 琨 1984 《论比较闽方言》,《史语所集刊》55.3:415—458。

陆嘉美 1983 《温州平阳闽南语研究》,台湾大学中国文学研究所硕士论文。

傅佐之 1984 《平阳蛮话的性质》,《方言》1984.2:95—100。

董同龢 1960 《四个闽南方言》,《史语所集刊》30:729—1042。

1967 《记台湾的一种闽南话》,史语所单刊甲种二十四。

郑张尚芳 1984 《平阳蛮话的性质》,《方言》1984.2:100—101。

谢云飞 1988 《丽水西乡方言的音位》,《中华学苑》38:1—68。

严耕望 1975 《扬雄所记先秦方言地理区》,《新亚书院学术年刊》17:37—47。

Chao, Yuen Ren(赵元任) 1968 *A Grammar of Spoken Chinese*, University of California Press, Berkeley and Los Angeles.

Chen, Matthew(陈渊泉) 1973 Cross Dialectal Comparison:A Case study and some Theoretical Considerations, *Journal of Chinese Linguistics* 1.1:38—63.

Serruys, Paul L-M 1959 *The Chinese Dialects of Han Time According to Fang Yen*, University of California Press, Berkeley and Los Angeles.

Ting, Pang-Hsin(丁邦新) 1975 *Chinese Phonology of the Wei-Chin Period: Reconstruction of the Finals as Reflected in Poetry*, Institute of History and Philology, Academia Sinica, Special Publications No.65.

Zhu, Dexi(朱德熙) 1990 A Preliminary Survey of the Dialectal Distribution of the Interrogative Sentences Patterns V - NEG - VO and VO - NEG - V in Chinese, *Journal of Chinese Linguistics* 18.2:209—230.

原载《中国境内语言暨语言学(一)汉语方言》,23—39,1992。

论官话方言研究中的几个问题*

一、概说
二、分区问题
三、声母演变的现象
四、韵尾的合并、消失与产生
五、声调的分合与拟测
六、结语

一、概说

官话是汉语方言中最大的一支,人口最多①,通行的区域也最大。一向大分为北方官话、下江官话和西南官话三支②。近年来对于分区的问题颇有一些讨论,我(1982)也曾提出个人的看法,下文第二节再详细说明。

从历史背景来说,有关北方官话的方言材料最为丰富。例如罗常培先生(1933)研究的汉藏对音,代表八至十世纪唐五代的西

---

* 本文为一九八六年元月十五日至十九日作者参加加州大学柏克莱分校主办之国际会议时宣读之论文,会议名称为 Conference on the Languages and Dialects of China,已译成英文,将在论文集中发表。经征得论文集主编王士元教授之同意,先将原稿在此刊印,特此致谢。此文曾请周法高先生及李壬癸、龚煌城两兄惠阅,有所指正,并致谢忱。

① 据目前估计,约有六亿人。
② 见李方桂先生文(Li 1973:3),下江官话称为 Eastern Mandarin。最近的看法参见詹伯慧 1981 a、b,丁邦新 1982,李荣 1985a、b。

北方音；周祖谟（1943）、李荣（1956）等人根据北宋邵雍（1011—1077）《皇极经世》书中的声音倡和图研究十一世纪河南洛阳的语音；龚煌城（1981）利用《番汉合时掌中珠》（1190）①里的汉语和西夏语的对音资料，拟测十二世纪一种西北方音的声母系统。郑再发（T.F. Cheng 1985）根据《古今韵会举要》（1297）、《蒙古字韵》（1308）和《中原音韵》（1324）讨论十三、十四世纪早期官话的系统。有关《中原音韵》的研究有许多家，赵荫棠（1936）、陆志韦（1946a）、董同龢先师（1951）、Stimson（1962、1966、1978）、薛凤生（Hsueh 1976）、杨耐思（1981）和 Pulleyblank（1984）都有成系统的拟测。对于其中有问题的齐微、萧豪两个韵部的拟音，我（1981b）曾经利用当时的方言资料提出一点新的看法。

从十五世纪以后，跟北方官话有关的韵书如《韵略易通》（1442）、《西儒耳目资》（1625）、《韵略汇通》（1642）等都有人做分析性的研究，这里不一一赘引。但是有一系列的韩国资料值得特别重视：韩国朝鲜（1392—1896）王朝在1393年设立司译院，使用两种学习汉语的教材：《老乞大》和《朴通事》。这两本书大概写成于1346—1423之间，当时韩国还没有发明他们的拼音文字②。等到1443年，世宗创制"训民正音"之后，一方面命申叔舟和成三问编成《东国正韵》（1447），记录十五世纪朝鲜汉字音的标准音，也编纂《洪武正韵译训》（1455）作为学习汉语标准音之用；另一方面，到十六世纪，崔世珍（1473？—1542）就用训民正音给《老乞大》、《朴通事》两书注音，并译为韩文，成为《翻译老乞大》和《翻译朴通事》。注音的方法是给每一汉字加注左右两种音。左侧音是《洪武正韵》

---

① 此书为西夏人骨勒茂才所著。
② 参见丁邦新1978。

译训的俗音,代表十五世纪申叔舟所记的中国北方音,右侧音则是崔世珍所接触到的十六世纪的中国北方音,称为"今俗音"①。

《老》、《朴》两书差不多每隔一百多年就有新的"今俗音"出现,留给我们重要的资料来推测十六至十八世纪中国北方音演变的情况。以中文撰写论著的主要研究者有姜信沆(1980)、崔玲爱(1975)和康寔镇(1985)。现在根据康氏的研究(1985:40)把《老》、《朴》两书相关的资料列表如下:

书　　名	时代	作者	注音情形及其他
1. 老乞大、朴通事	1346—1423	不详	无注音
2. 释译老乞大、释译朴通事、老朴集览	1517之前	崔世珍	左侧为十五世纪俗音,右侧为十六世纪今俗音,有声调旁点。
3. 老乞大谚解、朴通事谚解	1670 1677	边暹 朴世华	有新注音,无调号。
4. 旧刊老乞大谚解	1745	卞烟	有新注音,无调号,与前两书相同。
5. 老乞大新释 朴通事新释	1761 1765	边宪等 金昌祚	无注音,但修改语法、词汇。
6. 朴通事新释谚解	1765	金昌祚	有新注音,无调号。
7. 重刊老乞大 重刊老乞大谚解	1795 1795	李洙等 不详	语法、词汇微有不同。 有新注音,无调号。

---

① 1517年崔世珍也在《四声通解》一书里记录三种字音,"正音"和"俗音"照抄自《洪武正韵译训》,"今俗音"就是十六世纪的中国北方音。

从平面的方言调查来说,有关西南官话的资料最多。历史语言研究所印行的《湖北方言调查报告》(赵元任等1948)、《云南方言调查报告》(杨时逢1969)、《四川方言调查报告》(杨时逢1984),提供相当详细的描写,可以作为进一步研究语音演变的根据。

上面的这些介绍只是就大体的情形来说的,在这篇短文里自然无法把目前的研究一一详细说明。书目方面有杨福绵(Yang 1981)的详目,近五年来,《方言》杂志刊载许多有关官话的论文,都是值得参考的。以下将就一些个人注意到的跟官话方言有关的问题提出来讨论。

二、分区问题

方言分区究竟应该用什么样的条件?哪一类的条件最重要?在两个条件发生抵触的时候,应该以哪一条作为分合的根据?几年以前,针对这些问题,我曾经写过一篇文章(丁1982)试着提出解答。我的原则是:

> 以汉语语音史为根据,用早期历史性的条件区别大方言;用晚期历史性的条件区别次方言;用现在平面性的条件区别小方言。早期、晚期是相对的名词。不一定能确指其时间。条件之轻重以相对之先后为序,最早期的条件最重要,最晚期的条件也就是平面性的语音差异了。(丁1982:258)

到现在,我觉得这一个提议似乎仍然有存在的价值。如果不计保存古音特例的方言岛,按照这个原则来区分汉语方言的话,可能具有比较坚强的理论根据。

在把汉语分为官话、吴语、湘语、赣语、客家话、闽语和粤语等七大方言之后,对于官话的次方言,我曾经用两种条件分为五支:

普通条件	北方官话	晋语	下江官话	西南官话	楚语
1. 古入声的演变	入派三声,或派入二声	保持入声,或有ʔ尾	保持入声,有ʔ尾	入声归阳平或去声	保持入声,无塞音尾
2. 古泥来母的分混	大致都分		大致相混		洪音混,细音分
独特条件	北方官话	晋语	下江官话	西南官话	楚语
3. 鼻音韵尾有弱化消失现象	−	+	−	−	−
4. 古鱼虞韵知章见系的字韵母读u	−	−	−	−	+

其中晋语和楚语都独立出来作为官话次方言的一支,和下江官话、西南官话等平行,理由不再赘引。

最近看到李荣(1985a:2—3)提议把"晋语"从北方官话分出来,作为大方言的一支,和湘语、赣语等平行,晋语的定义是"指山西省及其毗连地区有入声的方言"。李氏在文中并没有提到其他的条件,如果只以这一个条件来划分晋语,似乎不够坚强。一般说来,下江官话基本上也是有入声的方言,有的地方还有两种入声,但是我们并不把下江官话独立为一支大方言。李氏自己给官话方言分区,分成西南、中原、北方、兰银、北京、胶辽、江淮等七个次方言,其中江淮官话就相当于一般所说的下江官话,其特性正是"古入声今读入声"。我认为把晋语仍旧作为官话的一支来看待,也许比较合适。我在以前的文章里曾经提出比较详细的讨论。(丁1982:263—264)。

李氏把官话分为七区,只用了一个条件,就是中古入声字演变的方向。例如北方官话是古清音入声今读阴平,次浊入声今读去声,全浊入声今读阳平;而胶辽官话和北方官话的不同只有一点,就是古清音入声今读上声,其余都一样。入声的演变是一个重要的条件,但是仅此一项,又分得如此之细,也许难以说定。是否还有其他声母、韵母方面的异同可以作为佐证呢? 又如西南官话,李氏认定的特性是"古入声今全读阳平",但我们知道四川的第三区古入声今读去声,并且第二区有的方言点入声还独立。(详见杨时逢 1984:1759—1760)。这些地方我们仍然得要承认它们是西南官话。

如上文所说,我把官话分作五支。在晋语、楚语之下没有再分小方言,对于北方官话、下江官话和西南官话曾经作过进一步的区分①。现在分述如下:

北方官话分为六区,表列如下:

条件	国语	东北	关中	西北	普北	鲁东
尖团音的区分	不		分		分	
ts:tʂ 的区分	ts:tʂ	ts	ts:tʂ:t(pf)	ts:tʂ	ts:tʂ:tʃ
ən:əŋ 的区分	ɐn:əŋ	ə̃:əŋ	不分,读 əŋ 或 ẽ	ɐn:əŋ	ē:əŋ (en:eŋ)

关中指以咸阳、西安为代表的小方言;西北指以兰州为代表的小方言;普北则指一般普通北方官话。原来进行初步观察的时候,设定的条件多至十几条,例如:(1)脑:袄的区分,(2)n:l 洪音的读法,(3)n:l 细音的读法,(4)国语 ʐ- 的读法;(5)n、l 能否配撮口音,(6)"丝生诗扇"四字的区分,(7)in:iŋ 的区分,(8)调类多少,(9)调值高低,等等。经过比较淘汰,最后选定的这三个条件都是

---

① 关于晋语部分,桥本万太郎 1976—77 分为晋北、晋中、晋南三支。

相当晚期或平面性的现象,合于上文所说的原则。

下江官话分为四区,表列如下:

条件	京话	苏中	滨海	皖南
ts:tʂ 的区分	分	不分		
z:l 的区分	z:l	l		z:l
入声调类	1		2	1
阴阳去的区分	不分		分	

京话指南京官话;苏中指以扬州、盐城为代表的江苏中部官话;滨海指以泰州、如皋为代表的江苏境内比较靠海的官话;皖南指以绩溪为代表的安徽南部方言。观察过的条件包括:(1)n:l 的分混,(2)声母 ŋ 的有无,(3)ts、tsʻ、s 能否配齐齿韵,(4)an:aŋ 的区分,(5)ən:əŋ 的区分,(6)"渴:客"的区分,(7)"街、鞋"的韵母,(8)调值,等等。其中有的条件和表上的条件意义一致,例如:声母 ŋ- 在京话和苏中都没有,而在滨海和皖南两个小方言中都存在。其作用和阴阳去的区分情形类似,因此就略去不提。

容易引起争论的是皖南的问题。以绩溪和江苏的南通来比较,相同的条件非常多。例如:ts:tʂ 不分;都有 ŋ-;ts、tsʻ、s 不配齐齿韵;an:aŋ 分读为 ã:õ;ən:əŋ 不分;"渴:客"不同;z:l 不等;都分阴阳去,等等。不同的条件只有绩溪不分 n:l,而南通可分;绩溪有一种入声,而南通有两种。把分析的角度放大一点,n:l 分混就是中古泥母、来母是否合流的问题,那是下江官话、西南官话共同的现象,只能说"大致相混"。入声的多少也是滨海、皖南之间部分搭界的问题。因此,我暂时把皖南方言归入下江官话。是否要独立一支皖方言的问题,还有待进一步的研究。

西南官话也分为四区,表列如下:

条件	普通西南	两湖	上江	滇话
tsu:tʂu 的分混	tsu	tɕy	tsu	tsu:tʂu
"杜、助"韵母的读法	u	ou	u	u
入声调的有无	无	无	有	无

普通西南官话指四川第一区、第四区，云南第四区等地的方言[①]；两湖官话指湖北第一区[②]及湖南境内跟湖北、贵州交界地区的方言；上江官话指四川第二、第三两区而言；滇语则指云南的一、二、三区。观察过的条件包括：(1)尖团音的区分，(2)n:l 的区分，(3)f:x 的区分，(4)"书、虚"的读法，(5)ən:əŋ 的区分，(6)an:aŋ 的区分，(7)"代、倍、例、世"的韵母，(8)齐齿音和撮口音的分混，(9)调类多少，(10)调值高低，(11)入声的归属，等等。

以上三个表里的条件有的还可以省去，例如北方官话中"尖团音的区分"、下江官话中"阴阳去的区分"、西南官话中"杜助韵母的读法"，剩下的条件已经足够加以区别。现在仍然保留的原因是为了尽可能照顾声韵调的全面性，或者为了条件的特殊性。区分次方言和小方言的工作有时是难以说定的，而且总有例外的现象存在。赵元任先生(1948:1567)以颜色的界限来比喻方言的分界，实在是不易之论。目前我的看法只能说是一种工作过程中的假设而已。

三、声母演变的现象

官话声母的演变有许多值得研究的问题，例如：中古全浊塞音

---

① 这里所用的第一区、第四区等名称是引用杨时逢 1969、1984 中的分区。
② 湖北第一区是用赵元任等 1948 中的分区。

和塞擦音声母在官话中演变的方向一致吗？如果不一致，何时合流？在其他方言中有无特殊的现象？这一类的问题都有许多学者做过研究，例如王力(1958)、张琨(Chang 1971)、Hashimoto(1978)对语音的发展或各方言中的情况都有一般性的探讨；郑再发(1966)考察过十七项音变的"锥顶"；郑锦全(1980)深入探索过北音颚化的源流，并指出语音变迁的相互关系。至于如何解释音变，则有王士元的理论(Wang 1969, Cheng and Wang 1971)。本文只预备提出几个现象来加以讨论。

一、全浊塞音和塞擦音的演变

以前阅读有关客家话的文献的时候，常常思考一个问题，客家话既然确实是从陕西、山西、河南三省之间迁徙南来，何以现在北方官话各小方言都没有全浊塞音平仄全变送气清音的现象？直到龚煌城(1981:47—56)利用西夏文资料指出十二世纪西北方音中有一种方言正是全浊塞音变为送气清音的时候，才打破疑团。这种演变除赣方言和客家话以外，张琨(Chang 1975b:641—642)早已指出在安徽、江苏都有相同的现象，但在北方官话中只找到不完整的记录，如灵宝(杨时逢等1971)。其实在唐代的汉藏对音资料中已经显示有这一种方言，可惜解释的方向有一点偏差，未能得到正确的评断。现在把历史文献中所显示的全浊塞音(包括浊塞擦音，下同)演变的类型作一个综合的观察：

（一）全浊塞音不分平仄都变为送气清塞音（次清）

罗常培先生(1933:29)研究《大乘中宗见解》的汉藏对音，发现除去"凡梵，息道第大地盗定达，著"等十一个字保存浊音以外，其余全浊塞音和塞擦音的字都变成次清。由于保存浊音的十一个字中有两个上声、六个去声，又由于《大乘中宗见解》和《千字文》(简称《大》、《千》)之中有部分全清上去声字和全浊相混的现象,罗先生的解释是:"可见全浊平声变次清、仄声变全清的趋势那时候已竟开始了。"我们要注意,保存浊音的有一个平声字"凡",同时变为次清的字四声都有,例如:

平:pʻ-菩盘平,tʻ-同檀,cʻ-持尘,tsʻ-财慈前情曾,kʻ-其。
上:tsʻ-在造聚。
去:pʻ-鼻,cʻ-治住,tsʻ-自净,kʻ-具共。
入:pʻ-拔别帛,tʻ-独毒,cʻ-值,tsʻ-集绝寂,kʻ-及。

如果认为在这个方言里全浊塞音变次清,也就是变送气清音是大的趋势,而未变的十一个字是词汇扩散的遗留,或方言参杂的现象,也许更切合实际。至于有些全清的字藏文对音用全浊音来代替,可能是不同性质的问题,罗先生已有解释。值得注意的是,同一个字而藏音有清浊两读,如:本:pon(千):bun(大);对:twaʻi(千):dwe(大);众:cuṅ(大):juṅ(大);作:tsag(大):dzag(大);解:ka(千):ga(大);举:kuʻu(千):gu(大);故:ko(大):gu(千);观:kwan(大):gwan(大)。很可能是对音值的分辨不够精确而引起的。

《大乘中宗见解》的对音属于八至九世纪,《千字文》也属于九世纪。我们可以说,在八九世纪时,西北地区有一种方音全浊塞音和塞擦音已变为送气清音,只有少数例外。这个解释如果正确,那么这是最早的"全浊变次清"的记载。

龚煌城(1981)研究《番汉合时掌中珠》(1190)一书里的汉夏对音,发现大量的材料显示下列现象:

西夏对音:　　　　ph　　　　th　　　　kh　　　　tsh
汉语方音:　　ph　b　　th　d　　kh　g　　tsh　dz

他的结论是:"从对音资料观察,中古汉语的浊塞音与浊塞擦音,不分声调,均变成送气的清塞音与清塞擦音。"这是坚不可移的论断。

如果对汉藏对音的资料还有不敢尽信的地方,至少这一项十二世纪的材料毫无问题。在北方官话的历史上找到这个现象,使我们对于客家话的来源和部分下江官话的现象得到语音上的证据。

(二) 全浊塞音不分平仄都变为不送气清塞音(全清)

罗常培先生(1933:75—94)研究《开蒙要训》(929)中的汉字注音,发现有"帮并互注、端定互注、照澄互注、精从互注、见群互注"等许多例子,因此断定中古的全浊塞音已经变为不送气的清音。他说:"如果当时注音者不至于十分随便,我们只能承认它是这种方音的特异色彩。"《开蒙要训》代表的是十世纪的敦煌方音,为什么罗先生措辞如此谨慎,可能因为在今天的北方方言中没有发现全浊塞音都变全清的例子。事实上晋语和北方官话中已有同样的演变,只是隐藏在另一个语言层里,未曾受到应有的注意。

王立达(1958a:29)指出太原方言里中古全浊"并、定、从、澄、群"等五母的平声字在文言音中读送气,但是在白话音中都读为不送气清音。例如:

排 pɛe = 白;调 tiəu = 刁,提 ti = 低,甜 tiɛ = 颠,田 tiɛ = 颠,桃 tɔu = 刀;前 tɕiɛ = 煎;厨 tsu = 朱,迟 tsʅ = 知;骑 ɕit = 机。

这些字都是平声,读同一个低平调①,原文并附有每一个字在白话音中出现的词语。李守秀(1980)、侯精一(1980)指出山西中部榆

---

① 太原话是保持入声的,但"白"字文言音读成平声。平声不分阴阳,都是低平调。

次、平遥方言有类似的现象;钱曾怡(1981)更说明山东文登、荣成、牟平一带五十六个方言都有全浊塞音平声今读不送气清音的情形,约有五十个字,如"盆、蹄、钱、缠、骑"等字白话音声母都读不送气清音。晋语全浊塞音声母的演变一般来说是跟北方官话一样的,平声变送气,仄声变不送气。现在晋鲁地区部分白话音也变不送气,岂不是"全浊变全清",跟《开蒙要训》的情形一样了吗?

肯定这个类型之后,让我们想起元代八思巴字给汉语注音所引起的难题。(详见 Hashimoto 1978:80—92)。简单说来,以舌尖音为例,情形是这样的:

   汉语   八思巴文
   全清 t··················d
   次清 t'·················t'
   全浊 d··················t

清浊对当,正好相反。最近郑再发(1985:48)采取 Hashimoto 引用服部四郎(1946)的意见,认为当时汉语的全浊塞音已经清化,而在韵书里仍然人为性的保留着,因此对这一套已经清化的全浊塞音自然要用清塞音来代替了。这个解释大体上没有困难,但问题是,如果浊音清化的方向如服部等人所说,平声送气、仄声不送气,明明分为两种,又已经与全清、次清合流,而八思巴文只有一种清音来表示,似乎理由不够充分。现在知道有这种"全浊变全清"的现象,仍以舌尖音为例,我们可以假设从 d-变 t-的过程中,和丹阳城内的吴语(赵元任1928:22—26)一样,有一个 d̥ 作为过渡音,那么八思巴文的办法,以不送气清音来代替从全浊音变来的另一种清音,就很合适了:

   汉语   八思巴文
   全清 t··················d

次清 tʻ⋯⋯⋯⋯⋯⋯tʻ
　　　全浊 d⋯⋯⋯⋯⋯⋯t

t、d 都是不送气的清音,前者较硬,后者较软。(见赵 1928:18)。从蒙古语的角度来看,蒙语和汉语各有三套音,以 tʻ-代汉语的 tʻ-,毫无问题;在其余的两种清音中作一选择,可能觉得浊音 d-比较接近汉语较硬的 t-,自然以蒙语的 t-对汉语的 d 了。

(三) 全浊塞音清化,平声送气,仄声不送气

这种演变是目前绝大部分官话区的共同现象,目前所见文献中最早的纪录是邵雍(1011—1077)所作的《皇极经世》书中的声音倡和图,据周祖谟(1943)的研究,十一世纪汴洛一带的方言全浊塞音已经清化,并按平仄分为送气和不送气两种清音。陆志韦(1946b)、李荣(1956)的看法都一致。到十四世纪《中原音韵》和十五世纪的《韵略易通》(1442)、《中原雅音》(1398—1460)都有相同的系统[①]。奇怪的是韩国资料里,全浊塞音保存在《翻译老乞大》、《释译朴通事》十五世纪的左侧音里,到十六世纪的右侧音里才完全清化,并按平仄分读。可见浊塞音清化的步调在不同的方言中前后颇不一致。(参见康 1985:193—194)。

以上这三种全浊塞音和塞擦音演变的类型,以第三种类型力量最强,因此在官话方言区中成为最普遍的演变。也因此使得另外的两种类型只保存在白话层里,隐藏在文言层之下不易发现。上文提到的太原的白话音是"全浊变全清"的系统,如皋的白话音(丁 1966)就是"全浊变次清"的系统。

二、见系(k-、kʻ-⋯)和精系(ts-tsʻ-⋯)的颚化及其相关问题

[①] 关于《中原雅音》一书的研究,详见邵荣芬 1981。

(一) 颚化音产生的时代

郑锦全(1980)对北音颚化的源流做过相当彻底的研究。他认为精系字的颚化受细音 i、y 的影响,而止摄的精系字却没有颚化,"兹慈丝"等字声母并不读 tɕ-、tɕ'-、ɕ-,这一类"支思韵"的形成必然早于颚化的发生①。同时他指出:"明清两代的韵书,为了切音的方便,也常因韵母的开合洪细而用不同的字代表同一个声母。对见晓精系字来说,字母细分常使人弄不清到底是声母本身的不同还是介音的不同。"因此,他一一检讨其他研究中提出来的证据的可靠性,结论是:"北方音系见晓精系字颚化大约全面形成于十六、七世纪。到了十八世纪前半叶,《圆音正考》(1743)对尖团音的分析,正表示颚化已经完成。"②

韩国方面的资料只能看出见系字颚化的现象,因为在他们的拼音文字中只有一套表示舌尖塞擦音及擦音的符号。为了记录汉语的精系字和照系字,特别改为两套,但仍然无法记录从 ts-到 tɕ-的变化。③ 据姜信沆(1980)的研究,在十七世纪《老乞大谚解》、《朴通事谚解》两书中,完全没有反映颚化的现象,但到十八世纪《朴通事新释谚解》(1765)中就有下列的现象:

tɕi:饥计鸡既几给　　ki:己纪吉极及寄

---

① "支思韵"产生的时间,大概不会晚过十二世纪,最著名的资料是《切韵指掌图》,把本来《韵镜》排在四等的"兹雌慈思词"等字改排在一等。据董同龢先师的考证,《指掌图》作成的时代不会晚于孙奕作《示儿编》序的年代(1205)。关于支思韵的形成,详见薛凤生(1980)。

② 参见王力 1958:124 注 2。

③ 韩文通常以"ㅈㅊㅅ"表示 ts、ts'、s。在《洪武正韵译训》里,改用左脚长的"ㅈㅊㅅ"表示齿头音,右脚长的"ㅈㅊㅅ"表示正齿音。如果齿头音是 ts、ts'、s,正齿音是 tʃ、tʃ'、ʃ,那么颚化的 tɕ、tɕ'、ɕ 仍旧无法表示。

tçiao：桥   k'iao：巧
çi：喜   xi：稀

可见在十八世纪中叶,北方方言的见系字确实有显著的颚化现象,和上文所说《圆音正考》的情形完全符合。只是这种颚化音形成的上限不得早过十七世纪的中叶,跟郑锦全的结论有出入。但是语音演变实际发生的年代总是早于见于著录的年代。郑氏根据赵荫棠(1936：91)研究明隆庆间(1570左右)云南人本悟禅师所著《韵略易通》所得的推论还是可以采信的。另一个问题就是见系颚化和精系颚化的时代是否相同,目前文献上还没有足够的证据来加以判别。方言研究上,何大安(1985)对西南官话中云南方言颚化音的演变有深入的观察,他认为见系字的颚化音早于精系字(详见下文)。

(二)官话方言中跟颚化音有关的现象

见系字k-、k'-、x-在客家话、闽语、粤语中一般没有颚化的现象,在吴语、湘语、赣语中,出现在前高元音之前时通常都颚化。在官话方言中大体颚化,只有山东福山、栖霞、牟平等地仍读舌根音。山东荣成虽然没有颚化,但在齐齿音和撮口音之前却读成 c-、c'-、ç-,正代表走向舌面音的中途站(见陈舜政1974：53)。

最近,张卫东(1984)指出文登、荣成的白话音有一个特别的现象,就是部分见系字文言音读k-k'-、x-,而白话音却读 ts-、ts'-、s-。例如：肩：kian(文)：tsian(白),牵：k'ian(文)：ts'ian(白),瞎：xia(文)：sia(白),加上一些方志上的材料,他反对颚化说,认为近代北方官话区有一些方言早就有这种见系字文白异读的现象。事实上,这个看法并没有能解决根本的问题：自古以来,见系字都是舌根音,文登、荣成白话音中的舌尖音又是怎么演变来的呢？是从

k-、kʻ-、x-直接变为 ts-、tsʻ-、s-吗？或者经过别的阶段呢？我们暂且先看云南的现象。

何大安(1985)研究云南省一百个县中与颚化有关声母的演变，他发现也有颚化音再舌尖化的例子。例如，在晋宁方言中：

见系		精系	语音
江	=	将	tɕiaŋ
缺	=	切	tɕʻie
许	=	洗	ɕi

同时又有这样的现象：

今	=	津	tsĩ
轻	=	清	tsʻĩ
欣	=	新	sĩ

合理的解释是见精两系都颚化，然后在 ĩ 韵之前又变为舌尖音。用规律来写，就是：

1. *k-、*kʻ-、*x- → tɕ-、tɕʻ-、ɕ-
2. *ts-、*tsʻ-、*s- → tɕ-、tɕʻ-、ɕ-
3. tɕ-、tɕʻ-、ɕ- → ts-、tsʻ-、s-/__ĩ

这个分析相信是正确的。由此推论，那么文登、荣成的见精文白两读的现象可能由两个语言层组成：文言音中见系字保存舌根音；白话音中的见系字已经经过颚化的阶段变为舌尖音了。这个推论是从西南官话看北方官话，如能从北方官话中全面研究颚化音的演变，就更能得到令人信服的结论了。在上面的规律中，怎么知道 k-、kʻ-、x- 的颚化在先呢？何大安分析说：

所有的百县方言 *k 系颚化都已完成，但 *ts 系字有些方言尚未颚化，如牟定、丽江；有的刚开始颚化，如兰坪；有的颚化已接近完成,如盐丰;有的已完成颚化,如昆明等大多数方言。

这些方言点颚化的条件都可以用语音规律来说明。除去见系和精系的字以外,卷舌音的字也有经过舌尖音的阶段走上颚化的。

以一般的印象而言,在官话方言之中,见系的颚化远较精系为普遍,也许见系的演变比较早。部分卷舌音的颚化相信是较为后起的现象。钱曾怡等(1984)发现山东诸城有端系字在今音齐齿呼之前读舌面音 t、tʻ和 tɕ、tɕʻ的情形,则是少见而有局限性的演变。

三、其他声母的演变概况

对方言中一般性的声母演变以及声母与韵母、声调关系的研究,王力(1958)的《汉语史稿》是一部重要的著作,近来张琨先生也有好几篇提纲挈领的文章。(见 Chang1971,1975,张琨 1982。)以下提出来的几点是我觉得有新材料可以补正的地方,简略地作一个说明。

唇音分化为重唇音和轻唇音的现象,罗常培先生(1931:254—255)指出唐末(—907)守温的三十字母中虽然没有轻唇音,但由于敦煌写本守温韵学残卷"辨声韵相似而归处不同例"中所举都是"非敷"两母的字,同时"归三十字母例"中轻唇四字单列一行,可见当时轻唇音和重唇音其实已有分别。更早一点,在八、九世纪的汉藏对音(罗 1933:16)里,"非敷奉"和"滂"母合流,也已露出分化的痕迹。宋代汴洛语音(周祖谟 1943:637)和十二世纪西夏对音(龚 1981:66)均已清楚显示"非敷奉"合流了。微母在西夏对音中已经失去鼻音成分,和喻母合口、影疑两母合口一等字合流为 w-。

奉母变 f,牵涉中古全部浊擦音清化的时代,汉藏对音中"禅邪匣"分别变入清母"审心晓",西夏对音完全一致,因此我们知道浊擦音清化的时代比浊塞音和浊塞擦音的清化时代略早,在西北方音中,大约八、九世纪即已完成。

知系、照二系、照三系在官话中大致合流,步调颇不相同,又牵涉龙宇纯(1981)指出的切韵时代照二照三可能为一套声母的问题,周法高先生(Chou 1983)维持两套的看法,Pulleyblank(1984)认为切韵是两套,到早期韵图变为一套。我想另文检讨,在这里不详细说明。

鼻音声母的演变在历史文献上似乎有过鼻音加同部位浊塞音的阶段,汉藏对音、西夏对音分别用 b-、m-和 d-、n-两套声母对译汉语的 m-、n-,但是只用 g-对译 ŋ-。可能因条件不同 m-有 mb-、n-有 nd-的读法。在西夏对音里,显明的条件大致是韵母,阳声韵声母保持 m-、n-,入声韵声母变为 mb-、nd-。今天山西西部平阳、文水等地的鼻音加浊塞音声母也许就是一种遗迹。Matthew Chen (1973:53)曾经假设 n-演变的过程中经过 n~nd 的阶段,在这里得到历史文献的支持。邵雍的声音倡和图以鼻音声母的上声字为清,平去入声为浊,是以声调为条件,周祖谟的解释认为上声调的鼻音可能浊音成分少。

日母的演变大致是由鼻音产生同部位的浊擦音,在官话中大部分变 z 或 ɩ,小部分读舌尖鼻音 n-,如汉口;或改读 l-,如扬州;或变零声母,如沈阳、胶东。关于"二儿耳"等字的读法,朝鲜资料(姜 1980:527)有下列的记载:

翻译老乞大、释译朴通事	1517 前	二儿耳 zʌ
老乞大谚解	1670	二 zɨl 儿耳 zʌl
朴通事谚解	1677	二 ɨl 儿耳 'ʌl
朴通事新释谚解	1765	二儿耳 ɨl
华音启蒙谚解	1883	二儿耳 'əl

似乎在十七世纪时这几个字受声母的影响产生一个韵尾,然后声母就消失了。王力(1958:129)元音和辅音对调位置的解释,z_l→l_z→əɹ,恐怕不大可靠。

喻母、影母合流为零声母的时间相当早,邵雍的声音倡和图和西夏对音都显示相同的演变。大致是开口变 j-,合口变 w-。

四、韵尾的合并、消失与产生

对汉语韵尾演变的研究有好几篇分量很重的论文:陈渊泉(Chen 1973)提出塞音尾和鼻音尾平行发展的说法,并推测演变的方向。张琨先生(1983)专门讨论汉语方言中吴语和官话鼻音韵尾消失的情形,一般说来,最容易产生鼻化作用的是低元音后面的舌尖鼻音 an,在官话方言中 *en 鼻化的可能性占第二位,最保守不易产生变化的是后高元音后面的舌根鼻音 oŋ。Exic Zee(1985)最近提出鼻音韵尾演变的新看法,跟陈渊泉的说法不同,陈氏认为-m、-n、-ŋ 先变为-m、-ŋ 或-n、-ŋ,最后合并为-ŋ,再产生元音鼻化作用,韵尾消失。Zee 认为主要的方向是-m＞-n 和-ŋ＞-n,-n 尾更容易产生鼻化作用。我觉得汉语方言材料丰富,各大方言的演变未必相同,观察大的趋势自然很重要,但如何判断大的趋势,如何决定哪一种演变更有普遍性,恐怕不能以少数个别的方言点为根据,而要以各大方言为单位来讨论。张琨先生的材料吴语包括三十七个方言点,官话包括一百一十九个方言点,才具有说服力[①]。例如 Norman(1980)指出闽语永安方言有十一个鼻化韵母,七个保留鼻

---

① 张先生的材料中有湘语部分,因此文中所说的鼻音韵尾的演变并不以吴语和官话为限。

音韵尾的韵母,而这七个韵母的鼻音韵尾都是-m。从历史音韵的角度来看,-am、-em、-iam、-iɛm 的-m 都是从-ŋ 来的,-ūm、-ɔ̄m 是从-ŋ 和-n 来的,-im 只有两个字,保存-m 尾。鼻化韵母部分则从-m、n、ŋ 来的都有。究竟闽语的韵尾演变情形如何呢?永安方言可能是一个特例,但是只以汉语方音字汇的材料为根据是不够的。以下就官话方言中材料丰富的部分来说明鼻音韵尾的合并,并从特殊的例子分析一部分消失和产生新韵尾的情形:

一、鼻音韵尾的合并

官话方言鼻音韵尾的合并方向,跟中古音比较起来,最大的趋势就是-m 变-n,这一点是大家公认的。从历史音韵的材料来看,周祖谟(1964:656—662)研究宋代方音,指出当时荆楚地区有"以南为难,荆为巾"的记载,已经显示有-m 变-n 和-ŋ 变-n 的现象。更早的痕迹如汉代和魏晋秦陇地区的诗人常有侵(-m)真(-n)两部押韵的例子(见罗、周 1958:99,Ting 1975:265),只是不敢完全肯定是-m 变-n 的现象,因为还有别的可能的解释。

在现代方言中,西南官话部分如四川、云南、湖北各省都有相当完整的报告,张琨先生(1983)已经利用云南、湖北的资料作过分析。现在以四川的材料来说明鼻音韵尾合并的状况。

在四川方言一百三十四县(杨时逢 1984)之中,有鼻化韵母的共有二十六县。其中属于第一区的八县,第二区的十四县,第三区的一县,第四区的三县。先以没有鼻化韵母的成都和仪陇为例,有下列几类鼻音韵母:

成都	一	二	三	四	仪陇	一	二	三	四
	an	ən	aŋ	oŋ		an	ən	aŋ	oŋ
	iɛn	in	iaŋ	ioŋ		ian	in	iaŋ	ioŋ

                    uan uən uaŋ   uan uən uaŋ
                    yen yin   yan yin

从整个四川的官话来说,这样的阳声韵母系统是全面性的。可以看出中古的-m尾都变成-n,同时部分-ŋ尾也变成了-n,例如:沉 = 陈 = 成,读 tsʻən,金 = 巾 = 京,读 tɕin。产生鼻化韵的地方,可以分为两个类型:

1. 只有第一类韵母发生变化:

ā、iā、uā、yā:如松潘。

ā、iē、uā、yē:如蓬溪、灌县、井研、三台等十一处。

æ̃、iē、uæ̃、yē:如峨边等二处。

ā、iē、uā、yē:如南江、南部等七处。

ā、ie、uā、ye:如峨眉。

鼻化的过程有两种可能,一种是以仪陇的 an、ian、uan、yan 为出发点,an→ā, 然后 ā→ē/i、y __。另一种可能是以成都的 an、ien、uan、yen 为出发点,an→ā, en→ē。当然成都原来也是从仪陇一类的音系变来的。不同点是-n 尾消失、鼻化元音产生时,前者的条件为 a 元音,后者为 a、e。最后到峨眉鼻音消失的情形则是一致的: ē→e。

2. 一、三两类韵母都发生变化,部分合并:

ā、iā、uā、iē、yē:如酉阳、马边等三处。

ā、iā、uā、iē、yē:如长宁。

这一类型把 an、aŋ 两类韵母合并为鼻化的一类。如从仪陇的音系出发,可能是有-n 尾的先产生鼻化元音之后,-ŋ 尾的后来才加入,否则不会有 iē、iē和 iā的对比。如果-n、-ŋ 同时消失,那么原来的 ian 和 iaŋ 应该合流。以先后规则来写,应该如下:

(1) an→ā

(2) ā→ɛ̃ 或 ẽ/i、y __

(3) aŋ→ã

如果以成都音系为出发点,那么规则就不同了:

(1) an→ã

(2) en→ẽ

(3) aŋ→ã

这三条规则可以有先后,也可以同时发生。从整个的趋势看来,以前一种分析可能性较大,后面这一种缺乏系统性的变化。

以上这两种类型的鼻音韵尾的变化,可以看出三点:第一、产生鼻化元音时,an 和 aŋ 并不先合并;第二、演变的先后受元音的影响很大,低元音 a 之后的舌尖鼻音-n 先产生鼻化作用,其次是低元音 a 之后舌根鼻音-ŋ。而 ən、oŋ 都不大变化,只有一点值得特别说明的,就是在酉阳,没有-uən 韵母,"门、坤、温"一类的字完全变成 oŋ 韵了,很可能是 uə 先变 o,然后再影响-n 变-ŋ;第三、ẽ 的鼻化作用首先消失。

这里分析的结果跟张琨先生(1983)指出的结论有何不同呢? 主要的一点是鼻化作用次快的是 aŋ 韵母,而不是 ən 韵母[①]。以云南方言一百零一县的情形检看一遍,按照 an、ən、aŋ、oŋ 四类来统计,可以得到下列的数字:

完全不产生鼻化作用的　　20

an 类韵母鼻化的　　11

an、ən 类韵母鼻化的　　42

an、ən、aŋ 类韵母鼻化的　　23

---

① 这里的-ən 相当于张先生文中所说的 *en。最近甄尚灵(1983)有一篇专门讨论四川方言鼻音韵尾的文章,以《四川方言音系》(1960)为根据,演变情形略有不同。

四类都产生鼻化作用的	3
鼻音韵母全部变成舒声的	2

只有 an 类有十一处单独发生变化,同时没有一个方言点是 an、aŋ 产生鼻化而 ən 不变的,可以证实张先生所说的理论:an 最前进,ən 其次,oŋ 最保守。但是云南、四川两地的步调却不相同。按照上文所作的次方言分区,云南一、二、三区是滇语,四川一、四两区是普通西南官话,四川二、三两区是上江官话,也还不能代表整个的西南官话。如果一个大方言群中只举少数几处为例,可能会忽略演变的真相。

二、鼻音韵尾的消失

鼻音韵尾从引起元音鼻化到完全消失,轨迹并不相同。最简单的如 an→ã→a,比较复杂的演变就值得特别注意,也许可以作为我们拟测古音的参考。

云南的鼻音韵母和四川的类别非常相似,大致可分四类:

一	二	三	四
an	ən	aŋ	oŋ
iɛn	in	iaŋ	
uan	uən	uaŋ	ioŋ
yɛn	yn		

这是云南盐津的实际情形。如果把第一类的元音全改为 a,第二类的 in、yn 改为 iən、yən,就更整齐了。说是音位的系统,或者是最接近古云南话的系统都言之成理。没有撮口音的地方,yn 就变为 in。其中第二类的韵母有下列鼻化的情形[①]:

---

① 此一资料见杨 1969,原来的记音者是董同龢先师(洱源),丁声树先生(盐津、景东、弥渡、蒙化)。

盐津	洱源	景东	弥渡	蒙化	例　　　字
ən	ə̃ĩ	ɛĩ	eĩ	ei	门真根,等增恒,冷正耕,沈壬
in	ĩ	ĩ	ĩ	ĩ	宾邻斤,冰陵兴,兵丁京,禀侵
uən	uə̃ĩ	uɛĩ	ueĩ	uẽ	顿尊昏
yn	yĩ		yĩ		群云

需要说明的有五点：第一，-n 引起元音鼻化的同时，本身还变成 ĩ；第二，-in 鼻化后只有一个 ĩ；第三，在蒙化，eĩ 进一步变为 ei；第四，-n 变 ĩ 的现象发生在偏前的元音之后；第五，也是最值得重视的一点，就是从例字看来，显然有下列韵尾演变的现象：

-m、-n、-ŋ→-n→-ĩ→-i

例字分为四类的，分别属于中古的臻摄、曾摄、梗摄和深摄。

这个现象使我们想起中古梗摄字的韵尾问题，Hashimoto(1978—79)拟测一个舌面鼻音的韵尾 -ɲ，来解释梗摄字的演变。Pulleyblank(1984)改用 -jŋ。现在我们看到云南方言中"臻曾梗深"四摄的韵尾经过 -n 的阶段，都变 -ĩ，一部分再变为 -i，条件可能是偏前的元音。那么梗摄字会不会也因为主要元音偏前，韵尾经过 -n 再变为日本汉音的 -i 呢？至少这是一个可能。

云南的证据也许太单薄，我们再来看看别的类似的现象：

刘勋宁(1983)记录陕北清涧方言的白话音，有下列情形(声调省去)：

　　山摄开口三等：战颤 tʂei，缠蝉禅 tʂʰei，善扇 ʂei。

　　咸摄开口三等：站粘 tʂei，陕闪 ʂei，染冉 ʐei。

　　梗摄开口三等：正 tʂei，声 ʂei。

田希诚等(1983)记录山西临猗的白话音，也有下列现象：

曾摄开口一等：疼 tʻei，层 tṣʻei。

曾摄开口三等：蒸 tṣei，蝇 iei。

清涧方言的鼻音韵尾或许也经过合并的阶段再变为-i 的，临猗则只有曾摄字变-i。可见变-i 的现象并非梗摄字所独有。尤其值得注意的是这两处的韵尾变-i 都产生在 e 元音之后。梅县客家话梗、曾两摄的字在元音 i、e、ə 之后韵尾也变为-n 和-t[①]。

如果我们给中古的梗摄字拟测比较偏前偏高的元音，能否解释后来的变化呢？如果梗摄字的韵尾也和云南一样，经过-n 的阶段，也许可以解释何以梗摄有些字的读音在方言中韵尾变-n。那么，Hashimoto 拟测的-ɲ 尾恐怕不是必要的[②]。

另外，在云南方言中也有下列现象：

盐津	宾川	凤仪	例　　　字
oŋ	oū	ou/p__；u	朋风梦（凤仪读-ou）；东中空（凤仪读-u）
ioŋ	ioū	yu	胸用

-ŋ 在 o 元音之后先变 ū，再失去鼻音变-u。可见-i 和-n，-u 和-ŋ 在音韵上确有关联，国语只有这四种韵尾。因此我们觉得以辨音征性（distinctive feature）来分析的话，颇能把握这些韵尾的一般性：

征　　性	i	n	u	ŋ
响亮音（sonorant）	+	+	+	+
后音（back）	−	−	+	+

[①] 见袁家骅 1960：165。

[②] 周法高先生（Chou 1983：177—178）也不赞成用舌面鼻音尾的办法，但是他提出的理由和我的不同。

塞音韵尾-p、-t、-k 在官话中大致都消失,在保存入声的地方通常合并为喉塞音尾-ʔ,现在略去不谈。

三、鼻音韵尾的产生

官话中有些方言把中古的阴声字读成阳声,等于产生一个新的鼻音韵尾,大致可以分为三种类型来看:

第一、受双唇鼻音声母影响而产生的-ŋ 韵尾

湖北(赵元任等 1948)武昌、汉口、汉阳、京山、荆门等地"木、目"两字读 moŋ 阳平调,汉川、沔阳、天门等地也读 moŋ,但为入声。有的地方则读为 muŋ,如钟祥,同时"亩母"也读 muŋ 上声。这类字字数很少,但变读相当一致,相信是受到声母鼻音的影响。云南(杨时逢 1969)也有类似的现象,例如兰坪读 moŋ 的字阳平有"木、目",上声有"某、亩",去声有"帽貌"。这些字中古的来源不同,"木、目"是通摄入声字,"某、亩"是流摄上声字,"帽貌"是效摄去声字。在湖北西南官话区,不读为阳声韵时,"木、目、母"读 mu,其余各字都读 mau。共同的特点是以 u 为主要元音或韵尾,如上所说,u 和 ŋ 都是部位偏后的响亮音,加上双唇鼻音声母的影响,产生新的韵尾-ŋ,造成目前的现象[①]。

第二、中古流摄字韵尾变为鼻化音

云南宾川 oũ 韵有"某否豆头漏走丑手狗侯藕"等字,ioũ 韵有"缪牛流酒秋袖右"等字,在云南全省是惟一的例子。例字都是中古流摄字,一般滇语都读-əu, -ɤu,少数地方读-ɯɯ, -ou。变读鼻化元音的理由看不出来,只能肯定流摄字有这样的变化。

[①] 李国正(1984)分析四川话流摄字读鼻音尾的情形,因为没有看到通摄的"木、目"和效摄的"帽、貌",所以看法不同。

第三、中古山、臻、曾、梗、通等摄合口字韵尾变-m

潘家懿(1982)指出晋中祁县有这种现象,-m尾共有两个韵母,-om和-iom。大致山、臻、曾、梗一二等合口、三等文韵唇音字和通摄合口三等大部分字在-om韵,臻、梗三四等合口和通摄合口三等小部分舌根音的字读-iom。我想可能是韵尾-n、-ŋ合并之后,各摄元音受介音的影响变成圆唇后元音,然后韵尾再变为-m,材料不全,只能作一猜测。

第四、其他零碎现象

下江官话中,江苏盐城有部分果摄字读 ō,如"哥婆多拖罗河"。西南官话中,云南洱源把其他邻近方言的-a读为-ā,大部分是假摄字。如"巴怕大他拿茶沙"等字的韵母是-ā,"家假虾下牙"等字是-iā,"抓瓜花瓦"等字是-uā。

云南弥渡蟹摄止摄的部分合口字读 eī,如"悲培梅飞"等唇音字的韵母是-eī,"对推雷嘴随追垂水蕊桂亏灰危"等字的韵母是-ueī。

以上这些比较零散的现象虽然知道大致的范围,但产生的原因还有待解释。

五、声调的分合与拟测

官话方言的声调一直是研究者有兴趣的课题,白涤洲(1934)调查陕西各地的声调,Giet(1937,1939)记录山东西南部的单字调和连读变调,可说是早期的研究。近年来有两个重要的问题引起广泛的注意:

第一是声调的演变。从中古到现在的官话,究竟是由分而合呢?还是由合而分?换句话说,中古平上去入四声究竟包含几个调？如果四声只是四调，那么演变的轨迹就是由少变多；如果四声根本有八个调，那么后来的调类就是由分而合了。杜其容(1976)、王士元(Wang 1983)分别从历史文献和声调演变的角度提出四声八调之说，认为中古的四声各按声母之清浊分为两调，实际上共有八调。这个说法有人赞成，如潘悟云(1982)；而我个人则持相反的看法，认为中古四声还是只有四调，后来的演变都是由少变多，在某些方言中再有进一步的省并。这个问题不仅牵涉到官话方言，其他汉语方言都在讨论之列，因此我另外写成《汉语声调的演变》一文，在此不详细讨论，只提出官话方言中的晋语作一点说明。

根据王立达(1958b)的报告，晋语的声调有下列的情形：

中古音		太原	平遥	五台	包头
平	清	平	平	平	阴平
	浊				阳平
上	清	上	上	上	上
	次浊				
	全浊				
去	清	去	去	去	去
	浊				
入	清	阴入	阴入	入	入
	次浊		阳入		
	全浊	阳入			

这个表显示好几点特色：1. 浊上归去；2. 太原、平遥两地平、去各为一调，包头去、入各为一调；3. 次浊对入声的演变有影响，在太原归阴入，在平遥归阳入；4. 五台的平上去入几乎与中古的四声

全同。根据这些特色,我们所知道清、浊的区别对声调的演变而言太简略了,次浊的路向与全浊并不相同。从五台的情形看来,除去"浊上归去"这一点代表相当早期的演变以外[①],要说这四个调是从七个或八个调两两合并而来,可能有解释上的困难。尤其当我们知道汉语的声调自上古以来,从押韵的格式证明一直是四个调,要说四变为八,再合而为四,恐怕不是令人信服的说法。同时上文曾经指出太原、榆次的白话层,全浊塞音变为不送气清音,入声又保存一至两种,在在显示晋语的演变和北方官话有相当大的差异,我把晋语视为跟北方官话平行的一支,那么,声调的演变不同于北方官话,可能保存中古之后不久的调类,应该是可以说得通的。其他方言中还有许多别的证明,支持我对声调演变的看法,在此不赘。(参见丁1985)。

第二是调值的拟测。在我们知道某一个方言的调类之后,通常都记录其调值,从方言间调类的比较可以推知古语的调类,那么从调值的比较,能不能拟测古语的调值呢?首先注意这个问题并从事研究的,是平山久雄(1972、1974、1975)。梅祖麟(Mei 1977)则根据朝鲜资料拟测十六世纪北京话的调值,并讨论变调现象,都有可靠的发现。最近,平山(1983、1984)又拟测山东西南方言的古调值、江淮方言和北方方言的祖调值,结论如下:

山东西南方言:阴平11,阳平55,上声24,去声51。
江淮方言:阴平42,阳平11,上声'435,去声35,入声x。
北方方言:阴平42,阳平11,上声'435,阴去35,阳去24,

[①] 罗常培(1933:127)早已指出根据唐李涪《刊误》批评吴音的话,可以断定在李氏的方音里全浊上声已经跟去声不分。最近李荣(1985c)的文章更有深入的分析。

阴入 x1, 阳入 x2。

我自己(Ting 1982, 丁 1984)曾经提出"变调即原调"的想法，并进一步在吴语声调的研究之中得到相当有力的证明。对平山的看法我不完全同意，例如江淮方言中的上声，他提出紧喉作用"'"的说法，恐怕未必可靠；又如北方官话的七个调，是根据江淮方言的五个调推演而来，并没有方言上的证据。北方官话中似乎没有见到分阴阳去的方言。同时，这也牵涉到上文所说的声调分合的方向问题，这里无法详论。

"变调即原调"的说法在北方官话中也可以找到证据，如张盛裕(1984)调查的银川方言单字只有三个调：平、上、去。从历史音韵的角度来看，上声包含北京的阳平和上声，这个区别只在连读变调时才保存。例如：

鞋 = 海 xɛ53　鞋带 xɛ53 tɛ13 ≠ 海带　xɛ35　tɛ13

我们如果要推定早期银川上声的调值，只有从变调入手。

"变调"的情形有好些种，有前字或后字的变调，受词汇和文法的限制也有不同，如何进一步厘清"变调即原调"适用的范围，每一个大方言可能仍有不同之处，还须要继续研究，何大安(1984)已经做了一部分工作。

六、结语

本文本来是想把有关官话方言的研究作个概略的描述，并提出一些未解决的问题来讨论。但是官话的范围实在太大，研究的成果实在太多，方言学跟历史音韵学的关系又密不可分，因此只能就个人特别有兴趣的音韵学的范围作挂一漏万式的说明①。

上文提到的现象或试着解决的问题包括：官话方言的分区；浊塞音声母演变的三种方向；八思巴文注音中清浊交错的解释；见精系字颚化的情形；鼻音韵尾的合并、消失与产生；梗摄字拟测舌面鼻音尾的检讨；声调的演变和古调值的拟测等。

上文没有提到的现象或有待解决的问题包括：卷舌音的演变；零声母的来源；官话方言文白层次的厘清；历史文献和方言的配合；各次方言母语之拟测；官话词汇之比较；官话特殊语法的描述等。

汉语方言的资料已经不少，但是从研究者来说，仍觉不足。如果每一个地方都有湖北方言调查报告那样的记录，许多问题当可迎刃而解。方言中语音演变的实际情形一方面可以作为解释历史音变的帮助，另一方面希望提供若干理论，作为对一般语言学的贡献。因此，路还很长，可做的事正多。

引 用 书 目

简称：

BIHP 史语所集刊：《历史语言研究所集刊》。

SPIHP 史语所专刊：《历史语言研究所专刊》。

THJCS 《清华学报》。

JCL *Journal of Chinese Linguistics*.

丁邦新(参见 Ting Pang-hsin) 1966 《如皋方言的音韵》，《史语所集刊》36：573—633。

1975 《平仄新考》，《史语所集刊》47.1：1—15。

---

① 关于国语的研究，文中特别没有提到。因为文献极多，而在这次的会议里又另有专文讨论，见林焘《Language in Beijing》。

1978　《老乞大谚解、朴通事谚解》序,联经出版公司,台北。
1981a　《汉语声调源于韵尾说之检讨》,《汉学会议论文集》语言文字组,267—283。
1981b　《与中原音韵相关的几种方言现象》,《史语所集刊》52.4:619—650。
1982　《汉语方言区分的条件》,《庆祝李方桂先生八十岁论文集》,《清华学报》新十四卷一·二期:257—273。
1984　《吴语声调之研究》,《史语所集刊》55.4:755—788。
1985　《汉语声调的演变》,《第二届汉学会议论文集》。

王　力　1958　《汉语史稿》上册,科学出版社,北京。

王立达　1958a　《太原方言中的文白异读现象》,《中国语文》1958.1:29—30。
1958b　《山西方音中的声调与普通话的对应关系》,《方言与普通话集刊》5:106—118。

四川大学　1960　《四川方言音系》,《四川大学学报》1960.3:1—123。

田希诚、吕枕甲　1983　《临猗方言的文白异读》,《中国语文》1983.5:337—343。

平山久雄　1972　《客家桃源方言声调调值の内的再构》,《中国の言语と文学》209—228。
1974　《中国语闽南闽北祖方言の声调调值》,《中国哲学论文集》193—248。
1975　《厦门话古调值的内部构拟》,JCL 3.1:3—15。
1983　《山东西南方言的变调及其成因》*Computational Analyses of Asian and African Languages* 21:59—81。
1984　《江淮方言祖调值构拟和北方方言祖调值初案》,《语言研究》6:185—199。

白涤洲　1934　《关中声调实验录》,《史语所集刊》4.4:447—488。

何大安　1984　《变读现象的两种贯时意义——兼论晋江方言的古调值》,

《史语所集刊》55.1:115—132。

　　　　1985　《云南汉语方言中与颚化音有关诸声母的演变》,《史语所集刊》56.2:261—284。

杜其容　1976　《中古声调研究》,《中华文化复兴月刊》9.3:22—30。

李守秀　1980　《榆次方言的文白异读》,《中国语文》1980.4:270—271。

李国正　1984　《四川话流、蟹两摄读鼻音尾字的分析》,《中国语文》1984.6:441—444。

李荣　1956　《切韵音系》,科学出版社,北京。

　　　　1985a　《官话方言的分区》,《方言》1985.1:2—5。

　　　　1985b　《汉语方言分区的几个问题》,《方言》1985.2:81—88。

　　　　1985c　《论李涪对切韵的批评及其相关问题》,《中国语文》1985.1:1—9。

周祖谟　1943　《宋代汴洛语音考》,《辅仁学志》12:221—285;又见《问学集》581—655。

　　　　1966　《问学集》,中华书局,北京。

邵荣芬　1981　《中原雅音研究》,山东人民出版社,济南。

姜信沆　1980　《依据朝鲜资料略记近代汉语语音史》,《史语所集刊》51.3:525—544。

服部四郎　1946　《元朝秘史の蒙古语を表はす汉字の研究》,东京。

侯精一　1980　《平遥方言的连读变调》,《方言》1980.1:1—14。

袁家骅等　1960　《汉语方言概要》,文字改革出版社,北京。

康寔镇　1985　《老乞大、朴通事研究》,台湾师范大学国文研究所博士论文。

陈舜政　1974　《荣成方言音系》,三人行出版社,台北。

陆志韦　1946a　《释中原音韵》,《燕京学报》31:35—70。

　　　　1946b　《记邵雍皇极经世的天声地音》,《燕京学报》31:71—80。

杨耐思　1981　《中原音韵音系》,中国社会科学出版社,北京。

崔玲爱　1975　《洪武正韵研究》,台湾大学中文研究所博士论文。

张琨(参见 Chang Kun)　1982　《汉语方言声母韵母之间的关系》,《史语所集刊》53.1:57—77。

1983 《汉语方言中鼻音韵尾的消失》,《史语所集刊》54.1:3—74。

张盛裕 1984 《银川方言的声调》,《方言》1984.1:19—26。

张卫东 1984 《文登荣成方言中古见系部分字的文白异读》,《语言学论丛》12:36—49。

杨时逢 1969 《云南方言调查报告》,史语所专刊之五十六。

1984 《四川方言调查报告》,史语所专刊之八十二。

杨时逢、荆允敬 1971 《灵宝方言》,《清华学报》新十四卷一·二期:106—147。

詹伯慧 1981a 《现代汉语方言》,湖北人民出版社,武汉。

1981b 《汉语北方方言的一致性》,《中国语学》228:29—36。

甄尚灵 1983 《四川方言的鼻尾韵》,《方言》1983.4:241—243。

董同龢 1954 《中国语音史》,中华文化出版事业委员会,台北。

1968 《汉语音韵学》,广文书局,台北。

赵元任 1928 《现代吴语的研究》,清华学校研究院,北京。

赵元任、丁声树、杨时逢、吴宗济、董同龢 1948 《湖北方言调查报告》,史语所专刊之十八。

赵荫棠 1936 《中原音韵研究》,商务印书馆,上海。

郑再发(参见 Cheng Tsai Fa) 1966 《汉语音韵史的分期问题》,《史语所集刊》36:635—648。

郑锦全 1980 《明清韵书字母的介音与北音颚化源流的探讨》,《董同龢先生纪念专号》,《书目季刊》14.2:77—87。

潘悟云 1982 《关于汉语声调发展的几个问题》,JCL 10.2:359—385。

潘家懿 1982 《晋中祁县方言里的 m 尾》,《中国语文》1982.3:221—222。

刘勋宁 1983 《陕北清涧方言的文白异读》,《中国语文》1983.1:40—43。

桥本万太郎(参见 Hashimoto) 1976—77 《晋语诸方言の比较研究(1)(2)(3)》,《アジア・アフリカ言语文化研究》12:11—58;13:77—127;14:72—132。

钱曾怡 1981 《文登荣成方言中中古全浊平声字的读音》,《中国语文》1981.4:294—296。

钱曾怡、罗福腾、曹志赟 1984 《山东诸城、五莲方言的声韵特点》,《中国语文》1984.3:186—191。

龙宇纯 1981 《论照穿床审四母两类上字读音》,《汉学会议论文集》语言文字组247—265。

薛凤生 1980 《论〈支思韵〉的形成与演进》,《董同龢先生纪念专号》,《书目季刊》14.2:53—75。

罗常培 1931 《敦煌写本守温韵学残卷跋》,《史语所集刊》3.2:251—261。

1933 《唐五代西北方音》,史语所单刊之十二,上海。

罗常培、周祖谟 1958 《汉魏晋南北朝韵部演变研究》,第一分册,北京。

龚煌城 1981 《十二世纪末汉语的西北方音》,《史语所集刊》52.1:37—78。

Chang Kun (张琨) 1971 Phonological Aspects of Chinese Dialectology, *THJCS* New Series 9.1,2:192—215.

1975 Tonal Developments among Chinese Dialects, *BIHP* 46.4:636—709.

Chen, Matthew (陈渊泉) 1973 Cross-dialectal Comparison: A Case Study and Some Theoretical Considerations, *JCL* 1.1:38—63.

Cheng Chin-chuan and Wang, William S-Y (郑锦全、王士元) 1971 Phonological Change of Middle Chinese Initials, *THJCS* New Series, 9.1,2:216—270.

Cheng Tsai Fa (郑再发) 1985 *Ancient Chinese and Early Mandarin*, *JCL* Monograph Series, No.2.

Chou Fa-Kao (周法高) 1983 On the Structure of Rime Tables in the Yun-ching (韵镜),《史语所集刊》54.1:169—186.

Giet, P. Franz 1937 *Die Töne in Süd-shantung, besprochen und dargestellt.* Beiträge zur Einführung ins Chinesische Studium 1, Taikiachuang.

1939 *Die Töne des Süd-shantung Dialekts in Wortverbindungen.* Beiträge zur Einführung ins Chinesische Studium 4, Taikiachuang.

Hashimoto Mantaro(桥本万太郎)　1978—79 *Phonology of Ancient Chinese*, Study of Languages and Cultures of Asia and Africa, Monograph Series, No. 11.

Hsueh Feng-sheng(薛凤生)　1976 *Phonology of Old Mandarin*, Mouton.

Li Fang Kuei(李方桂)　1973 Languages and Dialects of China, *JCL* 1.1:1—13. 原作 Languages and Dialects, 1937 *Chinese Year Book* 59—65.

Mei Tsu-lin(梅祖麟)　1977 Tones and Tone Sandhi in 16th Century Mandarin. *JCL* 5.2:237—260.

Norman, Jerry　1980　《永安方言》,《董同龢先生纪念专号》,《书目季刊》14.2:113—165.

Pulleyblank, E. G,　1984 *Middle Chinese*, A Study in Historical Phonology, University of British Columbia Press.

Stimson, Hugh　1962 Phonology of the Chung-yüan yin-yün, *THJCS* New Series 3:114—159.

　1966　*The Jongyuan In Yunn: A Guide to Old Mandarin Pronunciation*, New Haven: Far Eastern Publications.

　1978　Old Mandarin Dialects, Old Pekingese, and the Rymes of the Zhongyuan Yinyun, *Proceedings of Symposium on Chinese Linguistics*, 1977 Linguistic Institute of the Linguistic Society of America. Student Book Company.

Ting Pang-hsin(丁邦新)　1975 *Chinese Phonology of the Wei-Chin Period: Reconstruction of the Finals as Reflected in Poetry*, Institute of History and Philology, Special Publications 65. Taipei.

　1982　Some Aspects of Tonal Development in Chinese Dialects, *BIHP* 53.4:629—644.

Wang, William S-Y.(王士元)　1969 Competing Changes as a Cause of Residue, *Language* 45:9—25.

1987 A Note on Tone Development, *Wang Li Memorial Volumes*, English Volume 435—443.

Yang, Paul Fu-mian(杨福绵) 1981 *Chinese Dialectology: A Selected and Classified Bibliography*, The Chinese University Press, Hong Kong.

Zee, Eric(徐云扬) 1985 Sound Change in Syllable Final Nasal Consonants in Chinese, *JCL* 13.2:219—230.

原载《历史语言研究所集刊》58.4:809—841,1987。

吴语中的闽语成分*

一、平阳蛮话
二、丽水方言
三、吴语白话音的时代
四、词汇上的证据
五、结语

对于吴语的定义,我们一般都接受赵元任先生的说法(1928：88),认为吴语是"江苏浙江当中并定群等母带音,或不带音而有带音气流的语言。"对于闽语,我们大体上也同意具有古音"端、知"不分的特征。(参见 Li：1937、董同龢 1953、袁家骅 1960、詹伯慧 1981、丁邦新 1982。)近年来发现有些吴语也有"端、知"不分的现象,但是相当零碎,看不出显著的系统来(见傅佐之 1984,郑张尚芳 1985。)最近看到丽水方言的报告(谢云飞 1988),列出文白两层的读法,其中文言层是典型的吴语,而白话层则有"端、知"不分的现象。何以在吴语中会有"端、知"不分的读法?这种读法出现在白话层代表什么意义?我想这个现象加上其他零碎的资料,值得我们作一个解释。

---

* 本文英文稿曾在一九八八年十月七日至九日在瑞典举行的第二十一届国际汉藏语言学会上宣读;后来改写为中文,又在香港中文大学主办的第一届国际吴语研究会议(一九八八年十二月十二日至十四日)提出报告。出版前承李壬癸、龚煌城两兄指正,在此致谢。谨以此文纪念先师方桂先生,彵在五十年前就写过《中国语言与方言》的开创性论文。

一、平阳蛮话

平阳地区说蛮话的约有二十万人,此外有吴语,或称"平阳瓯语",也有闽语。另有金乡话和畲客话,前者据说是官话和吴语混合的方言,后者是畲族人说的一种客家话。(参见陈承融 1979,陆嘉美 1983,傅佐之 1984)。方言众多,接触的情形也相当复杂。对于平阳的吴语和闽语,我们已有相当的了解,以声母的系统而言,情形如下:

平阳吴语:(陈承融 1979:47—48)

p	pʻ	b	m	f	v
t	tʻ	d	n		l
ts	tsʻ	dz		s	z
tɕ	tɕʻ	dʑ	ȵ	ɕ	ʑ
k	kʻ	g	ŋ		
ʔ				h	ɦ
ø					

平阳闽语:(陆嘉美 1983:9)

p	pʻ	b	m	
t	tʻ	l	n	
ts[①]	tsʻ	dz		s
k	kʻ	g	ŋ	x

但对平阳蛮话的归属却有争论,蛮话的声母系统如下(傅佐之 1984:96):

[①] 这里 ts, tsʻ, dz 三个声母,陆嘉美原文写作 c, cʻ, j,只是符号的不同。

p	pʻ	b	ṃ	f	v
t	tʻ	d	n		l
ts	tsʻ	dz		s	z
tɕ	tɕʻ	dʑ	ɲ	ɕ	ʑ
k	kʻ	g	ŋ	h	ɦ
ø			j		

从声母系统看来，自然是合于吴语的系统。傅佐之从声韵调各方面加以检讨，提出六点理由认为应该属于吴语，其中一点讨论的就是"端、知"不分的问题。他把读成舌尖音的知系字分成四组：

1．虫、长、桌、啄等十个字。
2．猪、锤、张、竹等二十九个字。
3．茶、蛛、账、中等八十个字。
4．柱、知、转、澄等二十四个字。

蛮话的一种方言——白沙蛮话只把第1组的十个字读成舌尖音，另一种方言钱库蛮话则把1.2.两组读成舌尖音。平阳闽语则前三组都一样，只有第四组各地都不读舌尖音。傅氏认为"端、知"不分的范围大小不同，不能根据这一现象就把蛮话归入闽语。

郑张尚芳(1984)从语音和词汇的角度指出平阳蛮话具有好些闽语的特色，例如：

没有 mou^{14}　拍打 pʻa^{42}　手 tsʻeu^{35}　骹 kʻɔ^{44}　啄 tɕy^{42}
悬(高)gai^{14}　汗 ga^{11}　咬 gɔ^{11}　虫 doŋ^{14}　肥 bai^{14}

又指小词尾用"囝"，tɕiE^{35}，不用"儿"，都是闽语的特征。

现在我们来检讨这个问题。首先，要问的第一个问题是，平阳蛮话有没有文白异读？如果有，上列这些争论中引用的例字属于哪一种读音？第二个问题是当音韵学上的证据，如古浊塞音仍读浊音，跟词汇上的证据冲突的时候要如何解释？有几种可能的解释？应该如何作比较可靠的选择？这里我们暂时不回答这些问题，先看丽水方言的情形，再一起讨论。

二、丽水方言

谢云飞(1988)的资料把文白分列，虽然白话音相当少，但是可以看出跟文言音是两个不同的层次。例如：

例 字	白 话	文 言
猪	ti^{35}	tɕy^{35}
蛛	ty^{35}	tɕy^{35}
转	tyẽ^{22}	tɕyẽ^{22}
啄	tiʔ^4	①
长(动词)	daĩ^{213}	dzʰiaŋ^{213}
张	tiaŋ^{35}	tsaŋ^{35}
胀	tiaŋ^{51}	tsaŋ^{51}
帐	tiaŋ^{51}	
涨	tiaŋ^{51}	tsaŋ^{22}(涨潮)

丽水方言属于吴语，一般都无异说，声母的情形如下：

p	pʻ	b	m	f	v
t	tʻ	dʻ	n		l
ts	tsʻ	dzʻ		s	z
tɕ	tɕʻ	dʑʻ	ɲ	ɕ	ʑ
k	kʻ	g			ŋ

---

① 丽水方言(谢1988:57)文言音表中"啄"字读 tioʔ^4，和"桌、卓"二字同音，又有"竹"读 tiuʔ^4，都是知母字读 t-，我怀疑也都是白话音，至少声母受到白话音的影响。

跟上引平阳吴语几乎一样,只少一个喉塞音声母。那么吴语方言里何以会有成组的白话音把古知系字读成舌尖音呢?对照上面平阳蛮话的例字看来,丽水读舌尖音的字四组都有:

  1. 长、啄 2. 猪、张 3. 蛛、账 4. 转

可见范围相当广泛,并不是只限于1.2.两组的字。由此推论蛮话的情形,我们有理由相信平阳蛮话里古知系读舌尖音的那些字可能都是白话音。例如郑张尚芳(1985:43)就曾指出,在丽水、温州、台州、金华四个地区有八个县端母字读ʔd;而好些县知母白读字也读ʔd,如桌ʔdoʔ⁴。又如傅国通等(1986:6—7)提到浙江省西南部有十七个县市都有知系字白话音读舌尖塞音的现象,例如丽水:猪 $_c$ti,椿 $_c$tioŋ,张 $_c$tiā,长(短)dəŋ 等。他们所记的丽水音和谢氏所记大同小异,但现象是一致的。

  一般的方言里文白夹杂,使用方言的人并不一定知道何者是文言,何者是白话。研究者要加以分析并不容易,因为常有大部分的字是文白读音相同的。(参杨秀芳1982)。文白的问题已有很多讨论,如Egerod 1956, 1976, Sung 1973, Ting 1979, 1983, 何大安1981, 张琨1984, 丁邦新1986。大体上,我们都相信白话音的时代比文言音要早,如果平阳蛮话中这些舌尖音的字也跟丽水一样,属于白话音的话,那么我们就要承认在这些吴语方言中有一层属于闽语的时间较早的白话音。

  现在我们再来观察郑张尚芳(1984)所说,平阳蛮话里有许多闽语特征的词汇,如上文所引的"手、啄、骸、悬、汗"等字都是很基本的词汇,郑张氏由此把蛮话归入闽语,只能说有一半正确,其实我们应该说平阳蛮话包括郑张氏所举的词汇在内,只有白话音是属于闽语的,而文言层则全部是吴语。如果这样解释,文言层所保

存的浊塞音跟一些词汇中保存的"端、知"不分的白话音并不冲突，只是在一个吴语方言的底层有闽语的成分而已。在谢氏白话音的资料里还有一些零碎的闽语成分，例如：鼠 tsʻ11^{22}，飞 pʻi^{35}，肥 bʻi^{213}，吠 bʻi^{31}，厚 gʻieu^{22}，笑 tɕʻiau^{51}等字，也可以作为旁证。

词汇上的证据也要看性质而言，有的可能是晚近的移借，有的可能是早期的移借，必须详加分辨才能判断。我认为平阳蛮话和丽水方言的情形都不能作为移借看待，一方面因为其中有许多很基本的词汇，另一方面因为知系字读舌尖音的现象很有系统性。不同的语言之间有系统性的移借是可以解释的现象，可说是一种有计划的全盘借用，如日语中的吴音与汉音，而且通常一定另有一层白话音与借音在某些基本词汇上相辅而行。不同的方言之间如有系统性的移借就无法作良好的解释，看不出在文化的层面上有何显著的理由要移借另一个方言的一套字。我们知道吴语里所谓"文言"并不全是读书音，根本就是在日常用语中使用的，"文言"只是语言学者的分析。因此，我认为吴语中这些读舌尖音的知系字不是移借，反而是早期底层方言的遗痕。那么，这个底层早到什么时候呢？为什么吴语方言会有闽语的底层呢？

三、吴语白话音的时代

差不多十年以前，我曾在台大的方言学课上猜测东晋南北朝时代的所谓"吴语"未必是今天的吴语，而是现在闽语的前身。那时并没有充分的证据，只是推想从北方到福建去的闽人可能曾在江南落脚，那么南朝的吴语也许就跟现代的闽语类似。当时只有一个间接的证据可以支持此说：

陈寅恪先生(1936)在《东晋南朝之吴语》中指出当时的"吴语、

吴音"跟中原之音大不相同,而且由于北方士族南来,使北语在南方成为士族语言,只有一般老百姓才用吴语,做官的江南人大多数也用北语。例如,《宋书·顾琛传》:

> 先是宋世江东贵达者会稽孔季恭、季恭子灵符、吴兴丘渊之及琛吴音不变。

可见其余士族虽然本是吴人,但在朝廷里或公事交往时已不说吴语。经过东晋到隋代差不多三百年的演变,可能中原北语势力渐大,成为一般人用的语言,而原来的吴语则经由移民带到福建一带,慢慢演变为今天的闽语。

这个猜想现在从吴语的白话音得到证明。在南北朝时代,北语势力越来越强大时,原来的吴语潜藏到白话层里,只留下部分的痕迹,就是我们现在在平阳蛮话及丽水方言中所发现的具有闽语特色的白话音。我们可以说南北朝时代的吴语就是现在闽语的前身,而那时的北语则是现在吴语的来源。

除去语音的证据还有没有其他的佐证呢?我想从词汇的用法上也可以找到两处有力的例子。

四、词汇上的证据

(一)我们知道"骹"这个字是闽语特有的词汇,意思包括国语的"大腿、小腿"和"脚",见于《广韵》肴韵口交切:"跤,胫骨近于足细处。骹,上同。"这个字在其他方言里绝不通用,但是上文已经指出在吴语的白话音里是存在的。而这个字却同时出现在南朝的口语里。《南史·王亮传》:

> 时有晋陵令沈巑之性粗疏,好犯亮讳,亮不堪,遂启代之。巑之怏怏,乃造坐云:"下官以犯讳被代,未知明府讳。若为攸

字,当作无骹尊傍犬?为犬傍无骹尊?若是有心攸?无心攸?请告示。"亮不履下床跣而走,巑之大笑而去。

王亮的父亲名叫王攸,当时"攸悠猷犹"四字同音①,同音字要避讳,沈巑之假借不知的理由,故意大犯其讳,而且语涉讥讽,把"尊"字的"骹"去掉,旁边再加上一只"犬",又说"有心攸,无心攸",简直当面骂人。

值得注意的是"骹"字的出现及其意义,跟今天闽语的用法意义无二致。可见南朝口语中的这个"骹"字,不仅保存在闽语里,也保存在吴语的白话音里,它的意义自然可以支持上文的推论。可惜的是这样的例证实在太少,似乎不够充分,我们也不能肯定沈巑之说的是北语还是当时的吴语。但是同音避讳的例子具有时代性,从嘲讽的口气来判断,代表当时南方口语的可能性很大。即使沈氏说的话是士族间通行的北语,也可能参杂一个当时吴语的俗字,而"骹"这个词汇现在只在闽语中通行则是一个事实。

(二)东晋南北朝时代留下一些江南的文学作品,称为吴歌。如果那时的吴语是现在闽语的前身,那么吴歌中应该具有一些闽语的词汇,而且是今天的吴语所无法解释的。检索的结果有一个显明的字,就是大家熟知的"侬"字。

闽语的"侬"(厦门 laŋ²⁴)指"人",跟今天吴语指"你"的"侬"不一样。而吴歌里正有这样的用法:

夏歌二十首之十六:赫赫盛阳月,无侬不握扇。

包明月前溪歌:独眠抱被叹,忆我怀中侬,单情何时双?

读曲歌八十九首之二十七:闻欢得新侬,四支懊如垂。

---

① "攸悠猷犹"四字在《广韵》中是同音字,见于尤韵以周切,现在国语"攸、悠"读阴平,而"猷、犹"读阳平。

　　　　读曲歌八十九首之四十八：诈我不出门，冥就他侬宿。
这些"侬"字显然都是指"人"，至于其余大多数指"我"的"侬"，也可能是从"人"的意思引申而来，就像今天女性的说法"人家……如何如何"，其实这个"人家"正是"自己"。五代刊本《切韵》说："侬，吴人云我。"这个"吴人"说的话可能就是今天的闽语。

　　吴歌里还有一些其他的词汇也具有闽语的特色，我预备另文讨论，这里先举出"侬"字来作一个证据。

五、结语

　　我们发现有一些吴语方言中具有"端、知"不分的现象，这种现象大致局限在白话音里，因此推断现在吴语的底层具有闽语的成分，可能南北朝时的吴语就是现在闽语的前身，而当时的北语则是现在吴语的祖先。这个想法在词汇上得到一点证明。最近周振鹤、游汝杰(1986:25,38—39)从移民的观点也提出类似的想法，可以作为另一个角度的支持。

　　在地理区域上说来，有闽语底层的吴语方言集中在浙江省的西南角。照傅国通等的报告，也包括江西省的上饶、玉山、广丰等地。他们认为因与闽语接壤，受闽语影响较多。我想也许后期也可以受到闽语的影响；但是吴语方言具有一层早期闽语的白话音，应该是可信的推论。

　　文白的问题在各方言中都有研究的必要，目前吴语方言的资料仍嫌不足，进一步的调查分析一定可以使我们得到更清楚的图像。

引用书目

丁邦新　1982　《汉语方言区分的条件》,《清华学报》14.1,2:257—273。
　　　　1986　《儋州村话》,历史语言研究所专刊之八十四,台北。
何大安　1981　《澄迈方言的文白异读》,《历史语言研究所集刊》,52.1: 101—152。
周振鹤　游汝杰　1986　《方言与中国文化》,中国文化史丛书,上海。
袁家骅等　1960　《汉语方言概要》,文字改革出版社,北京。
张　琨　1984　《论比较闽方言》,《历史语言研究所集刊》53.3:415—458。
陈承融　1979　《平阳方言记略》,《方言》1979.1:47—74。
陈寅恪　1936　《东晋南朝的吴语》,《历史语言研究所集刊》7.1:1—4。
陆嘉美　1983　《温州平阳闽南语研究》,台大硕士论文。
傅佐之　1984　《平阳蛮语的性质》,《方言》1984,2:95—100。
傅国通等　1986　《吴语的分区(稿)》,《方言》1986,1:1—7。
詹伯慧　1981　《现代汉语方言》,湖北人民出版社,武汉。
杨秀芳　1982　《闽南语文白系统的研究》,台大博士论文。
董同龢　1953　《中国的语言》,《中国文化论集》1:83—103。
赵元任　1928　《现代吴语的研究》,清华学校研究院丛书第四种,北京。
郑张尚芳　1984　《平阳蛮话的性质》,《方言》1984.2:100—101。
　　　　　1985　《浦城方言的南北区分》,《方言》1985.1:39—45。
谢云飞　1988　《丽水西乡方言的音位》,第六届声韵学讨论会论文。
Egerod, Søren　1956　*The Lungtu dialect: A descriptive and historical study of a South Chinese idom*, Copenhagen.
　　1976　Tonal splits in Min, *Journal of Chinese Linguistics*, 4.1:108—111.
Li, Fang-kuei(李方桂)　1937　Languages and Dialects, *Chinese year book*, 59—65.
Sung, Margaret M. Y.(严棉)　1973　A study of literary and colloquial Amoy Chinese, *Journal of Chinese Linguistics* 1.3:414—436.

Ting, Pang-hsin(丁邦新) 1979 A note on tone change in the Ch'ao-chou dialect, *Bulletin of the Institute of History and Philology* 50.4:717—739.

1983 Derivation time of colloquial Min from Archaic Chinese, *Bulletin of the Institute of History and Philology* 54.4:1—14.

原载《历史语言研究所集刊》59.1:13—22,1988。

吴语声调之研究[*]

一、绪说
二、吴语小方言的基调系统
三、吴语的古声调系统
四、结论

一、绪说

(一) 近人著述的检讨

一九二八年赵元任先生发表《现代吴语的研究》一书,是近人以科学方法调查吴语规模最大的一次,而工作者只有他跟杨时逢先生两个人。他们一共调查了三十三处方言,其中江苏省十九处,浙江省十四处。他们对于声调的记录原来是根据音管所定的绝对音高,用有长短的音乐符号记在五线谱上的,发表时用简谱表示声调线的高扬起降,以平均音高作为中点线。这个方法跟他后来(1930)发明的五点制并不完全相同,因此应用起来有一点困难,需要略加调整。

他们真正用于调查的时间只有一个半月,却能大致把三十三处方音的声韵调记录并整理出来发表,实在是难能可贵。但是时间毕竟太短,同时所用的字表偏重于单字,对于连调变化未见记

---

[*] 本文曾在本所讨论会(一九八四年十月一日)上报告,谢谢周法高、龙宇纯、龚煌城三位先生的指正。

载,哪些方言具有变调的情形在报告中看不出来。这一个缺陷在我目前的想法里,对于吴语古调值的拟测颇有影响。因此在这篇文章里,不能根据《现代吴语的研究》作为研究声调的起点,只能作为参考。

在赵先生之后,有许多单篇的文章记录或讨论吴语各地方音的声调,在下文的讨论里随处引用,这里不一一论列。但是有一篇文章对于吴语的声调作了一个相当完整的检讨,在这里必须先加以讨论,就是 Ballard(1980)所写的 On Some Aspects of Wu Tone Sandhi。

Ballard 分别讨论了上海、苏州、海盐、绍兴、义乌、永康、温州、温岭等八处方音的声调系统及变调现象,一一检讨并以规则写出变调的规律。然后综合方音的情形分别按调类拟测各类的调值,观察同异以定取舍。最后从理论上说明吴语的现象能够以哪一家的学说来解释最为适当,并进一步评断这些学说的是非。这一篇长达八十页的论文实在是一篇力作,尤其后半部的评断甚为有力。但是对于前半部的研究由于我有一些基本上不同的构想,跟 Ballard 的着眼点有区别,因此导致拟测古吴语声调的过程和结论都产生若干差异。下一节就先来说明我的构想并随时比较两人的不同点。

(二) 本文的构想

1. 本调、变调、基调与原调

研究中国方言的学者一向将一个字单念时的声调作为"本调",而将连读时发生变化的调称为"变调",如此界定在应用起来并无问题。但是如果在意涵上有将"本调"误认为"本来的调"的可能,那么就产生不必要的纷扰;同样,"变调"只是指称上文所界定的某一情形下的声调读法,并不包含"变调"不是本来的调,或"变调"一定后起的意思。平山久雄(1975)用"基本调值"及"替换调值"指称"末位音节"及"非末位音节"比较清楚,因为这些名称都只是用来说明平面的现象,并不包含时间前后的因素在内。本文仍旧沿用"本调、变调"这两个名称,但是另外提出"基调"和"原调"两个名词来,前者还是平面性的,而后者则是历史性的。

"基调"的设立是因为下列两个理由:

第一、以闽南语的晋江音来说(参董同龢 1960:796),一共有阴平、阳平、阴上、阳上、去声、阴入、阳入等七个本调,但变调却有八个。其中去声有两个变调,例如:

半 puã^{31}[1],半路 puã^{55}lɔ^{31}

饭 pŋ$_1^{31}$,饭匙 pŋ$_1^{11}$si^{24}

同样的 31 调,一个变为 55,另一个变为 11。只要从历史音韵学的角度稍一观察,就可以发现原来前者是阴去字,而后者则是阳去字。换句话说,晋江音本调只有一个去声,而变调却分阴去和阳去两种。现在从平面的现象来分析,我们要说晋江有几个声调呢?尤其在需要与其他方音作比较的时候,势必要承认晋江实际上有八个调,因此我就提出"基调"这一个名称来,认为晋江音是有八个基调的。

第二、有时候同一个本调有两个或三个变调却无法从历史音韵学的角度来解释,例如苏州话上声字的变调(引自谢 1982:260):

酒 tsY^{52},酒杯 tsY^{41}PE^{34}

九 tsiY^{52},九双 tsiY^{52}sã^{21}

---

[1] 本文用赵先生的五点制标写声调,数字下面加线表示短调。

股 kəu^{52}，股东 kəu^{55} toŋ^{21}

同属于阴上的字却有三种不同的变调,加上单念的本调,究竟哪一个调值是阴上本来的调值,由于受到音韵以外的其他条件的约束才产生这种错综的情况? 要回答这个问题,势必要在三个调值之中加以合理的选择,把其中一个订为阴上的"基调"。

有了"基调"之后,当我们比较不同的方音拟测古调值的时候,可能要经过不同的层次,例如:官话的系统依照个人的看法(丁1982a:263—265)要分为:北方官话、晋语、下江官话、西南官话和楚语等五个次方言。在研究古官话的调值之前,一定要先从小方言入手,拟测次方言的古调,把这一个层次的调值系统特别提出来称为"原调",以便和上下两个层次分开,应用起来我觉得有方便之处。换句话说,在小方言的"基调"确定之后,就来拟测次方言的"原调",然后才是大方言的古调系统。

2. 变调之意义、认定与取舍

最近我提出变调有时候可能是原调的看法(参见丁1982b),主要的根据是海南岛临高方言的两个小方言。这两个小方言各有六个调,一一对当,其中有五个调的调值也彼此接近。只有一个调大不同,甲方言是11,乙方言是35。甲方言完全没有变调,乙方言只有一种变调,就是这个35调,变调的调值正是11。从比较的立场来看,要为这个特殊的调拟测原调的话,自然非订为11不可;从平面的立场来看,要为这个调订一个基调,本来有两种选择,现在由于我们已经知道另一个小方言是11的关系,自然也会把基调订为11。这样做的结果有两层意义:第一、变调是基调,本调只是一个语位单念时的调,并不一定是基调。第二、一个方言的基调在比较之后可能就是原调,进一步说,变调是基调,同时也有可能是原调。这两层意义使我们不得不在研究方言时特别注意变调。

在 Ballard 的研究里,他从传统的立场注意本调,认为变调是从本调变来的,并设法写出各种规则来说明变化的过程,现在由于这一个基本构想的差异,就使本文研究的方向和他的研究走上不同的路。

如上所述,一个方言中某一个本调可能出现几个不同的变调,我们一定要仔细推究何以产生不同变调的原因,设法认定其中的一种可能是主要的变调,这种认定难免有主观的地方,但是总要从客观的分析入手——剖析。

有时候变调出现在不同的环境,例如苏州话中双音节的词语和三音节词语的变调情形不同(参袁家骅 1960:66—69),我觉得三音节以上的词语显示的现象受到语调的影响较大,而且汉语方言至少从汉代开始已经走上双音节化的道路,双音节词语中的变调可能保存比较基本比较原始的情况。因此,在本文中我只以双音节词语的变调作为研究的对象。这和 Ballard 的办法也不一样,他是把双音节和三音节的都放在一起讨论的。

同一个声调的字作为双音节词语的另一个成分有某种变调,作为第二个成分有时没有变调,有时变调和第一个成分完全不一样。为简便起见,作为第一成分的变调称为"前字变调",作为第二成分的称为"后字变调"。后字变调有时候是一种轻声现象,那么在本文中暂时不深究,因为我的目的是在推究各小方言的基调之后,再上推吴语次方言的原调,最后拟测吴语的古声调系统。有的方言的双音节词语前字轻读,后字反而重读,这个时候当然就要研究这种后字变调了。

总之,对于变调的取舍,本文研究双音节词语中重读成分的变调,轻读部分看情形作为参考。

3. 材料的来源与鉴别

下文讨论个别方言的时候,对于每一个方言材料的来源都会一一注明。当然研究活的方言最好是能利用第一手自己调查的材料,但是汉语幅员广大,势不可能一一调查,小方言的数目更是惊人,因此一定要引用别人研究或调查的成果不可,只是在引用的时候,必须特别注意材料的鉴别。例如苏州话的变调前后有许多篇文章讨论各变调的调值,我们自然要加以鉴别,其中尤其有一些调值的差异完全是语音性的,并不产生音位上的差别,这一类微小的差异我们可以暂时忽略。

以下就先从个别的方言一一检讨,先来求取各小方言的基调。那么是不是每一个小方言都要经过这一层手续呢?不然。有的方言根本没有变调,单念和连读时调值相同,那么我们只要列举本调就可以引用了。有的方言变化太多,原因是本身的系统受到许多邻近方言的影响,呈现不稳定的状况,例如上海话就是一个显著的例子,本文的办法是先从较稳定的方言做起,上海话暂时不管。所谓较稳定的方言,自然未必不受邻近方言的影响,这种分别只是程度上的差异,但是对于上海话,由于城市人口的来源、地域的分区、年龄的差别产生许多不同,研究者大致都认为上海话是比较不稳定的,因此暂时放在一边。这可以说是另一种方式的材料鉴别。

二、吴语小方言的基调系统

在这一节里要把吴语中个别方言的声调系统一一检讨,但是由于我的构想是要利用变调的现象加以分析,因此材料方面只能限于目前已有比较完整报告的小方言,总共十一种,其中属于江苏省的有五种,属于浙江省的有六种。江苏包括苏州、吴江、常州、丹阳和崇明,浙江则包括海盐、绍兴、永康、平阳、温州和温岭。

对于吴语的分区问题,赵元任先生在《现代吴语的研究》里并未提出讨论,虽然在英文序论及声韵调表格之中标明江苏省十九处,浙江省十四处,并没有以省界作为次方言分界的意思。袁家骅(1960)也没有作显著的说明,但是不止一次提到苏州话可以作为吴语的代表,可惜不能代表浙南,因此另以永康话来说明浙南吴语的特点。(袁 1960:59,80)。他提到明清两代金华府所辖的金华、慈溪、义乌、东阳、永康、武义、浦江、汤溪等八县在浙南吴语中形成一个土语群,可是没有进一步说到这个土语群究竟和浙江其他部分的吴语是什么关系,浙江分几个土语群,和江苏的吴语又该如何分区。我自己利用赵先生的材料,对吴语的次方言有一点看法,在这里无法详论,预备另行探讨,因此现在对于将要分析的十一个小方言就不加区分,把它们都放在同一个平面上来观察,幸好吴语本身的一致性很强,暂时不分次方言并不产生大的影响。

(一) 苏州方言

关于苏州方言的声调系统及连读变调的情形,有好几篇文章专门讨论,包括袁家骅(1960:66—68)、叶祥苓(1979a,b)、张家茂(1979)、谢自立(1982)、钱乃荣、石汝杰(1983)等六篇[①]。讨论的

[①] 另有一篇相关的文章(汪平 1983),由于所用的调号颇有不同,究其实质则大同小异,为省去讨论上不必要的麻烦,故未引用,该文所记的本调调值与本文所用谢氏的调值大致如下:

	阴平	阳平	上	阴去	阳去	阴入	阳入
谢	44	223	52	412	31	<u>55</u>	<u>23</u>
汪	44	13	41	523	242	<u>43</u>	<u>23</u>

可见各人对于同一方言的记音多少会有差异,发音人和记音人的不同就是直接的理由,因此调类的趋势比调值的微细差别重要得多。

内容牵涉到调类和调值两方面,现在不详细介绍讨论的过程,只引用最后的结论,作成一个连读变调表,以便检看。资料来源主要根据谢自立的文章,有一些极少数的例外现象略去不提,原文由于别的原因改用的调值符号一律还原,例如阳平本调223,省作23,但变调中又有23,与本调并不相同,改写为12,现在一律用实际的调值标写。表上调类之下注明本调调值,也就是单念时的调值,变调部分都见于表中。

苏州连读变调表

前字\变调\后字		阴平 44	阳平 223	上 52	阴去 412	阳去 31	阴入 55	阳入 23
阴平 44		55—21	55—21	55—21	55—21	55—21	55—21	55—21
阳平 223	a	22—44	22—44	22—44	22—44	22—44	22—44	22—44
	b	24—21	24—21	24—21	24—21	24—21	24—21	24—21
上 52	a	41—34	41—34	41—34	41—34	41—34	41—34	41—34
	b	52—21	52—21	52—21	52—21	52—21	52—21	52—21
阴去 412	a	55—21	55—21	55—21	55—21	55—21	55—21	55—21
	b	41—34	41—34	41—34	41—34	41—34	41—34	41—34
阳去 31	a	22—44	22—44	22—44	22—44	22—44	22—44	22—44
	b	24—21	24—21	24—21	24—21	24—21	24—21	24—21
阴入 55	a b	55—34	55—34	55—52	55—412	55—52 / 55—412	55—55	55—55
阳入 23		23—52	23—52	23—52	23—52	23—52	23—55	23—55

大致说来,苏州的连读变调可以分为两种,一种是前字、后字都读变调,另一种是前字读本调,后字读变调。少数例外的情形下文再说明。凡是后字读变调的时候调值较轻较短,和前字形成结

合紧密有前重后轻关系的连读单位,如何构成一个连调单位,则受语法的限制,这里不再说明(参见谢1982:245—246)。

现在根据上文提出的变调可能是基调的构想,设法来推测苏州话的基调。

首先从阳上声开始,这个调在本调里根本没有,只有从阳去的变调里找出来,阳去有两种变调,b类读为24—21,有以下这些例子:

  武器、礼貌、两斤、五瓶、后年、下月

我们马上发现这些字是中古上声次浊声母或全浊声母的字,换句话说,就是阳上的字,这类字的本调已经读同阳去,如果不从变调来分析,根本无法推测它的调值,现在我们有充分的理由推测这个调的基调可能是24。

回过头来看阴平,变调的方向是一致的,都读55,其实它跟阴平本调的44只有语音上的区别,并无音类上的差异,因为另外并没有类似的高平调可能引起混淆,谢文原作44,现在是根据钱、石(1983)的看法更改的,虽然44和55在这个方言中没有什么差别,还是尽可能采用最可靠的记录。因此我认为阴平的基调是55。

阳平的变调也有a,b两类,其中的差别目前无法解释,例如:

  22—44:诚心≠ 24—21 存心〔zəu sin〕
     年利≠   严厉〔ɲiI li〕
     人力≠   成立〔zən liəʔ〕

声韵母完全相同,只有声调有异,似乎前者偏重于前字修饰后字的结构,后者偏重动宾及并列的结构,但是不敢说定,因为在没有对比的例子中,前一类还有"连牵、胡涂、游水",后一类还有"名胜、成命"等。幸好在本文中这个现象并不构成问题,b类的变调24已经别无选择地推测为阳上的基调了,所以阳平调的基调可能就是

22。

上声的变调有两类,a 类 41—34 的用例比较多,b 类较少,两类的差别有语法和语音两种。语法上的差别大体上 b 类是数量式及动词重叠式,例如:"九斤、几瓶、走走"等等,a 类就是别的形式的结构;在语音上,后字是阳去调时,阳上的字变读阳去的读 a 类,本来阳去的则读 b 类。虽然不能一清二楚地分开,大致的条件是可以看出来的(参见谢文 1982:249—250,260)。由于 a,b 类的分别是有条件的,我们可以把它看作一类,同时在调值上 52 和 41 在这个方言里也只是语音上的差别而已,现在把上声的,其实是阴上的,基调定为 52。

上声的变调实际上还有第三类:55—21,数量很少,同时 55 调已经是阴平的基调了,在这里不发生影响,在表上就没有再列出来。

阴去的变调表上分为两类,根据谢文的分析(1982:250—254) a 类的词语绝大部分属于口语,b 类则偏重于文言或官话的成分,b 类中后字是去声时,还可以再分出一种 c 类 52—21。由于 55—21,41—34 加上 52—21 三种形式中只有 41 一个可能,55、52 已经分别订为阴平、阴上的基调了,所以阴去就是 41。

阳去的变调已经把 24—21 分出来成为阳上了,剩下来的 a 类和阳平的 a 类一样,还有一种表上未列的 c 类 55—21,例子极少。无论变调 22 或 55,都已经根据上文的分析订为平声的基调了,现在阳去只剩下一个本调 31,除非在不得已的情形之下,我不愿意凭空另外拟测一个基调,因此 31 是阳去基调的惟一选择。

两个入声的问题比较简单,因为本调和变调是完全相同的,可以很自然地把基调订为阴入 55、阳入 23。

现在来说明表上连调变化有一点例外的地方。从整体上说,各种调类的字作为后字时,变调的方向是一致的,尽管平上去的舒声和入声有舒促之别,调型还是相同,例如阴平之后的 21 和 2̲1̲,阳平之后的 44 和 4̲4̲ 等等。但是在入声之后颇有一些不一致的现象,可以分为三方面来说:

第一、两个入声调作为另一个入声字的后字时一律读为 5̲5̲,跟阴入的本调一样,跟舒声后字的变调不同,我想这种现象很容易解释,因为两个短促的入声字相连,后字变为高平的促调,语音环境是很清楚的。如果写成规则也很简单:入→5̲5̲/入__。

第二、在前字阴入的变调单位中,后字有 34、52、412 三种变调,不大一致,谢文(1982:256)特别指出:"由于它们保持本调或变同其他声调的本调,所以也不轻读,跟前字并无重轻的节律关系,实际上已经不是严格意义上的连调单位了。"他也指出 5̲5̲—52、5̲5̲—412 两种形式有时也可以读如 5̲5̲—34,我想这是连读单位关系松紧的问题,读得松就保持本调,读得紧就有一致读 5̲5̲—34 的趋向。

第三、阳去后字的两种变调,谢文指出原是阳上的字读为 52,和阴上本调相同;原是阳去的字读为 412,和阴去相同,因此这两种变化是有历史条件的。我觉得这种现象透露一个消息:在阳上和阳去的基调混同为现在阳去的本调之前,变调已经存在。同时和上文提到的上声之后阳去也分读两类的情形一致,可见我们设法从变调中寻觅阳上的基调是相当有理由的。

总结以上,苏州话共有八个基调:

阴平	阳平	阴上	阳上	阴去	阳去	阴入	阳入
55	22	52	24	41	31	5̲5̲	2̲3̲

其中阴上、阳去和两种入声的基调调值都跟本调一样,阳上是从变调产生出来的,其余三种基调单念时有一点变化:阴平略低,55→

44;阳平和阴去调尾略升,22→223,41→412。当然从基调变本调及变调未必都有规则可寻,其间的变化有时很剧烈,但是苏州的情形在我们确定基调之后,看起来是相当整齐的。

(二) 吴江方言

吴江声调系统的资料主要根据叶祥芩(1958,1983)的调查,可惜两篇文章都只提到单字调,没有调查连调变化的情形,本来在这篇文章里应该不加讨论,但是吴江的声调系统非常特殊,值得加以说明,假设没有变调,也可以从本调的种种现象推测基调,吴江正可以作为一个例子。

叶氏总共调查了吴江县七个镇的声调系统,列表如下:

吴江七镇本调表

古调	古声母	例 字	今调类	松陵	同里	平望	黎里	芦墟	盛泽	震泽
平	全清	刚知丁边三安	全阴平	55	55	55	55	55	55	55
	次清	开超初粗天偏	次阴平	33	33	33		33		33
	浊	陈穷唐寒人云	阳 平	13	13	24	24	13	24	13
上	全清	古走短比死好	全阴上	51	51	51	51	51	51	51
	次清	口丑楚草体普	次阴上	42	42	34	34	=次阴去	34	
	浊	近是淡厚老染	阳 上	31	31	23	21	=阳去	23	31
去	全清	盖醉对爱汉送	全阴去	412	412	513	412	412	513	412
	次清	寇臭菜怕退气	次阴去	312	312	313	313	312	313	312
	浊	共大备树饭帽	阳 去	212	212	213	213	212	212	212
入	全清	各竹百说发削	全阴入	55	55	55	55	55	55	55
	次清	匹尺切铁拍曲	次阴入	33	33	33	33	33	33	33
	浊	局读白服岳六	阳 入	22	22	22	22	22	22	22

在中国方言中具有十二个声调的方言很少见,从古声调分化而来的条件又非常清楚,其中有好几点现象都是值得提出来讨论

的(参见张琨 1975:673)。

1. 七个小方言分化的步调并不一致,黎里、盛泽阴平调并无全次之别,震泽阴上、盛泽阴入也没有全次之分。这里的问题是究竟它们还没有分化呢?还是已经合流了?正好黎里、盛泽两处都是赵元任先生(1928)调查过的方言点,可以拿来作一个比较[①]:

黎里:	阴平	阳平	阴上	阳上	全阴去	次阴去
	44	232	41	24	513	213
	阳去	全阴入	次阴入	阳入		
	113	55	34	23		
盛泽:	阴平	阳平	全阴上	次阴上	阳上	全阴去
	42	231	51	12	212	412
	次阴去	阳去	阴入	阳入		
	213	113	44	23		

两处都只有十个调,但黎里阴平阴上不分全次,盛泽阴平阴入不分全次,跟叶文的记录比对之后,发现阴平仍然未分,盛泽的阳入亦未分,而黎里的阳上现在却已分为两种,可见这种分化极可能是这五十多年中的演变。当然前后两次记音并不是以同一个人为发音人,但是黎里毕竟只是一个小镇,到一九八一年才有六千多人,前后承接的关系是相当清楚的。从盛泽的情形来说,自然更无问题。

2. 芦墟镇的次阴上归次阴去,阳上归阳去,大概是上声分化以后才分别跟去声相当的调合流的。这里说"相当"是指调值的接近而言,从邻近的方言点推测,可能芦墟的上声先是分化为全阴上

[①] 为了便于比较,已将赵先生记录中的五线谱改写五点制,各人的改法容或有异,例如黎里的阳上原记2324,现在改为24,叶文(1959:11)就照用为2324。

51；次阴上31，或从42变为31；阳上21，或从31变为21。次阴上和阳上的调尾微微上升，就跟312,212合并了。因此这个现象是先分化再合并。

3. 大体说来，平上去入四调分化的趋势是全清最高，次清次之，浊声母最低，调型很类似。但有三个现象较为特别：第一，全阴平、次阴平各地都是平调，惟独阳平变成升调，可见浊声母确有使声调调首压低的现象，这个现象可以给实验语音学作注脚。上声去声的分化也有类似的情形，入声由于短促，不大容易分辨。可能调首压低使整个音节的声调也向下略沉。第二，次清声母比全清声母略使声调降低，换句话说送气的声母有一点使整个音节的声调"泄气"的现象。而擦音声母的字，如"三、说、汉"等是跟不送气的清声母走的。这一点跟某些傣语的现象不一致（参见李方桂1980）。第三，平望、黎里、盛泽的次阴上及平望、盛泽的阳上是中升调，而非降调，推想可能是从降调变来，比较赵先生所记盛泽的三个上声和现在的记录，可以看出一点端倪，加上松陵的调值作参考：

	全阴上	次阴上	阳上
赵书	51	12	212
叶文	51	34	23
松陵	51	42	31

似乎次阴上从降调变低升，现在成为中升，其间有没有经过低降、低平的过程不敢肯定，例如：42→21→11→12→34。阳上的过程比较清楚：31→212→23，可能降调调尾略升，升的部分显明之后，调首反而不清楚了。赵书记录的212降升调正是从低降走向低升的过渡点。

4. 从音位的观点来说，有些方言点的声调可以归纳为四个调位,把十二调视为语音现象而以声母之清、浊、送气作为条件。但是有的方言点不行,因为调值升降不同,差异太大。

5. 从比较语言学的立场为吴江拟测原调,可以分为两个阶段,第一阶段拟为八个调,因为有的地方次阴调没有分出来,而阳调却一致都有:

阴平	阳平	阴上	阳上	阴去	阳去	阴入	阳入
*55	*24	*51	*31	*513	*212	*55	*22

第二个阶段就需要增加别的资料,跟别的方言点比较才能再向上拟测。

总之,吴江方言的现象很有启发性,可惜没有变调的资料能够使我们安心地推测基调。上面为吴江一地拟测的原调只是根据本调所作的试验,不能就作为根据,加上变调很可能会影响目前的拟测,因此只能暂时作为参考。

(三) 常州方言

这个方言的资料完全根据赵元任先生的研究(Chao 1970)。常州是赵先生的家乡,他自任发音人。常州话有绅谈、乡谈的不同,赵先生所记的音是绅谈(乡谈的变调有一点跟绅谈不同)。两

常州连读变调表

变调前字\后字	阴平 44	阳平 13	上 55	阴去 523	阳去 24	阴入 55	阳入 23
阴平 44	33—33	33—33	55—32	55—32	55—32	55—33	55—33
阳平 13	11—33	11—33	11—55	11—33	11—33	11—55	11—33
绅谈:上 55	53—22	53—22	53—22	53—22	53—22	53—22	53—22
乡谈:上 35	35—55	35—55	35—55	35—55	35—55	35—55	35—55
阴去 523	55—55	55—55	53—22	55—55	55—55	55—55	55—55

续表

变调后字 前字	阴平 44	阳平 13	上 55	阴去 523	阳去 24	阴入 55	阳入 23
阳去 24	32—23	32—13	32—23	35—32	35—32	32—23	32—23
阴入 55	55—55	55—55	55—55	55—42	55—42	55—55	55—55
阳入 23	23—33	23—33	23—33	23—42	23—32	23—33	23—33

字连读时如果重音在后字,只有局部的变化:前字阳平13变11,阴去523变52。下面所列的表是重音在前字的。

从最没有问题的地方开始推测基调,两个入声的本调和变调的调值完全相同,可以毫无困难地把阴入订为55,阳入订为23。现在根据变调是基调的构想,再看其他的声调。

阳平的变调完全一致,基调订为11。

上声的本调和变调都有绅谈和乡谈的不同,变调的方向各有固定的格式,因此根据绅谈,上声的基调是53,根据乡谈则为35。中古上声全浊声母的字今音读阳去,次浊声母的字根据《现代吴语的研究》中的声调表,绅谈读同阳平,乡谈读为阴上。后来赵先生(1970:49)又指出绅谈中的古次浊上声字文读为阴上,而白话音或读阳平,或读阳去。可惜在变调中已经无法分辨。

阴去绝大部分的变调都是55,只在上声之前变为53,53已经订为绅谈上声的基调,因此阴去的基调就是55。

阳去绝大部分读为32,只在去声之前变为35,上文已经将乡谈的上声订为35,只有32是唯一的选择。

现在回到阴平,有两个变调:55和33,如果从阴平开始分析,就会面临难以选择的困难;到这一阶段,我们已经有相当的理由把55订为阴去的基调了,就只剩下33可能是阴平的基调。

总结以上的分析,常州方言的基调如下:

阴平	阳平	上	阴去	阳去	阴入	阳入
33	11	53,35	55	32	<u>55</u>	<u>23</u>

这个基调的系统肯定之后,我们发现它跟平声作为后字时前字的变调系统完全一样,似乎在平声字之前各调的字都保持着基调,这是常州方言中很有意思的一个现象。

后字的轻读变调不是这篇文章研究的重点,但是有一种现象,值得在这里指出。常州后字变调的规律是以平上去入四类为主的,从表上我们可以清楚地看到,阴平和阳平作为任何调类的后字都是两两相同,只有阳平在阳去之后有极微小的差异。上声单独成一类。阴去和阳去完全一致,阴入和阳入除去在阳平之后其余也一致。

(四) 丹阳方言

丹阳的资料根据吕叔湘的文章(1980)。原文中关于变调的部分写得非常仔细,提出主要的和次要的变调形式,有时还有例外。单字本调分成八类,从历史的角度来看,要把古调按声母的清、次浊、喻母和全浊分成四类才能解释其演变。本调的八类并不是白话音系中直接可以分辨出来的,必须要把文言音合在一起才能看出来,吕氏指出:

文言: 平33 上55
白话: 阴平33 阳平24 阴上55 阳上24

文言： 去24　　　　　　入44
白话：阴去 24　阳去 11　　阴入 33　阳入 44

换句话说,阳平、阳上和阴去在白话音中其实都同音,跟文读对比起来才能知道有三种不同的来源。这个方法虽然说得清楚,从根本上说却是有问题的:第一,文白两个系统不是同一个层次的现象,文读的四调和中古的平上去入除个别例外完全相当;白话音则有六个调,平入分阴阳,一上一去,中古阳上和阴去的字归阳平。文白两者并无显著传承关系,没有充分的理由把两个层次合在一起讨论。第二,文言的四个调最高点为 5,最低点为 2,没有 1,跟五点制的办法不合。第三,根据文言硬把阳平、阳上、阴去从同一个 24 调中分开,使变调的现象产生许多不必要的复杂,尤其后字的变调方向完全相同,分成许多项目反而有眉目不清之病。第四,吕氏把前字中平声次浊、全浊和喻母来的字归为一类,后字中却把平声次浊归入全清一类,一方面看起来很明确,另一方面却把简单的阴平、阳平弄得不简单了。使得现在平面现象的变调,分析成历史现象的拼图。我想还是先把本调的情形说清楚,然后再从本调出发说明变调。本调跟历史来源也稍加说明。

丹阳白话的本调有六种:1. 阴平——包括古平声中清、次浊的字;2. 阳平——包括古平声喻母及全浊的字,上声次浊的字,去声清声母的字;3. 阴上——包括上声清和喻母的字;4. 阳去——包括古上声全浊,去声次浊、全浊的字;5. 阴入——古入声清声母的字;6. 阳入——古入声次浊、全浊的字。其中有一部分古上声全浊的字例外地读为阳平(=阴去),不归阳去。变调的部分现在列表说明[①]。

[①]　此表是根据吕文 92—98 页重作而成,如有抄写错误与原文无关。

丹阳连读变调表

变调前字 \ 后字		阴平 33	阳平 24	阴上 55	阳去 11	阴入 33	阳入 44
阴平 33		42—11	55—55 42—11	55—55 42—11	55—55 42—11	55—55 42—11	55—55 42—11
阳平 24	a	55—55 42—11	24—55 42—11 55—55	24—55	24—55 55—55	24—55	24—55
	b	11—11	11—11 42—24	11—11 42—24	11—11 42—24	11—11 42—44	11—11 42—44
	c	33—33 42—11	42—24 33—33	42—24 33—33	42—24 33—33	33—33 42—44	42—44 33—33
阴上 55		33—33 42—24	42—24 33—33	42—24 33—33	42—24 33—33	33—33 42—44	42—44 33—33
阳去 11		11—11 42—24	11—11 42—24	11—11 42—24	11—11 42—24	11—11 42—44	11—11 42—44
阴入 33		33—33 22—24	22—24 33—33	22—24 33—33	22—24 33—33	33—33	22—24 33—33
阳入 44		11—11 33—33	11—11 22—24	11—11 22—24	11—11 22—24	11—11 22—44	11—11 22—44

首先要说明两点：第一，每一格中有两种变调格式时，上面的为主要格式，下面的为次要。这种区别是吕氏从例子的多少来决定的。第二，如有三种变调时，因为例子都很多，所以一一列出。有许多格中如将少数例外放进去的话，都可以写成三行，甚至四行（参见吕文 1980：92—97 页）。

推测基调要从阳平开始,因为阳平前字的变调有清楚而不同的三类,第一类如:门闩、黄昏、人口、平坦、模范、徒弟,前字是道地的阳平调。第二类如:重心、是非、稻壳、后脑、重量、厚薄,前字是古上声全浊声母字,可以说是阳上。第三类如:背心、信封、报答、破布、碎末、笑话,前字是古去声清声母字,就是阴去。在单念的本调中这三种调已经没有区别,只能从变调中推测基调。现在把阳平订为24,阳上为11,阴去为42。其中只有阴去在推测基调时有困难,因为变调系统和阴上几乎完全一样,如此选择的原因只有一点很细微的理由,因为阳上已经是11,想来阴上的调型应该可能是平调,阴去拟为42,阳上自然就成为平调33了。阳上订为11并无问题,尽管它的变调也跟阳去一样,主要的理由是阳上只能从这里推测基调,而42又是阴去或阴上两者必居其一,只有一个11的可能。

现在看阴平,可以订为55,阴上已经订为33。阳去产生问题,因为11调已经被阳上占去,而42又是阴去的基调,在这种不得已的状况之下,只好拟测一个低降调21,设想它很容易变读为11。

阴入订为33,不订为22在于跟阳入产生比较清楚的区别。阳入的基调则是11。

总结八个调的基调如下:

阴平	阳平	阴上	阳上	阴去	阳去	阴入	阳入
55	24	33	11	42	21	33	11

因为丹阳的变调跨式的情形太多,所以在处理的时候不容易干净利落,对于上去两声四调的推测也许有我主观的地方。至于后字的变调则大致按平、上去、入分成三类。

（五）崇明方言

崇明的资料根据张惠英(1979)的调查。主要的连读变调分为广用式及数量谓补式两种，别的格式应用的范围很窄，牵涉个别词汇的问题，跟我们这里研究的问题无大关连，现在先就应用最广的广用式来说明。

崇明广用式连读变调表

前字＼后字	阴平 55	阳平 24	阴上 435	阳上 241	阴去 33	阳去 213	阴入 55	阳入 23
阴平 55	55—55	55—55	55—轻	55—轻	55—轻	55—轻	55—55	55—55
阳平 24	24—55	24—55	24—轻	24—轻	24—33	24—轻	24—55	24—55
阴上 435	42—55	42—55	33—轻	42—33 / 33—轻	42—33 / 42—55	42—33 / 33—轻	42—55	42—55
阳上 241	31—55	31—55	31—33 / 24—轻	24—轻 / 31—33	241—轻	241—轻	31—55	31—55
阴去 33	42—55	42—55	33—轻 / 55—轻	33—轻	42—33 / 55—轻	33—轻 / 55—轻	42—55	42—55
阳去 213	31—55	31—55	31—33 / 24—轻	31—33	31—33 / 24—33	31—33 / 24—轻	31—55	31—55
阴入 55	55—55	55—55	55—33	55—33	55—33	55—33	55—55	55—55
阳入 23	23—55	23—55	23—33	23—33	23—33	23—33	23—55	23—55

表上用"轻"字的地方是张文原来用轻声符号"｜·"表示的，为避免跟数目字相混，改用文字。其实轻声通常也还应该有一个调值表示高低，尽管不像正常的调值那么清楚。

对于同一格中有两种变调的情形，张文说明有最小对比的例子，但是分别的条件未见特别交代，可能是普通的词汇性的差异，看不出清楚的分野。

从变调的现象来推定崇明方言的基调，阴平、阳平、阴入、阳入四个调最容易，因为本调和变调完全一样，订为 55、24、55、23 是很自然的结果。

其次,我们选择变调现象一致的先入手,阳去在各调之前都变31,可以就把31订为它的基调。在上去声之前读24的现象一方面有局限性,另一方面24已经是阳平的基调了。

阳上有三种变调,31、24和241,现在只余下一个可能:241。

阴上、阴去两调变调的方向很接近,但是阴上只在阴上之前读33,其余环境之前一律读42,把基调订为42较为合理。那么阴去就是33了。

这样推定之后,得到八个基调如下:

阴平	阳平	阴上	阳上	阴去	阳去	阴入	阳入
55	24	42	241	33	31	55	23

现在来看一看数量谓补式的变调,张氏(1980:288—289)指出平入声和广用式完全相同,只有上去声不同,也列表说明:

崇明谓补式部分连读变调表

变调前字 \ 后字	阴平 55	阳平 24	阴上 435	阳上 241	阴去 33	阳去 213	阴入 55	阳入 23
阴上 435	42—33	42—33	42—33	42—33	42—33	42—33	42—轻	42—轻
阳上 241	241—轻	241—轻	241—轻	241—轻	241—轻	241—轻	241—轻	241—轻
阴去 33	33—55	33—55	33—55	33—55	33—55	33—55	33—轻	33—轻
阳去 213	31—33	31—33	31—33	31—33	31—33	31—33	31—轻	31—轻

因为平入二声跟广用式一样,因此在表上省去。现在一看上、去声作前字变调的情形,立刻就发现跟上文我们推定的基调一模一样,使推定出来的基调增加可信度。那么为什么不直接利用谓补式的连读变调作为根据呢?理由是显而易见的,因为广用式应用的范围广泛,应该是比较基本的变调形式;谓补式是"四趟、九斗、五斤、二寸"这一类有限度的例子,只能用来作为参考或验证。

后字变调的现象有两点值得讨论:第一,除轻声外都是平调,如果轻声的调值是低而模糊的11,那么全部都是平调了。因为原作者并未注明轻声的调值,现在只能大致猜想。第二,大体说来,阴平、阳平是一类,后字都变55;阴入、阳入也是一类,也变55,但为短调。两个上声、两个去声除去极少数的情形,不仅同声的阴阳调相似,根本四个调都相类。这种情形和上文描述过的常州和丹阳的情形有非常一致的趋向。

(六) 海盐通圆方言

通圆方言的资料以胡明扬(1959)的文章为根据,他在文中提出"变调群"的名称代表"在变调时联合在一起的音节",从两音节开始到五个音节,并且说明连读变调的"基本语法意义表现在一切辅助成分和附加成分在语音上没有独立性"。现在我们要引用的只是两音节的部分,事实上胡氏指出在大多数的情况下,变调群的第一个音节保持原调并有重音,后面的音节则按一定规律变调并失去重音。现在列表说明:

通圆连读变调表

变调前字＼后字	阴平 54	阳平 31	阴上 434	阳上 242	阴去 25	阳去 213	阴入 55	阳入 22
阴 平 54		54—31		54—31		54—31		54—31①
阳 平 31	31—434		31—434		31—434		31—21	
阴 上 434	434—434		434—434		434—434		434—55	
阳 上 242	242—31		24—213		24—213		242—21	
阴 去 25	25—42		25—42		25—42		25—42	

① 入声变调原来未说明是否短促,由于平调时仅用一个数字,同时入声却保持喉塞音尾,相信变调仍是短调,所以下面加线表示。

续表

变调后字 前字	阴平 54	阳平 31	阴上 434	阳上 242	阴去 25	阳去 213	阴入 55	阳入 22
阳去 213	23—21		23—21		23—21		23—55	
阴入 55	55—434		55—25		55—25		55—55	
阳入 22	22—213		22—213		22—213		22—213	

前字变调大致和本调相同,现在把不同的现象提出来说明:第一,阳上的本调242,在上去声之前变为24,正如 Ballard(1980:98)所说,24变调可能只是242的一个语音性的变音,出现在复杂的213调之前。我们可以仍然把它看作242。第二,阳去调在各调之前都变23,我想23正是阳去的基调,从基调到本调可能经过这样的过程:23→13→213。

解决了上面这两个问题之后,我们就得到通圆方言的基调:

  阴平 阳平 阴上 阳上 阴去 阳去 阴入 阳入
  54 31 434 242 25 23 55 22

现在来观察一下后字演变的方向,平声一类,入声一类,上去一类。如果从基调来解释,很容易找到分合的理由。平声是降调,上声是降升或升降的曲折调,去声是升调,入声是短促的调。用声调征性来分析的话,这个方言可以显得非常整齐:

通圆基调征性分析表

征性\声调	阴平 54	阳平 31	阴上 434	阳上 242	阴去 25	阳去 23	阴入 55	阳入 22
降	+	+			−	−		
升	−	−	+	+	+	+	−	−

只要两个征性就可以把声调分成四组,同时上去两声变调方向一致的原因正是因为共有"升"这个征性的缘故。当然对于基调的分析并不是每一个方言都能得出如此整齐的征性系统,调的长短基

本上是一个重要的征性,好在这个方言没有用上。

(七) 绍兴方言

这个方言根据王福堂(1959)的研究,作者自己即为发音人。他说绍兴话里双音节的连读变调分为两种,一种成词,一种不成词。短语按不成词的规律变调,由短语转化而成的词则按成词规律变调。可见成词的变调可能比较紧凑,不成词的可能比较松散。现在先来看成词的变调情形:

绍兴双音节成词连读变调表

变调前字 \ 后字	阴平 51	阳平 231	阴上 335	阳上 113	阴去 33	阳去 11	阴入 45	阳入 12
阴 平 51	33—51		33—55				33—55	
阳 平 231	11—51		11—55				11—55	
阴 上 335	335—51		335—51				335—54	
阳 上 113	115—51		115—51				115—54	
阴 去 33	33—33		33—33				33—33	
阳 去 11	11—11		11—11				11—33	
阴 入 45	33—51		33—55				33—55	
阳 入 12	11—51		11—55				11—55	

这个方言非常特殊,首先我们看到阴上 335 作为前字保留本调,其实仔细观察这个调所接用的后字都是高调,因此 335 与 33 在语音上相差有限,退一步来说,即使承认它们确有不同,至少调首的 33 是没有问题的。再看阳上,本调和变调很接近,115 之后也接高调,可能跟 11 相近,至少调首是 11 也没有问题。现在分析整个变调的趋势,阴调类的调值一律是 33,阳调类则一律是 11。何以会有这样两分法的现象?最大的可能就是受到声母清浊的约制,绍兴话和大多数的吴语一样,阴调是清声母,阳调一直是和浊

声母配合的。换句话说,凡是前字是清声母时,变调是 33(包括 335);是浊声母时就是 11(包括 115)。总的趋势是阴高阳低,也可以说是清高浊低。

对于这样一个具有特殊变调系统的方言,要如何入手来推定基调呢? 我们知道阴平和阴去变调都是 33,阳平和阳去都是 11,但是后字的读法颇有不同,可见本来基调的调型必有不同,否则也不会具有八个不同的本调了。如果仔细观察,就发现事实上前后字变调方向完全相同的只有入声和平声,惟一的区别是一短一长。从这一点现象我们可以猜测,很可能平入两声四调的基调调值是两两相同的,所以才会使后字有相同的演变,因此我把阴平订为 33,阴入订为 33;阳平订为 11,阳入订为 11,长短两种平调,彼此相配。等于是完全接受这四调的变调作为基调。

阴上阳上的问题比较容易解决,最简单的办法就是也接受它们的变调为基调,成为 335 和 115。

最麻烦的难题是阴去和阳去的基调不易把握,它们的变调和本调完全一样,但已经订为阴平阳平的基调了,必须要另起炉灶。现在我们来看一看后字变化的情形,发现绍兴也和上文所说的通圆方言一样,平声一类,入声一类,上去一类。我们设想上去两声四调必然有一个共同的征性是和平、入两调不同的,平、入都是平调,一长一短,上声 335 和 115 已经知道是升调,不可能两个去声又是升调,产生四个升调同在一个方言中出现的情形,那么只有两个可能:两个去声都是降调,或者都是曲折的降升调。如果是降升调或升降调,不容易解释从基调突变为变调的 33 和 11。比较好解释的反而是两个降调 43 和 21 很容易变成 33 和 11,那么降调和升调共有什么样的特别征性呢? 最大的可能就是和平入截然不同的调型"非平"。可以设想下列这样一个征性分析表:

声调 征性	阴平 33	阳平 11	阴上 335	阳上 115	阴去 43	阳去 21	阴入 33	阳入 11
长	+		+		+		−	
平	+			−		−		+
升	(−)		+		−		(−)	

也许解释起来最能照顾上述的种种现象,那么这个表上的调值就暂定为绍兴方言八个调的基调了。

现在再来看双音节不成词的变调情形:

绍兴双音节不成词连读变调表

变调 前字＼后字	阴平 51	阳平 231	阴上 335	阳上 113	阴去 33	阳去 11	阴入 45	阳入 12
阴平 51	33—51	33—231	33—335	33—113	33—55	33—11	33—45	33—12
阳平 231	11—51	11—231	11—335	11—113	11—55	11—11	11—45	11—12
阴上 335	33—51	33—231	33—335	33—113	33—55	33—11	33—45	33—12
阳上 113	11—51	11—231	11—335	11—113	11—55	11—11	11—45	11—12
阴去 33	33—51	33—231	33—335	33—113	33—55	33—11	33—45	33—12
阳去 11	11—51	11—231	11—335	11—113	11—55	11—11	11—45	11—12
阴入 45	33—51	33—231	33—335	33—113	33—55	33—11	33—45	33—12
阳入 12	11—51	11—231	11—335	11—113	11—55	11—11	11—45	11—12

这个表显示几点很有意思的现象:

第一,后字除阴去以外都不变调,换句话说,不成词的双音节结构由于组织较松散,后字和单念时的调值大致是一样的。

第二,前字的变调完全受声母清浊的约制成为两类,一类33,一类11,比成词的变调情形更清楚,但是也有例外。

第三,例外的现象出现在后字是阳上、阳去时,前字不再分两类,一律读成33。惟一的理由在于阳上和阳去都是低平调,113和11,113的调首部分和11完全一样。前字的11在后字的11之前变读为33。似乎是声调调值的异化作用,避免有11—11的现象。从这一个方向设想,阴去后字何以变为55,也许可能先从33—33

变起,也是一种异化作用,然后再产生类化现象,使阳调之后的 33 也变成 55。但是在成词的连调变化中,33—33,11—11 两种组合都有,似乎成词与不成词的变化有相反的现象,这一点难以解释。

第四,声母的清浊使前字依阴阳调变为一致的 33 和 11 是普遍现象,阳上阳去作为后字使前字的 11 变 33 是局部现象,两条规则的先后是很清楚的。

第五,成词的连读变调需要从基调的角度来解释,不成词的则要从本调来解释,可是成词的连读变调可能在方言中早就存在,而不成词的现象则较为晚起。

(八) 永康方言

这个方言的资料从袁家骅(1960)的书中引录而来,我们把他对变调的描写转化成下面的表:

永康连读变调表

变调 前字 \ 后字		阴平 44	阳平 22	阴上 35	阳上 13	阴去 52	阳去 241
阴 平 44		33—44	44—52	33—35	33—13	44—53	44—52
阳 平 22		22—44	11—52	22—35	22—13	11—53	11—52
阴 上 35	a	11—44	11—22	11—35	11—13	11—53	11—24
	b	33—44	33—22	33—35	33—13	33—53	33—24
阳 上 13	a	11—44	11—22	11—35	11—13	11—53	11—24
	b	22—44	22—22	22—35	22—13	22—53	22—24
阴 去 52		33—44	33—22	33—35	33—13	33—53	33—24
阳 去 241		11—44	11—22	11—35	11—13	11—53	11—24

首先有一些语音性的问题要说明:

1. 阴去本调 52,袁氏指出连读时往往只取一半,变成 53 或

54。他没有说明是作为前字或后字，但从下文看来，阴去作为前字一律变33，因此，这里的说明必然是指作为后字而言①，表上写作53。

2. 阳去本调241本来就有一个自由变音24，袁氏也指出连读时往往只读24，表上阳去作为后字在上去声之后就写作24，但在平声之后有不同的变调。

3. 阳平阳去在平声之后，袁氏特别说明变成422或52，现在一律写成52，不知道这个52和阴去后字的53是否确有区别。

现在来推定基调，先从阴上阳上的b类开始，这跟苏州和丹阳变调的情形类似，从变调推出不同的基调来。我们知道永康方言本调只有六个，跟别的方言比较起来没有入声。阴入的字读为阴上，阳入的字读为阳上。而在变调中阴阳上都表现出两类前字变调来，b类正是从阴入、阳入并来的字，我们有理由把阴上订为33，阳入订为22，是否连读时变为短调，袁氏没有交代，似乎并不短促的样子，但我们仍然可以模仿其他方言，订为短调的33和22。

阴平和阳平的变调大趋势和入声相同，只是当后字为高降调时，产生语音性的变化，33→44，22→11。因此将阴平的基调订为33，阳平为22。

其余四个调都有困难，阴上、阳上和阳去变调完全相同，阴去的变调33又已经给了阴平。现在我们来观察后字，发现后字几乎跟本调完全相同，上文已经提到阴去的52和53，阳去的241和24都只是语音性的差异，我们只好将本调作为基调，那么就得到：阴

---

① 袁氏原文说："特别是阴去和阳去连读时往往只取其一半，阴去Ⅴ52变成Ⅴ53或Ⅴ54，阳去Ⅴ241只读Ⅴ24。"这句话另外还可能有一个解释，就是限于阴去作前字，而阳去作后字的连读情况下才有这样的变调。从下文发现阴去作前字时根本一律变33，可知这句话的意义是指阴去、阳去都作为后字而言。

上35、阳上13、阴去52、阳去241。

由于这四个调都是以本调为基调,等于说基调单念及作为后字时并不发生变化,令我们怀疑何以阴平和阳平不是以本调作为基调呢?看一看他们用作后字的情形,事实上阳平的基调22也就是本调,同时也是变调。阴平的本调44和上文推定的基调33调型都是平调,微有高低之差。在另外没有混淆的可能时,44和33其实没有差别,基调订为44亦无不可。只有阴阳入只有目前的一个方法。总之,永康的基调大致如下:

阴平	阳平	阴上	阳上	阴去	阳去	阴入	阳入
44	22	35	13	52	241	<u>33</u>	<u>22</u>

现在还有两点现象值得讨论:

第一,袁氏在说明阴上和阳上的变调同为低平调11时,特别指出:"实际音值微有不同,阴上变来的比阳上变来的微微高些,二者都有下降的意味。这种细微的音高差别在实际口语中并无计较的必要,因为声母的清浊起了主要的辨义作用。"可惜我们不知道微有不同的音值究竟差多少,应该不至于到31和21的程度,因为阳去的变调也是11,不知和从阴上、尤其阳上来的11有无差别,在这种环境下,阳上和阳去都是浊声母,辨义的作用就必须依靠细微的音高差别了。

第二,跟上述的现象有关,如果我们把从阴上来的11,照袁氏的说明把调首略微提高成为21的话,八个变调就成为具有相对高低的两类:

阴平33	阴上21	阴去33	阴入33
阳平22	阳上11	阳去11	阳入22

充分显示声母的清浊对声调的约制,清高浊低,跟上述绍兴的情形如出一辙。

(九) 平阳方言

平阳变调的资料以陈承融(1979)的文章为根据,先列表说明如下:

变调前字＼后字	阴平 44	阳平 21	阴上 54	阳上 35	阴去 32	阳去 22	阴入 24	阳入 213
阴平 44	33—44	33—24	32—54	32—35	34—54	34—43	54—24	54—213
阳平 21	22—44	22—24	21—54	21—35	24—54	24—43	43—24	43—213
阴上 54	54—44	32—21	32—54	32—35	32—32	32—22	54—24	54—213
阳上 35	35—44	32—21	32—54	32—35	32—32	32—22		35—213
阴去 32	32—44	32—21	32—54	32—35	32—32	32—22	54—24	54—213
阳去 22	21—44	21—21	21—54	21—35	21—32	21—22	43—24	43—213
阴入 24	33—44	33—21	33—54	33—35	33—32	33—22	33—24	33—213
阳入 213	22—44	22—21	22—54	22—35	22—32	22—22	22—24	22—213

首先有三点要加以说明:

第一,陈氏在变调比较表上把阴平作为前字后接平声字时写作 44,又在后接去声字时也写成 44,他(1979:52)注明前者实际上是 33,后者是 34,是为了标调方便起见才写成 44。现在按实际音值标写。

第二,阴入阳入本调单念时并不短促,跟其他各调比较,音长相仿,只是调值不同。

第三,从整个变调趋势来看,当后字是入声,前字是舒声时,前字的调值普遍偏高,显然是语音性的现象。阳上接阴入无资料。

对于这个方言基调的推定可以从入声开始。阴入和阳入的本调已经读成舒声,显然不可能是入声的基调。而变调的现象是一致的,因此可以毫无困难地将阴入的基调订为33,阳入订为22。

其次是阴去和阳去的变调在舒声之前分别是一致的降调,在入声之前,阴去由 32 升为 54,阳去由 21 升为 43,两者相对的高低仍然保持,可以推定阴去为 32,阳去为 21。

再其次是阴上和阳上,在阳平和上去声之前都变读为 32 调,而 32 已经是阴去的基调,因此阴上就是 54,是变调中惟一的可能,同时和本调也相同;阳上情形完全类似,只有 35 可以选择,同时也是它的本调。

最后再来看阴平和阳平,这两个调在平上去入四种声调之前调型相同,也具有相对的高低,从变调的调值看来,有平、有降、有升,除去在入声之前调值一般都偏高以外,在舒声之前,阴平的调值是 33,32,34,阳平的调值是 22,21,24,似乎只有订为平调才最容易解释。同时,以阴平而言,32 变调已订为阴去的基调,入声之前的 54 已订为阴上的基调,34 虽然不是任何调的基调,但跟阳上的 35 实在太接近,最适合的还是 33。如果阴平是 33 的基调,那么相对的阳平自然以订为 22 最妥当,最能照顾两个平声的相对关系。这样就得到平阳方言的八个基调:

阴平	阳平	阴上	阳上	阴去	阳去	阴入	阳入
33	22	54	35	32	21	<u>33</u>	<u>22</u>

到这个阶段我们又发现这八个基调跟阴平声之前的八个变调完全一样,上文讨论常州方言时,也发现过类似的现象,真是很有意思的痕迹。

(十) 温州方言

温州方言连读变调的资料根据郑张尚芳(1964)的调查,他的资料中有两个区域,一个是城中区,一个是永中乡。大部分的变调情形都一致,只有极小一部分有差别。现在以永中乡为主列表说明,城中区变调情形不同的地方写在第二行。

温州连读变调表

变调前字 \ 后字	阴平 44	阳平 31	阴上 45	阳上 34	阴去 42	阳去 22	阴入 323	阳入 212
阴平 44	22—33	22—22	43—34		22—33 城213—43	22—33 城213—43	43—12	
阳平 31								
阴上 45	42—33	42—21	43—34		42—21	42—22	43—12	
阳上 34								
阴去 42	42—33	22—21	43—34		42—21	42—22	43—12	
阳去 22	42—33	42—21	43—34		42—21	42—22	43—12	
阴入 323	42—33	22—22	43—34		42—21	42—22	43—12	
阳入 212	城21—33		城21—34		城21—42	城21—22	城21—12	

这个方言的变调规律看起来有许多种，如郑氏在文中就分成十三型，其实只要很简单的几条规律就可以说明清楚。以前字来说，分成平仄两类，永中的规律如下：

(1) 平→22/＿平调

(2) 平→43/＿升调

(3) 仄→42/＿平调、降调

(4) 仄→43/＿升调

(5) 仄→22/＿短调

由于(2)(4)两条变调及环境相同，我们可以更简略地说，任何字在升调前都变43；如果是平声，在"非升调"前面变22；如果是仄声，在短调之前变22，在其他非升调之前变42。换句话说，前字的变调是以后字的调形为条件的。城中区部分加两条规则也就可以涵盖了："任何字在升调前都变43，平声在平调前变22，在降调前变213；仄声在短调前变22，在入声前变21，在其他调前变42。"

再来看后字，阴平33，阳平轻读的22之外只有21，两个上声都变34，阴去大致是21，阳去是22，两个入声也无分别，都是12。

一方面调形跟本调很接近,另一方面八个调变成五类,因此对于这个特殊的方言,我们只能以它的本调作为基调。就是:

| 阴平 | 阳平 | 阴上 | 阳上 | 阴去 | 阳去 | 阴入 | 阳入 |
| 44 | 31 | 45 | 34 | 42 | 22 | 323 | 212 |

(十一) 温岭方言

温岭方言有两个材料,一种是李荣(1979)的《温岭方言的连读变调》,记的是城关方言;另一种是杭州大学方言调查组(1959)的《温岭方言》,记的是玉环太平话。现在先来看城关方言的连读变调:

温岭城关方言连读变调表

变调前字＼后字	阴平 33	阳平 31 a	阳平 31 b	阴上 42	阴去 55	阳去 13	阴入 55	阳入 11
阴平 33	55—33	44—51	33—31	33—42	33—55	33—55	33—55	33—11
阳平 31 a	35—33	24—51	13—31	13—42	13—55	13—55	13—55	13—11
阳平 31 b	31—33	35—51	31—31	31—42	31—55	31—13	31—55	31—11
阴上 42	42—33	55—51	42—31	42—42	42—55	42—13	42—55	42—11
阴去 55	33—33	55—51	33—31	33—42	33—55	33—13	33—55	33—11
阳去 13	13—33	55—51	13—31	13—42	13—55	13—13	13—55	13—11
阴入 55	33—33	55—51	33—31	33—42	33—55	33—13	33—55	33—11
阳入 11	11—33	11—51	11—31	11—42	11—55	11—13	11—55	11—11

这个方言的阳平调前字后字都分两类,稍一检看原文的举例,知道 a 类是真正的阳平字,b 类是并入阳平的阳上字,李氏在文中根本分列为两行,直接将阳平和阳上分开。这里为表现本调和变调的意义,所以仍然合在一起。对于这两个调的基调,因为前字变调的调值不止一种,暂时难以决定,先来推定其他没有问题的部分。

阴去、阳去、阴入、阳入作为前字,变调的调值各有一定的形式,所以可以毫无困难地分别订定基调:33、13、33、11。

阴上只在阳平之前有比较不同的现象,其余都是 42,可以订为基调。

阳上,也就是阳平的 b 类,情形跟阴上类似,只在阳平之前比较特殊,其余各调之前都变 31,因此把 31 订为基调。

现在剩下阴平和阳平,阴平有三种变调:55、44、33,33 已经是阴去的基调,刚才我们发现阴、阳上在阳平之前变调有一点特别,可以设想同样的理由,在 55、44 之间选择 55,认为在阳平之前变低。阳平调的情形也一样,三个变调 35、24、13 之间,13 是阳去的基调,然后选择 35 作为阳平的基调。我们得到的结果是:

阴平	阳平	阴上	阳上	阴去	阳去	阴入	阳入
55	35	42	31	33	13	33	11

现在再以玉环方言的情形来比较一下:

温岭玉环方言连读变调表

变调后字 前字	阴平 33	阳平 31 a	阳平 31 b	阴上 53	阴去 55	阳去 11	阴入 55	阳入 22
阴平 33	55—33	33—54	33—31	33—53	45—55	33—55	33—55	33—22
阳平 31 a	55—33	45—54	11—31	11—53	11—55	45—55	11—55	11—22
阳平 31 b	31—33	31—31	31—31	31—53	31—55	31—11	31—55	31—22
阴上 53	53—33	55—54	53—31	53—53	53—55	53—11	53—55	53—22
阴去 55	33—33	33—54	33—31	33—53	33—55	33—11	33—55	33—22
阳去 11	11—33	11—54	11—31	11—53	11—55	11—11	11—55	11—22
阴入 55	55—33	55—54	55—31	55—53	55—55	55—11	55—55	55—22
阳入 22	22—33	22—54	22—31	22—53	22—55	22—11	22—55	22—22

变调的情形跟城关方言非常接近,我们也来推定一下基调:首先发现阳平的 b 类——阳上的前字变调方向一致,可以订为 31;阴去、

阳去、阴入、阳入变调的情形也一致,可以订为33、11、55、22。阴上基本上为53调,在阳平之前变高一点,剩下来的还有阴平和阳平,总共只有55和45两个选择。观察大的方向,阴平在五个调之前要比阳平高,那么将阴平订为55,阳平订为45也许比较合适。总共八个基调如下:

阴平	阳平	阴上	阳上	阴去	阳去	阴入	阳入
55	45	53	31	33	11	55	22

跟上述城关方言的基调作一比较,可以发现甚为平行的系统。调值上细微的高低可以不必太注重,相对的高低却很重要。对于阴去和阳去而言,玉环方言的调形更能显示对比性,可能城关的13是后来的变化。那么我们可以给这两个方言从比较的立场拟定原调的系统如下:

阴平	阳平	阴上	阳上	阴去	阳去	阴入	阳入
55	35	53	31	33	11	44	22

设想从这个原调系统变为城关方言的基调时,阴上、阴入、阳入三调高度微降,而变到玉环方言,则阳平、阴入高度微升。

还有两点现象值得说明:第一,就城关方言而言,基调的系统在阴平后字之前完全保持,又显示和平阳、常州相同的现象;就玉环方言而言,也有七个基调在阴平之前保持。第二,李荣(1979:13)指出在城关方言中,后字阳平时前字有下列平行现象:

阴上	阴平	阴去	:	阳上	阳平	阳去
55	44	33		35	24	13

认为高低相当,虽然调值平升不一,上声最高,平声次之,去声最低。这个现象确实很特别而且有系统,我曾经考虑会不会这就是城关方言舒声字的基调,后来仔细考虑阴上和阳上变调的方向,决

定还是采取上文所订的办法,认为在阳平之前,恰好有这样一个有意思的对比。到了玉环方言,这个现象就没有了。

三、吴语的古声调系统

以上文分析的吴语小方言的基调为根据,我们可以进行古声调系统的拟构。现在先把吴江的原调暂时放在一边,因为不知道吴江有没有变调的现象。其余十处小方言,九处是基调,一处是原调,就是温岭的方言,合在一起先列成一表:

基调\方言 调 类	苏州	常州	丹阳	崇明	海盐	绍兴	永康	平阳	温州	温岭
阴 平	55	33	55	55	54	33	44	33	44	55
阳 平	22	11	24	24	31	11	22	22	31	35
阴 上	52	53,35	33	42	434	335	35	54	45	53
阳 上	24		11	241	242	115	13	35	34	31
阴 去	41	55	42	33	25	43	52	32	42	33
阳 去	31	32	21	31	23	21	241	21	22	11
阴 入	55	55	33	55	55	33	33	33	323	44
阳 入	23	23	11	23	22	11	22	22	212	22

现在给吴语的古声调系统拟测调值:
1. 阴平几乎一致是偏高的平调,可以拟为 55。只要跟阳平的调值有显著的区分,调值订低一点亦无不可。
2. 阳平在五个地方都是偏低的平调,在三个地方是升调,可以设想由于浊声母的关系,使调首降低之后产生的变化,两个 31 降调则是个别的差异。现在拟测其调值为 22。

3. 阴入也是一致偏高的短平调,现在拟为55。
4. 阳入有六处是偏低的短平调,三处是低升调,也可以设想为浊声母使调首降低后的变化。现在拟为22。
5. 阴去有六处是偏高的降调,阳去也有六处降调,但比较偏低,值得注意的是常州、崇明阴去为平调时,相对的阳去都是较低的降调,反过来温州的阳去是低平调时,相对的阴去又是高一点的降调,我想我们可以有相当的理由把这两个声调拟测为一高一低两个降调:阴去是42,阳去是21。
6. 阳上只有九个小方言有资料,其中五处是偏低的升调,另外有两处是升降调,似乎是升调调尾加一点微降的结果。永康话的阳去就是241和24成为自由变音,上文已经提过。因此我们也可以把两个升降调视为升调之后的演变,那么阳上就是13了。
7. 最麻烦的问题是阴上调,由于常州有绅谈、乡谈的不同,所以有十一处资料,其中四处升调,五处降调,一处降升调,一处平调,很难看出趋向来。但是它跟阳上的相对关系值得注意,一方面阴上较高,二方面阴上读降调的五处有四处相对的阳上都是升调,我们有一点微薄的理由把这个阴上调拟测为高一点的升调:35。
8. 这样我们就得到吴语的古声调系统:

阴平	阳平	阴上	阳上	阴去	阳去	阴入	阳入
*55	*22	*35	*13	*42	*21	*55	*22

四、结论

这个研究是根据我(1982)的以变调为基调的构想,所做的一个试验。只要把上文中讨论过的小方言的本调也列成一个表,立刻就可以发现调值的变化和差异都相当大,不像根据基调得来的结果显示相当整齐的方向,试以阴阳入的调值作一个例子:

苏州	常州	丹阳	崇明	海盐	绍兴	永康	平阳	温州	温岭
55	55	33	55	55	45	无	24	323	55
23	23	44	23	22	12	无	213	212	11

虽然还可以大致看出高低的情形,但远不如基调的调值有清楚的方向。

以变调作为基调的理由上文已经大体说过,其中有两点值得强调的,第一,有些调在本调的系统里已经合并,必须要靠变调才能找得出来。第二,变调出现在连读紧凑的词语里,这种词语正是人们口语中常用的;单念的本调大部分出现在词尾或句尾,容易产生变化,真正单独出现成句的更是少之又少。

从上文推定基调的过程中,我们主要注重的是调类相对的关系以及调形和调值的大趋势,自然不可能得到绝对一致的结论,有些调值的差异,有些方言的差异,毋宁是语言中自然的现象。

引用书目

Ballard, William L. 1969 "*Phonological History of Wu*", Ph.D. dissertation, U.C. Berkeley.

1980 "On Some Aspects of Wu Tone Sandhi", *Journal of Asian and African Studies* No. 19:83—163.

丁邦新 (Ting Pang-hsin) 1982a 《汉语方言区分的条件》,《清华学报》新十四卷第一、二期合刊,257—273。

  1982b "Some Aspects of Tonal Development in Chinese Dialects",《史语所集刊》53.4:629—644。

王福堂 1959 《绍兴话记音》,《语言学论丛》3:73—126。

平山久雄 1975 《厦门古调值的内部构拟》, Journal of Chinese Linguistics 3.1:3—15。

汪 平 1983 《苏州方言两字组的连调格式》,《方言》1983.4:275—286。

李 荣 1979 《温岭方言的连读变调》,《方言》1979.1:1—29。

李方桂 (Li Fang Kuei) 1980 "Laryngeal Features and Tone Development",《史语所集刊》51.1:1—13。

吕叔湘 1980 《丹阳方言的声调系统》,《方言》1980.2:85—122。

杭州大学中文系方言调查组 1959 《温岭方言》,《杭州大学学报》1959.3:151—205。

胡明扬 1959 《海盐通圆方言中变调群的语法意义》,《中国语文》1959.8:372—376。

袁家骅等 1960 《汉语方言概要》,文字改革出版社,北京。

张 琨(Chang Kun) 1975 "Tonal Developments Among Chinese Dialects",《史语所集刊》46.4:636—709。

张家茂 1979 《苏州方言上声和阴去的连读变调》,《方言》1979.4:304—306。

张惠英 1979 《崇明方言的连读变调》,《方言》1979.4:284—302。

陈承融 1979 《平阳方言记略》,《方言》1979.1:47—74。

叶祥苓 1958 《吴江方言的声调》,《方言与普通话集刊》5:8—11。

  1979a 《苏州方言的连读变调》,《方言》1979.1:30—46。

  1979b 《再论苏州方言上声和阴去的连读变调》,《方言》1979.4:306—307。

  1983 《吴江方言声调再调查》,《方言》1983.1:32—35。

赵元任(Chao Yuen Ren) 1928 《现代吴语的研究》,清华学校研究院丛书之四,北京。

    1930 "A System of Tone Letters", *Le Maitre Phonétique* 45:24—27.

    1970 "The Changchow Dialect", *Journal of American Oriental Society* 90.1:45—56.

郑张尚芳 1964 《温州方言的连读变调》,《中国语文》1964.2:106—152。

钱乃荣、石汝杰 1983 《关于苏州方言连读变调的意见》,《方言》1983.4:275—286。

谢自立 1982 《苏州方言两字组的连读变调》,《方言》1982.4:245—263。

                  原载《历史语言研究所集刊》55.4:755—788,1984。